ローマ帝国と地中海文明を歩く

本村凌二 編著
Motomura Ryoji

講談社

ローマ帝国と地中海文明を歩く

目次

カバー写真／世界遺産・ディデュマのアポロン神殿（トルコ）。佐藤　昇撮影
表紙写真／メリダの円形劇場（スペイン）。本村凌二撮影
●図版作成／さくら工芸社

装幀＝守先　正・山原　望

ローマ帝国と地中海文明を歩く

まえがき

まだ三月初旬、ヨーロッパは陽光うららかとは縁遠く、どんよりと雲がたちこめていた。ブリュッセル空港を離陸した飛行機は窓にアルプスが流れる景色を連ねながら進み、その険しく林立した峰々を過ぎ去ったときだ。目をやれば、どこもここも青々とした空と紺碧の海が広がっていく。ああ、地中海に来たのだ、という実感がわいた一瞬だった。

一九八〇年早春、もらった航空券での旅という幸運に恵まれ、ローマの空港に降り立ったのである。そのときの感動は今でも胸の底に残っている。ローマ史を専攻する末席大学院生にはあまりにも刺激が強すぎたのだ。古代の遺跡にかぎらず何もかもが珍しく目新しいひとときだった。焼き栗を食ったりジェラートをなめたり、あたかもお祭りではしゃぐ幼児のような体験だった。

あれから数年を経て、毎年のように夏期の休暇を利用してヨーロッパ、とくにロンドンに滞在するようになった。ロンドン大学付属のギリシア・ローマ研究図書館で仕事に精を出すためである。それらの期間中、二週間ほど地中海沿岸のいずれかの地を訪れ、古代の遺跡をめぐるのが恒例になった。

イタリア各地はもちろんのこと、フランスのプロヴァンスやコート＝ダジュール、スペインのカタルーニャやアンダルシア、チュニジア、ギリシア、トルコ、エジプトなど、そのほかにも、北ならドイツ、オランダ、アイルランドなども巡り歩いている。

子供のころには想像もできなかったほど頻繁に海外旅行ができる。それというのも、わが国の高度成長という大波に乗れたからであり、同時に航空機をはじめとする輸送技術の躍進があったからである。

その後、いわゆるバブル経済の破綻で二〇年あまりの低迷期がつづいている。しかし、基調としては円高の流れにあったせいか、海外旅行はそれほど難しいわけではなかった。それよりも肝心なのは旅する動機ではないだろうか。幸いにもローマ史を専門にする者には、ローマ帝国の領域にはどこにでも遺跡が散らばる世界が待っている。地中海をとりまく世界はこよなく魅惑にあふれていたのだ。

ところで、昭和四〇年代の高度成長期に生まれた若者たちも今では中年とよばれてもおかしくない。だが、彼らにとっては、若いころからヨーロッパ旅行などそれほど珍しいことではなかったのではないだろうか。とくに西洋史を研究対象にすれば、現地をこの目で見てみたいと思うのは自然の理であろう。

二〇一二年春、私は東京大学を無事に定年退職した。東大で教鞭をとった二八年間、とくにその後半にあっては大学院生も気軽に海外を旅する姿があった。留学する場合もあれば、休暇を使って集中的にある地域の調査旅行をする場合もある。私の世代の学生時代には考えられなかったようなことだった。また、とりわけ今世紀になってから、デジタル技術の飛躍的進歩があり、現地調査の映像記録は無制限なほどおびただしいものになりつつある。

これらの記録を学術研究ばかりではなく広く一般にも活用できないものか。私のまわりにいる同好の研究者たちの撮影した古代遺跡の写真を合計すれば、おそらく数万枚になるはずだ。それらの遺跡にいささか学術的《アカデミック》な解説をほどこし観光案内書《ガイドブック》を作ってみたらどうか、という夢が浮かんでは消えていた。

そんな矢先、わが大学院セミナー(ラテン碑文演習)に集っていた旧院生・現院生の誰とはなしに、私の退職を記念して本を出したいという話が持ち上がった。晴れがましいことは好みではないので、正直ためらいがあった。だが、いやしくもギリシア史やローマ史の専門研究者たちの申し出ではないか。ふと、学術的観光案内書《アカデミック・ガイドブック》という夢が、なにか現実をおびたものに感じられるようになった。

それにもうひとつ常日頃から気がかりなことがあった。研究者は専門家の視線ばかりを気にして、専門外の読者への配慮に欠ける嫌いがある。正確に書くことには心がけるが、分かり易く書くことには気がむかないのだろうか。そのせいで、社会全般の雰囲気として、人文系諸学が軽視される一因が生じるのではないだろうか。

伝アリストテレスとして「賢人のごとく考え、凡人のごとく語れ」という言葉がある。本書の作成にあたって、私が執筆者諸兄に望んだことは、ひたすらその言葉どおりのことである。

地中海世界をすべてつつみこんだローマ帝国。パクス=ローマーナ(ローマの平和)の下には、古代地中海文明四〇〇〇年の痕跡が刻まれている。とりわけ遺跡・遺物として残るモノには、えも言われぬ迫力がありながら、得体の知れない不気味さも少なくない。それらを執筆者各人が腕を振るって解説する試みが本書である。

広大な古代地中海世界をできるだけ万遍なくとりあつかうつもりだったが、執筆者各人の好みもあり、力の及ばない地域もある。だが、この学術的観光案内書《アカデミック・ガイドブック》の一石が波の輪となって拡がり、古代地中海文明への関心がさらに深まることを願ってやまない。

二〇一三年早春

本村凌二

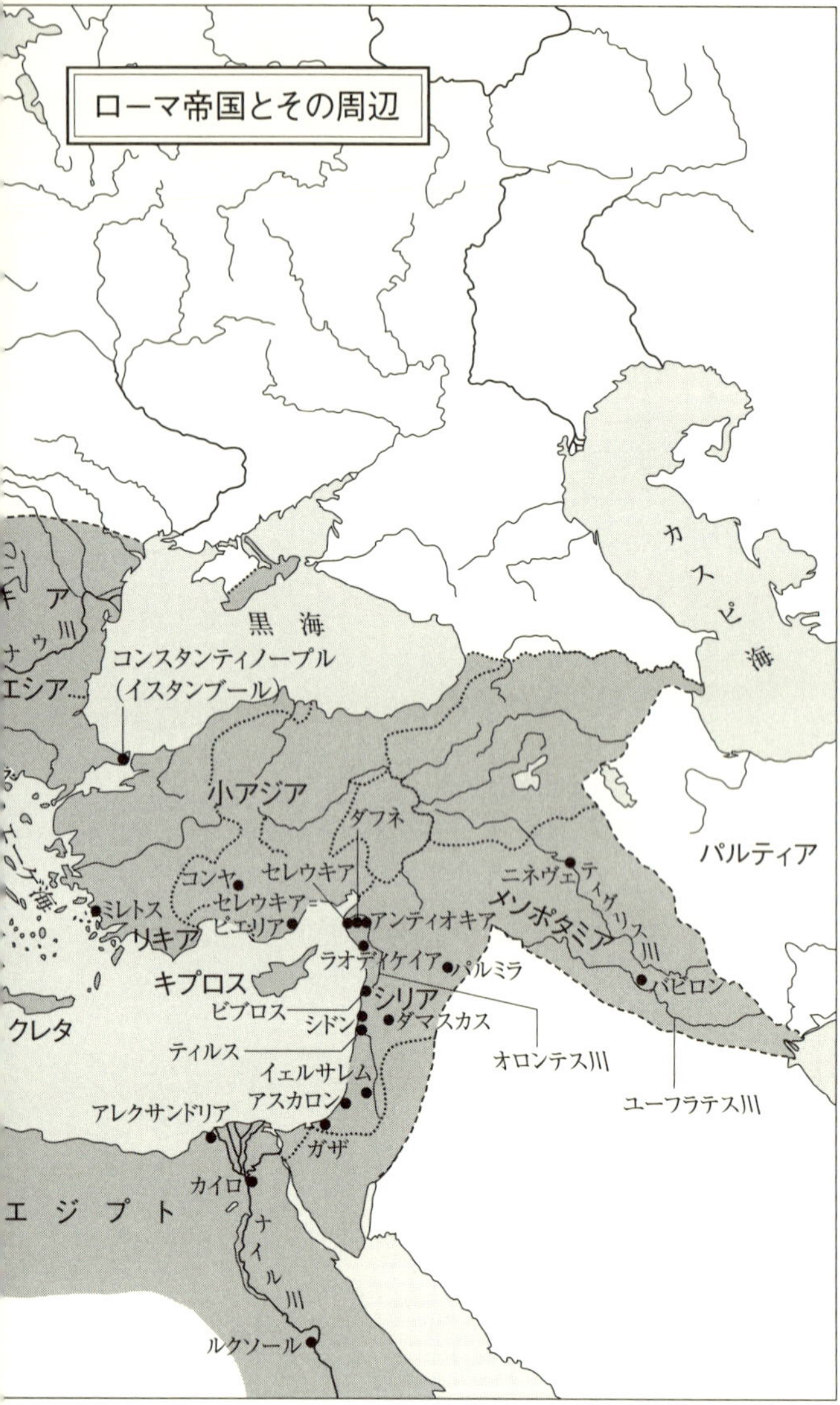

国の領域はトラヤヌス帝時代の最大版図。異なる時代の地名が並存して
ることに注意していただきたい。

アントニヌスの長城
エディンバラ
ブリタニア
ハドリアヌスの長城
ヨーク
北海
コレイン
スプラート
ロンドン
バース
ケルン
コブレンツ
ゲルマニア
ドンブルフ
大 西 洋
ヴィースバーデ
パリ
セーヌ川
モーゼル川
ライン川
フランクフルト＝アム＝
トリーア
ウィーン
ガリア
バーゼル
リヨン
ボルドー
ブレッビア
パンノニア
ミラノ
パドヴァ
ミヨー
ヴェネツィア
ローヌ川
ネジエ
カヴェルツァーゴ
アドリア海
フィレンツェ
ヒスパニア
マルセイユ
イタリア
メリダ
アルル
ローマ
コルドバ
ナポリ
イタリカ
セビリャ
ティレニア海
ガデス
マラガ
シチリア
ドゥッガ
カルタゴ
地
レプキス＝マグ

ギリシアとイタリア南部
（マグナ＝グラエキア）
黒 海
コンスタンティノープル
（イスタンブール）
トラキア
マケドニア
ペラ
サモトラケ
フェンガリ山
グラニコス川
フリュギア
トロイア
ピュドナ
エーゲ海
ペルガモン
リディア
テッサリア
レバデイア
テーベ
エウボイア
イズミール
イオニア
アイドン
スロドンアイマ川
ティウム
デルフィ
オロポス
クラロス
ボイオティア
エフェソス
マグネシア
エレウシス
アテネ
クシャダス
セケ
プリエネ
ディデュマ
カリア
ミレトス
エリス
コリントス
ミケーネ
アルゴス
アルゴリス
エピダウロス
デロス
ンピア
ペロポネソス
メッセニア
スパルタ
ラコニア
ロドス
ロドス
イラクリオン
クノッソス
クレタ
ゴルテュン

アドリア海
ローマ
オスティア
ポルトゥス
カンパニア
カプア
ヴェスヴィオ山
プテオリ
ポンペイ
ナポリ
ヘルクラネウム
エピダムノス
セジェスタ
エリチェ
エンテッラ
モンターニャ＝
デイ＝カヴァッリ
パレルモ
ソルント
ヒメラ
エトナ山
タオルミーナ
シチリア
セリヌンテ
カターニャ
アグリジェント
シラクーサ
ジェーラ
地中海
N
0
100
200
300km

第一章　チルコ＝マッシモ——戦車競走の興奮とファシズムの記憶

井上秀太郎

はじめに

ミレニアムを迎えたばかりの二〇〇〇年の春、私は初めての海外旅行をしていた。恩師の現地調査に加えて頂くという形だった。ナポリでの現地集合に先立つ数日間、私はローマで過ごすことにしていた。ローマの空港に到着したのは夜で、鉄道を使い市内に辿りついた時には、既に深夜といってもよい時刻であった。代理店任せで予約してあったホテルは、市の中心部のヴェネツィア広場のすぐ傍にあった。初めての外国で高揚していた私は、時差ボケを解消する気にもならず、荷物を置くとすぐに外に出た。広場は車であふれんばかりで、運転の荒さ、クラクションのけたたましさに、私は期待していた通りのイタリアに出会えたような嬉しさを感じていた。正面にそびえるヴィットーリオ＝エマヌエーレ二世記念堂と周囲を取り囲む重厚な建物は美しくライトアップされ、他方で建物の間の路地は暗闇と沈黙に支配されており、そのコントラストがとても神秘的に思えた。しばらく辺りを見て歩いた私は、「そうだ、コロッセオに行こう！」と思い立った。そしてガイドブックを片手に、フォリ＝インペリアーリ通りを真っすぐ進んでいった。幅が広く開放感にあふれた通りで、左右にはカンピドーリオの丘やトラヤヌス帝の広場が見える。しばらくすると視線の先に、やはり美しく照らし出されたコロッセオが姿を現してきた。すべてを圧するような巨大で黒ずんだ石の塊がこんなにも荘厳に見えるなんて、自分はローマと最高の出会い方をした、と私は無邪気に感激していた。しかし今になって思う。私はあの時何も見

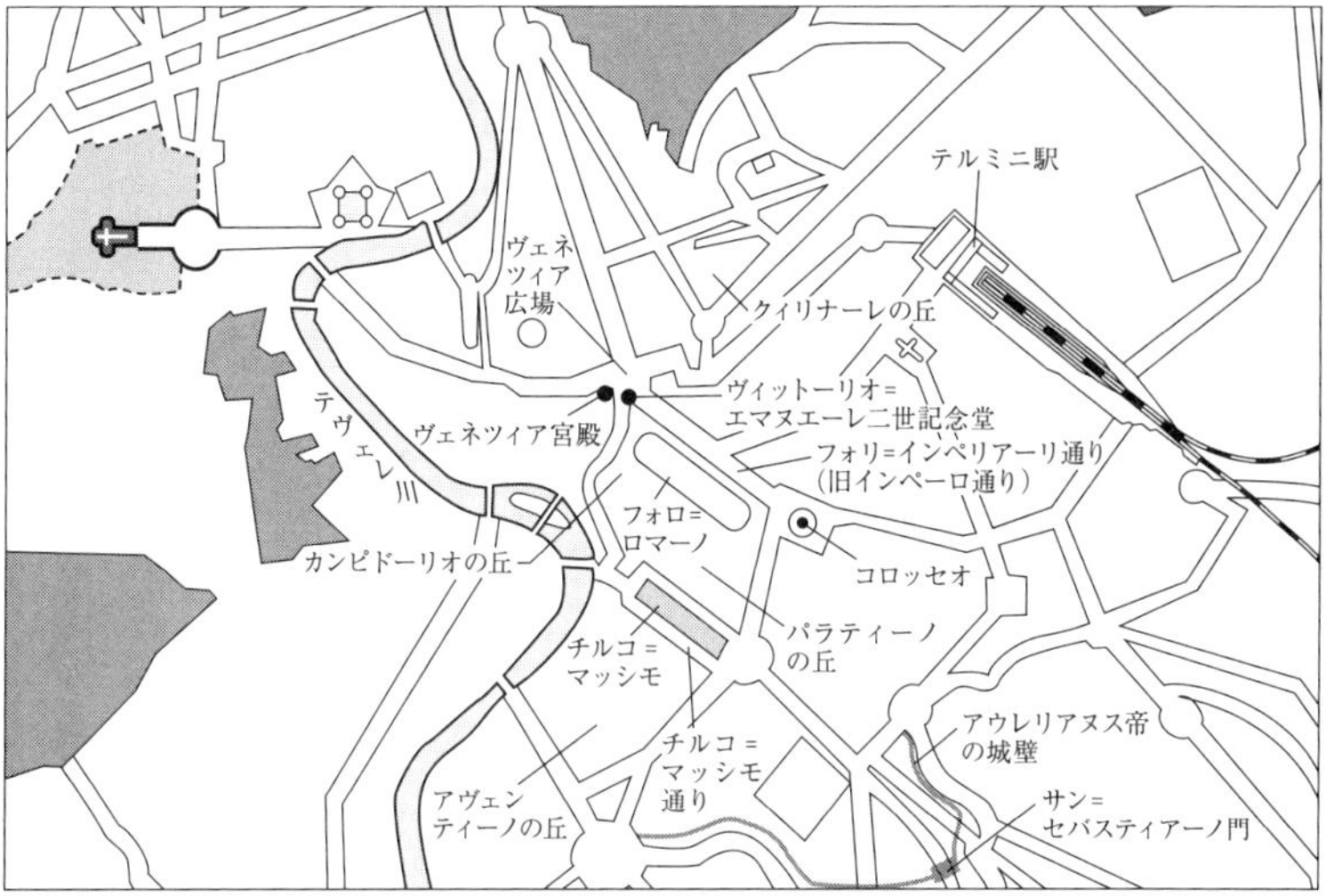

チルコ＝マッシモとローマ主要図

ていなかったのだと。出発地点のヴェネツィア広場にはヴェネツィア宮があり、そこにはかつてムッソリーニの執務室があった。宮殿のバルコニーから広場に詰めかけた群衆に向かって、彼は独特の調子で演説を行うのを常としていた。そしてコロッセオに至る大通りは、彼が古い建物を取り壊し、ローマ時代の遺跡を含む数万立方メートルもの土砂を惜しげもなく投棄し、「インペーロ通り（帝国通り）」の名を冠して建設したものだった。この二〇世紀前半のローマの出来事、日本も決して無関係ではなかったムッソリーニのローマを、二〇〇〇年の私はほとんど知らなかったのである。史学科の大学院生として恥ずべきことだったと思う。本章ではその苦い経験の上に立ち、古代遺跡にとどまらないチルコ＝マッシモの姿を描いていきたい。

戦車競走の舞台

ローマに七つある丘のうちのパラティーノの丘とアヴェンティーノの丘、この二つに挟まれた細長い低地にチルコ＝マッシモはある。パラティーノの丘の上には皇帝が居住していた豪壮な邸宅が立ち並んでおり、現在でもその展望スペースに立てば、眼下に広がるチルコ＝マッシモを一望することが出来る。ちょっとした皇帝の気分を味わうことが出来るので、現地を訪れる機会があれば試してみてはいかがだろうか。しかし本書では観客や戦車を駆る馭者《ぎょしゃ》の目線になって、実際に馬場に立ってみよう。日常感じることの出来ない開放感に、思わず両手を広げて空を見上げたくなるであろう。その大きさは馬場の全長（一周距離ではない）が約五八〇メートル、幅は約八〇メートル、直線距離に相当する中央分離帯の長さが約三三五メートルで、観客席も含めた競馬場全体の全長は約六二〇メートル、全幅約一四〇メートルだった。東京競馬場の直線の長さが五二五・九メートルであることを考えると、チルコ＝マッシモのスケールがどれ程のものか、およそ理解していただけよう。パラティーノの丘に向かって右手の方を見ると、敷地の突き当たりの辺りに、観客席の遺構が本当にごく一部ではあるが、緩やかな弧を描くようにして残っている。往時はこの観客席が周囲をぐるりと囲み、収容可能な観客数は一五万人に達したと見られている。

このスタンドの遺構から見て敷地の反対側、視線の彼方六〇〇メートル先の突き当たりに、レースのスタート地点があった。往年のアメリカ映画で『ベン＝ハー』という作品を御覧になった方もいるだろう。主人公ベン＝ハーと宿敵メッサラの戦車競走は、間違いなく映画史に残る名場面である。ただし、歴史研究者からすれば些か不正確なところも目につく。劇中、レースはイェルサレムにある競馬場の直線区間の中ほどをスタート地点としていた。しかし実際には、馬場の一方の端にずらりと並んだ扉付きの個室から、各戦車が一斉に飛び出してくるのである。

チルコ＝マッシモ　右手がパラティーノの丘。前方の突き当たりがスタート地点。筆者撮影

この個室形式のスターティングゲートのことを、ローマ人は「牢獄」と呼んだ。戦車を閉ざされた空間に押し留めておくからである。ゲートの扉は幅が五メートルほどで、四頭立ての戦車が余裕をもって飛び出せるようになっていた。扉の開閉機構には腱が使われていて、掛け金を外すと勢いよく開くようになっていた。スタートの合図は、たいてい執政官や法務官が務めた。ゲートの上に陣取った彼らがハンカチを落とすと、それを合図に各扉が一斉に開くのだ。

スタート後、各戦車は直線コースの入口を目指して突き進んでいく。レースに駆け引きは付きものとはいえ、勝負は公平でなくては見る方も興醒めである。ローマ人もそのことはもとより承知で、公平性を確保するため、あれこれと工夫を凝らしていた。ゲートが馬場の横幅いっぱいに全部で一二室並んでいるのに対し、直線区間の入口は右半分に寄っている。これだと左側のゲートから出走した戦車ほど、直線の入口まで長い距離を走らなくてはならなくなる。そこでゲートを緩やかな弧を描くように配置して、直線入口までの走行距離が等しくなるようにしたのである。またこの区間に限っては、各車が走行するレーンが分けられていたようだ。強引な割り込みによってスタート早々のクラッシュとなり、レースの興がそがれるのを防ぐためだ。直線区間に入ってからは走行レーンの区別も無くなり、駆け引きを伴った激しいレースが展開された。最もスピードが出るのは直線の終盤、折り返し地点の少し手前だ。しかしそこから一気に減速しなければ、コーナーを回り込むことは出来なかった。当時のテラコッタ製の浮き彫りには、コーナーを曲がり切れずにクラッシュしてしまった戦車の姿を描いたものもある。通常のレースはコースを七周しなければならず、この難所も一度クリアすれば安心というものではなかった。あと何度この危険な場所を切り抜けなければならないのか、いやそもそも今は何周目なのか、周回するうちに馭者も観衆も混乱してくるかもしれない。しかしそこにも工夫が凝らされていた。場内には大型の周回表示装置が設置されていた。それは鳥居のようなものの上部にイルカの模型を七頭横一列に、ちょうど目刺しのように頭の部分を串刺しにして並べたものだった。イルカの胴体は軸を中心に回転するようになっていて、レースが一周経過するごとに、一頭ずつ体の向きが変わっていった。それを見ればレースはあと何周残っているのか、あるいは騎者であればあと何回追い越しのチャンスがあるのかなどを、瞬時に知ることが出来た。

四つの党派が競ったレース

ところで先ほどゲートの数が全部で一二室あったと述べたが、その数字には大きな意味があった。一二は四の倍数であり、四はローマの戦車競走を仕切っていた集団の数に対応しているのだ。その集団とは四つの「党派」で、それぞれ自らを象徴する色によって、青党、緑党、白党、赤党と呼ばれていた。これらの党派は事実上のチームで、レースは党派の間で競われた。個々の騎者も党派の一員としてレースに参加し、彼らは所属する党派の色の衣服を身に付けて戦車を駆った。レースが党派の対抗という形式で行われた以上、出走する戦車の数もその倍数になる。各党から二両出場なら合計八両、各党から三両なら合計一二両という具合である。ゲートの数が一二室というのは、そうしたレースの形式を反映していたのだ。

党派あっての戦車競走だったということは、騎者のために建立された墓碑や記念碑からも読み取れる。そこには彼らの生涯成績がある時は誇らしげに、またある時は故人の思い出を偲《しの》ぶかのように慎ましやかに記されている。例えばムスクロススという騎者は通算六八二勝を挙げているが、その内訳は白党の騎者として三勝、緑党で五勝、青党で二勝、赤党で六七二勝というものだった。すべての勝利を四つの党派のいずれかに所属する形で挙げているのだ。またポリュニケスという馭者も通算七三九勝を、六五五勝（赤党）、五五勝（緑党）、一二勝（青党）、一七勝（白党）という内訳で挙げている。これらの数字からは、レースが完全に四党派の対抗という形で行われていたことが分かる。党派という枠組みの外で、馭者が個人の資格で参加することは、まず無かった。

戦車競走は大がかりな競技であり、たとえどれ程実力のある馭者であれ、彼一人の力だけで勝利を得ることはできない。問われるのは党派全体の総合力なのである。一人の馭者を勝利させる、そのことのために党派は多くの優秀なスタッフを揃える必要があった。この点、現代のF1チームに通じるものがあると言えよう。それを示しているのが、ローマ市内の集合墓から見つかった一枚の碑文である。そこには四頭立て戦車を駆る集団のメンバーの名前と職種が列記されていた。彼らは赤党もしくは紫党（ドミティアヌス帝〈在位　八一～九六年〉によって短期間だけ創設されていた）に所属していたと見られる。彼らの職種は以下の一二に及んだ。

(1)監督、(2)飼育係、(3)飼育係補佐、(4)医師、(5)戦車製作係、(6)革職人、(7)開閉係、(8)抑止係、(9)散水係、(10)伝令、(11)上級馭者、(12)馭者

このうち開閉係はゲートの操作を担当し、抑止係はゲートの個室内で手綱を握り、馬を引きとどめておく役目だった。どちらも最高のスタートを切るために重要な役割であった。また散水係は、レース中に馬の体や高温になる車軸受け部分に、桶から水を掛ける役割だった。また、これら一二職種のほかに、もう一つ党派に所属する重要な職種があった。それは激励係で、単騎で伴走して馭者と馬に激励の声をかけ、時には馭者が見にくい後方の状況を教える役目を果たしてい

た。

このように党派というのは、多くの専門スタッフが在籍する、組織的な実体のある集団だった。レースは開催日には一日に何回も行われ、時には同時に三両の戦車を出走させる必要もあることを考えると、党派が抱える人数はかなりのものだった筈だ。それは次々と現れては消えていく人気馭者の選手寿命を超えて永続する、一つの大きな伝統であった。いつしか人々は党派そのものを応援し、それに情熱を傾けるようになる。そうした人々の心のあり方を、元老院議員だった小プリニウスは次のように表現した。

彼らは馭者の衣服を贔屓《ひいき》し、馭者の衣服を愛しているのです。そしてもし馬場のただ中でレースの真っ最中に、こちらの色があちらに、あちらの色がこちらへと取り換えられるならば、熱狂と贔屓も移っていってしまうでしょう。そして彼らが遠くから見分け、その名前を叫んでいた馭者と馬たちを、突如として忘れ去ってしまうことでしょう。（小プリニウス『書簡集』第九巻の第六書簡）

党派に注がれる情熱が一線を越え、勝利によって得られる富や名誉があまりにも大きくなると、人々はどのような行動に出るであろうか。次節ではそのことに目を向けてみよう。

飛び交う呪い

古代ギリシア・ローマの社会に脈々と受け継がれた習慣の一つに呪《のろ》いがある。人々は生活の様々な局面で呪いを掛けていた。例えば商売敵のビジネスを失敗させる呪い、法廷で相手の舌を固まらせてしまう呪い、盗まれたものが戻って来るよう求める呪い、自らが想いを寄せる相手を自室の寝台に引き寄せる呪いなどである。こうした呪いを刻んだ板が、ギリシア時代のものはアテネを中心に、ローマ時代のものは地中海周辺の各地、時には遠く離れたブリタニアからも見つかっており、その総数は現在までに一六〇〇枚以上に達している。その中にあってローマ時代の戦車競走に関わる呪いは、一つのジャンルを成していた。

これらの呪いを当時の人々がどう呼んでいたのかはよく分からないが、現代の研究者は一般に defixio「束縛・抑制」と呼んでいる。それは呪いが大抵の場合、相手の行動の自由を奪ったり、金縛りに掛ける（ラテン語の動詞 defigere）という形をとったことに由来する。また、呪いを刻んだ鉛の板を何回も折りたたみ、それが開かないように釘で刺し貫いたという外形的な特徴も、そうした呼び方の理由となっている。

これらの呪いの実現を託する相手は死者の霊魂だった。したがって、死霊が任務を遂行するのを容易にするために、戦車競走に関わる呪いの板はしばしば競馬場から近い墓地に埋められた。ローマの場合、アウレリアヌス帝（在位　二七〇〜二七五年）の城壁のサン＝セバスティアーノ門の外側すぐ近くの集合墓から、多数の呪いの板が出土している。ローマでは城壁内に墓地を作ることが禁じられていたから、この場所はチルコ＝マッシモから可能な限り近い場所だった。

墓地以外の場所に置く場合も死者との繋がりは重要だった。クイリナーレの丘で出土した板は、人間の遺灰を収めた壺の中に入れられていた。以下はその日本語訳と復元図だ。

聖なる使者と聖なる名前よ、私はあなた方を呪文で呼び出します。相手を抑えつけるこの呪いに力を与えたまえ。そして馭者のエウケリオスと彼の馬すべてを、明日ローマの競馬場で、縛り、縛り上げ、邪魔をし、狙い撃ちをし、引っくり返し、ダメージを与え、破壊し、殺し、バラバラにしたまえ。ゲートを正常に……（一部欠損していて判読不能）……しないように。彼が疾風の如くに競わないようにしたまえ。そして彼が追い越さないように、ライバルたちを押し分けて突き進まないように、勝利しないように、巧みにコーナーを回らないように、賞を受け取らないように、ライバルたちを押し分けて蹴散らさない

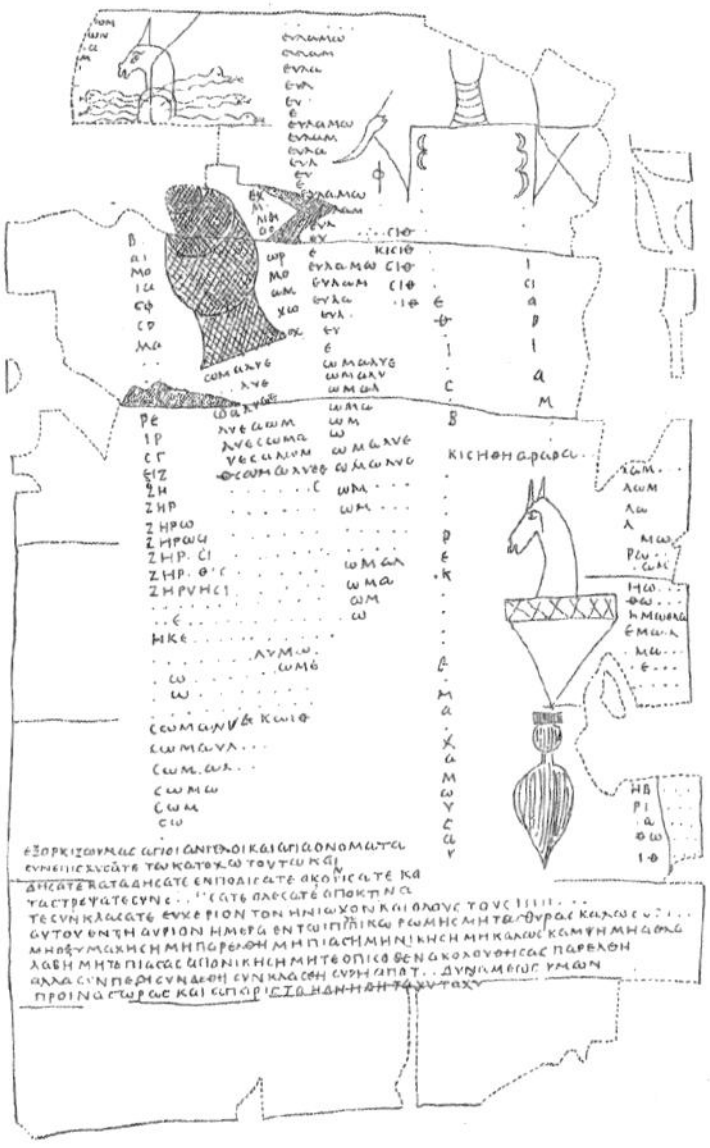

呪いの板の復元図

ように、後方から追い上げて追い越さないようにしたまえ。そうではなくて、午前のレースでも午後のレースでも、あなた方の力によってクラッシュし、縛られ、バラバラにされ、引き摺られるようにしたまえ。今すぐ！　今すぐ！　早く！　早く！（ヴュンシュ編『ローマ出土のセト神の呪いの板』ライプツィヒ一八九八年　第四九番）

レースの勝敗を分ける重要なポイントを列挙している観があり、臨場感さえ醸し出しているのが印象的である。

死者との直接の繋がりはないが、呪いが実現される現場である競馬場も、板の隠し場所として好んで使われた。北アフリカにあるカルタゴの競馬場では、ゲートの区域から、折り畳まれて地面に釘付けにされた板が見つかっている。同じく北アフリカのレプキス＝マグナの競馬場でもゲートの内側から板が出土している。また小アジアに位置するアンティオキアの競馬場では、ターニングポスト付近から板が見つかっている。それはこの場所がクラッシュなどの事故が期待できる難所だからであった。ゲートと呪いの関係については、聖ヒエロニュモスの『聖ヒラリオン伝』第二〇章が興味深いエピソードを伝えている。それによると、ガザ在住のローマ市民でキリスト教徒のイタリクスは、強制奉仕のために戦車競走の馬を飼育・訓練し、異教徒の二人官との対戦に備えていた。二人官は魔術師を雇い、イタリクスの馬に呪いを掛けて走れないようにしようとした。危険を察知したイタリクスがヒラリオンの許を訪ねると、聖人は杯に入った水を手渡した。イタリクスは厩舎《きゅうしゃ》に戻り、もらった水を建物と馬、馭者、戦車、そしてゲートの掛け金に振り撒いた。そして迎えたレースの当日、競馬場は騒然とした雰囲気につつまれていた。二人官はイタリクスを嘲笑して、レースの結末を予告しており、支持者のボルテージは上っていた。ところがスタートの合図がなされると、脚が動かなくなったのは、なんと二人官の馬の方であった。はたしてイタリクスの戦車は見事優勝を飾ったという。この水を振り撒く儀式のくだりは、ゲートの掛け金が呪いの対象となり易い場所だったことを示している。

呪いは特定の馭者や戦車に掛けられるケースばかりではなかった。レースが党派の対抗という形をとっていた以上、党派を丸ごと呪いに掛けてしまうこともしばしばあった。ローマ市の西部、ドーリア＝パンフィーーリ公園内にある古代の集合墓から一九八四年に見つかった呪いの板には、三つの党派から出走する八両の戦車の馭者と馬の名が列記されていた。呪われていたのは青党と、名前が記されていない第二の党派、そして赤党であった。なぜか赤党の第三馭者の名は記されていない。第二の党派も、なぜ色が明記されていないのか、よく分からない。疑問は残るものの、ともかくも、呪いを掛けたのはおそらく、緑党もしくは白党の関係者あるいは熱烈なファンだったのだろう。さらに興味深いのは、板に記された馭者と馬の名前で、青党所属の一二頭とおそらくは三人の馭者も、すべてLの文字で始まる名前だったのだ。また第二の党派も一両の馭者と馬はともにAの文字で始まり、残る二両は馬の名前がRで始まっていた。党派の一体感やアイデンティティをより強固にするための工夫だと思われるが、中でも名門の青党ではそうしたものを求める志向が強かったのだろう。

こうした呪いの横行を帝国政府はもちろん知っていたし、それを苦々しく思っていた。紀元後三八九年の勅令では、魔術を使う現場を押さえた者に容疑者の連行と告発を義務付けるのに加えて、特に馭者に対しては、魔術を使った者に私的制裁を加えることをかたく禁じている。自分たちも同じような呪いを行っていた馭者たちが、芋づる式に名前を挙げられるのを恐れ、口封じに走ることを防ぐためである。このことからも、いかに戦車競走と呪いが切っても切れない関係にあったかが分かろう。チルコ＝マッシモは呪いが飛び交う空間だったのだ。そのチルコは二〇世紀に再び時代の巨大なエネルギーを吸い寄せる場所となった。

ファシストのテーマパーク

一九三四年一〇月二八日、統領のムッソリーニは晴れがましい思いであっただろう。その日彼はイタリアの若者の精華ともいうべき一万五〇〇〇人のスポーツ選手を従え、開通したチルコ＝マッシモ通りでパレードに臨んでいた。沿道に整列した選手たちの前を騎馬にまたがり威風堂々と進み、演壇の上からは彼らの一糸乱れぬ行進を厳粛な表情で、あるいは時に満面の笑みを湛えて見下ろしていた。通りの傍らには広大なチルコ＝マッシモがひろがり、さらにその向こうにはパラティーノの丘とその宮殿が、パノラマのような景観を呈していた。

しかしそのような景観は、ムッソリーニが自らの命で作りだしたものだった。ほんの数ヵ月前までチルコ＝マッシモは、ガス供給会社の建物や得体の知れない掘っ立て小屋が無秩序に立ち並ぶ、薄汚い一角だったのである。政府が発行する英語による月刊旅行誌『トラベル＝イン＝イタ

パラティーノの宮殿の展望スペースからアヴェンティーノの丘を望む　丘の斜面を左から右に向かって緩やかに上っているのがチルコ＝マッシモ通り。筆者撮影

リー』の当時の号には、次のように書いてある。

この地区は完全に打ち捨てられていた。かつては非常に重要でまた活気に満ちていた帝都ローマのこの素晴らしい一帯は、忘れ去られ、今にも崩れ落ちそうなみすぼらしい小家屋や物置、干し草の山、小さな工房、ぼろ拾いが仕分けたゴミの集積場、そして人造肥料の工場によって、徐々に覆われていったのである。チルコ＝マッシモの一帯全域は、言うなれば、ローマのゴミ捨て場へと姿を変え、市民からは避けられ、市当局からは見過ごされてきたのである。

（『トラベル＝イン＝イタリー』一九三四年一〇月号五頁）

このような状態を放置しておくことは出来なかった。なぜならローマ中心部の歴史地区を整備する大計画において、チルコ＝マッシモ地区だけが最後まで手付かずのままになっていたからだ。構想ではムッソリーニの執務室があるヴェネツィア宮前の広場（ヴェネツィア広場）から、インペーロ通りを直進してコロッセオに行き、そこで右折してパラティーノの丘とチルコ＝マッシモを大きく回り込み、最後はマーレ通り（海の道）でカンピドーリオの丘の麓を通り、再びヴェネツィア広場へと戻る環状道路が出来るはずだった。既にインペーロ通りは遺跡の集中する地区を切り崩して建設されており、マーレ通りもカンピドーリオの斜面に貼り付いた建物を引き剝がして建設されていた。残るはチルコ＝マッシモを覆う障害物を撤去して、古の大競馬場を眼下に見下ろす直線道路を開通させるだけだった。

その年の秋に撤去作業は行われ、アヴェンティーノの丘の斜面にチルコ＝マッシモ通りが建設された。そのためにローマ総督府は、ユダヤ教徒の集合墓地を移転させてもいる。ユダヤ教徒の団体と交渉した上で、被葬者の遺体を掘り出し、カンポ＝ヴェラーノの墓地へと移葬したのである。現在、墓地の跡地には、市のバラ園がある。

今や更地となったチルコ＝マッシモは、各種の催し物や軍事教練などに活用されることとなった。なかでも一九三七年から一九三九年にかけて開催された四つの展覧会は、ファシスト政権の政策とその成果を、国民と世界に向けて伝える重要な舞台となった。それらは順に、(1)夏季キャンプと児童福祉展（一九三七年六月〜九月）、(2)国産繊維展（一九三七年一一月〜一九三八年三月）、(3)全国余暇事業団展（一九三八年五月〜八月）、(4)イタリア鉱物の自給自足経済展（一九三八年一一月〜一九三九年二月）であった。ここでは体制の性格をより鮮明に映し出していると見られる二つの展覧会に注目したい。

夏季キャンプと児童福祉展の目的は、健康でファシスト体制に相応《ふさわ》しい若者を育成するプログラムを提示することだった。展覧会の建築監督は、一九三二年に開催されたファシスト革命記念展において会場のファサードをデザインした、リーベラとデ＝レンツィが務めた。また会場に全部で一二棟あるパビリオンのうち、少年団を統括する全国バリッラ事業団をテーマとする第八パビリオンは、モレッティが設計した。モレッティはローマ五輪の会場となった巨大なスポーツ複合施設フォロ＝ムッソリーニを設計することになる人物で、当時の若手建築家の中で最もムッソリーニの支持を得ていた。このように会場の設計には、当代を代表する建築家が参画していたのだ。展覧会の開幕にあたっては、ファシスト党の女性組織「女性ファッシ」のメンバー六万人がローマに駆けつけた。彼女たちは週末に特別列車でやって来て、簡易ベッドをしつらえた学校に宿泊していた。夏季キャンプは企業や個人の寄付を財源としてファシスト党が盛んに行っていたが、日頃から現場を担っていたのは紛れもなく彼女たち

夏季キャンプと児童福祉展会場となったチルコ＝マッシモ　1937年５月29日　教育映画協会（ルーチェ）撮影

「ファシスト婦人《ドンネ・ファシステ》」であった。そんな彼女たちが展覧会の開幕に参加するのは当然のことだった。展覧会の内容は夏季キャンプにとどまらず、母性、教育、衛生、スポーツ、軍事まで多岐にわたった。おもな事業団では全国バリッラ事業団のほかに全国母子事業団が取り上げられていた。後者は育児指導やベビー用品の配布、さらには保育所の開設などを通して、市民生活とりわけ女性のそれに様々な場面で関わってくる組織であった。要するにこの展覧会は、イタリア人の一生をその誕生から成人、あるいは母親になるまで、ファシスト政権によって見守られるものとしてプレゼンテーションするものであった。期間中の入場者は五〇万人を超えたと見られている。

もう一つの展覧会は全国余暇事業団展、通称ドーポ＝ラボーロ展だ。ドーポ＝ラボーロとは英語に置き換えるとアフター＝ワークで、文字通り余暇活動ということになる。ファシスト政権下のイタリアでは、党もしくは国家の下に置かれた全国余暇事業団とそれが提供する余暇活動を指した。事業団が提供する活動は、観劇や映画からスポーツや旅行にいたるまで多彩であった。その目的は、労働者や農民やホワイトカラーを社会主義や共産主義思想から遠ざけ、ファシスト体制へ惹き寄せることであった。会員数は時とともに増え、一九三五年の時点で二三七万人を数えた。展覧会場には野外劇場や水泳プールも作られ、来場者が身を以て娯楽を満喫できるようになっていた。ファシスト体制の特質として、政権は福祉や娯楽を提供し、国民はそれに積極的に参加することで体制に統合されていくということがある。ドーポ＝ラボーロ展にはこの特質が如何《いかん》なく発揮されていると言えよう。

ドーポ＝ラボーロ展でダンスの公演を参観するムッソリーニ　1938年５月23日　教育映画協会（ルーチェ）撮影

これらの展覧会は、一九三二年に開催され大成功したファシスト革命記念展ほど先鋭的ではなかったが、はるかに広範な国民を呼び込むことに成功した。バス、鉄道、トラック、様々な手段で、地方の人々が展覧会に動員された。会場に入れば人々は階層や出身地の別なく政権の示す理想的な未来を体験し、イタリア人として生まれた誇りを手に入れることが出来た。その意味でチルコ＝マッシモはファシストのテーマパークとなったのである。

現在のチルコ＝マッシモにはファシスト政権時代の熱気を思い起こさせるようなものは何もない。世間の注目を集めるのは、サッカーでイタリア代表チームが勝利して群衆が集まり騒ぐ時くらいのものである。広々とした芝生の上に立てば、パラティーノの丘の麓という稀有なロケーションもあって、おのずと古代ローマの繁栄と戦車競走の興奮が脳裏に浮かんでくる。しかしそれだけでは大きなものを見逃しているのではないだろうか。チルコ＝マッシモが現在の姿であること自体が、すでに二〇世紀の歴史の所産なのである。古代遺跡の現代性に目を向けてみると、ローマの旅がまた少し想定外のものになってくるのではないだろうか。

〈アクセス〉

チルコ＝マッシモ（Circo Massimo）／テルミニ駅（Termini）から地下鉄B線（Metro Linea B）に乗って三駅目のチルコ＝マッシモ駅（Circo Massimo）で下車、地上出口目の前。

第二章

マルクス＝アウレリウス帝騎馬像
——古代都市ローマにただ一体残された大騎馬像

中西麻澄

はじめに

私たちがヨーロッパの町を訪ねる時、散策の途中で広場や街角に立っている騎馬像に出会うことはめずらしくない。騎馬像は風景と化し、わざわざ足を止めることもあまりない。これらのうちで最も新しく最も大きなものが、あのレオナルド＝ダ＝ヴィンチのデッサンをもとに一九九九年につくられた騎馬像の馬である。馬の鼻先から尾までの長さが、七メートルもある巨像で、イタリア北東部、現在ではファッションの町ミラノの郊外、サン＝シーロ競馬場入口にそびえ立つ。当初レオナルドはミラノのスフォルツァ家のために巨大騎馬像を計画していたが、フランス軍がミラノに攻め入ったために実現しなかった。しかし同時代のルネサンス期を代表する騎馬像が二つある。一つは北イタリアをさらに東に向かったパドヴァの町にあるドナテッロ作《ガッタメラータ騎馬像》、もう一つはパドヴァからさらに東へ向かった水の都ヴェネツィアのヴェロッキオ作《コッレオーニ騎馬像》である。これらは当時実現しなかったレオナルドのものとともに三大騎馬像といわれる。もちろんこれらの他に、フィレンツェ、パリをはじめヨーロッパの多くの町に多くの騎馬像がある。

ところが、これほど多数ある騎馬彫像のルーツをたどると、手本となった大騎馬像で、全体が残っているブロンズ像は、現在では一体しかない。それが古代都市ローマにある《マルクス＝アウレリウス帝騎馬像》（後一六一～一八〇年制作／在位　一六一～一八〇年）である。この騎馬像は、ローマの七つの丘の一つ、カンピドーリオの丘（カピトリヌスの丘）の上、現在のカンピドーリオ広場の中央に、ミケランジェロが広場を設計した一五三九年以来、設置されてきた。しかしそのあまりの貴重さから、一九九〇年代から修復が行われ、現在では広場に面したカピトリーニ美術館の特別室に展示されている。現在広場に置かれているのは、代わりのレプリカである。オリジナルを見るために特別展示室に入ると、高さ四二四センチ、青銅の水色の上に金メッ

サン＝シーロ競馬場の大騎馬像　筆者撮影

カンピドーリオ広場　中央は《マルクス帝騎馬像》のレプリカ。筆者撮影

キの残る、筋肉質で巨大な馬が目に飛び込んでくる。馬は勇ましく精悍《せいかん》に歩き、馬上の皇帝は肩から長いマントを垂らし、力強く右手を挙げている。まさに威風堂々。古代ローマ時代には、このような騎馬像がフォルム（広場）の内外に多数林立していたという。当時の史料では、古代末期には「巨大騎馬像」が二二体あり、ローマ帝国全体で一二八の騎馬像があったと伝えられている。

今では古代の騎馬像はほとんど残っていない。中世のキリスト教徒達が、異教徒のものだからと、みな溶かしてしまったからである。しかし皮肉なことに、《マルクス帝騎馬像》だけが残ったのは、キリスト教徒のおかげでもある。というのは、彼らはこの騎馬像を、最初のキリスト教徒皇帝コンスタンティヌス（在位　三〇六〜三三七年）のものと勘違いし、これだけは大切に保存してきたからだ。しかし、この騎馬像の歴史的な重要性は、そのことのみに在るのではない。ここからは、騎馬像の歴史において《マルクス帝騎馬像》が占める位置を、読者の皆さんと共に見ていくこととしたい。

古代ローマの騎馬像の歴史と現存作品

まず、古代ローマ時代の騎馬像の歴史をひもといてみたい。最初にローマにつくられた騎馬像は、思想家・伝記作家であるプルタルコスの『英雄伝』の中の『ファビウス伝』によると、クイントゥス＝ファビウス＝マクシムスのもので、カンピドーリオの丘の上に、前二〇九年につくられたという。当時の騎馬像は、奉納モニュメントの役割も担っていたようだ。同様の例に、前一八一年に建てられたマニウス＝アキリウス＝グラブリオの騎馬像がある。また博物学者プリニウスの『博物誌』第三四巻では、クロエリアという女性の騎馬像についても書かれている。この当時、彫像や騎馬像はかなりの数が立っていたようで、とうとう前一五八年に、正式に民会や元老院が認めたもの以外は、すべて撤去されたという。その後フォルム内に騎馬像が建てられたという史料はなく、前八二年になってはじめて、スラが自らの顕彰騎馬像を建てさせ、それに引き続き、共和政後期の権力者ポンペイウス、カエサル、レピドゥス、オクタウィアヌスらが、フォルム内に騎馬像を建てる名誉を元老院から得た。帝政初期には、元老院の意向が尊重されたのか、史料の上では、ネロ帝（在位　五四〜六八年）までフォルム内の騎馬像設置は記されていない。ただしフォルム外であれば、例えばアッピア街道のドルスス門などに騎馬像はあったという。その後、後一世紀終わり頃には、フォルム内にドミティアヌス帝（在位　八一〜九六年）の騎馬像があったが、これも後述する「記憶の断罪」処分により、破壊された。そのわずか一五年後、皇帝トラヤヌス（在位　九八〜一一七年）は、自分のフォルム（フォロ＝トライアーノ）の中央に自らの騎馬像を建てた。その後《マルクス帝騎馬像》が建てられたが、その設置場所はわかっていない。しかしマルクス帝のすぐれた功績から、フォルム内であったと考えられている。

次に、数少ない現存作品を紹介したい。《マルクス帝騎馬像》が所蔵されているカピトリーニ美術館には、もう一体、非常に貴重な古代の騎馬像の馬も展示されている。それが《トラステヴェレの馬》である。ローマの町の南側、テヴェレ川の向こう岸という意味の、現在では古き良きローマの活気にあふれた下町、トラステヴェレ地区で発掘されたため、そう呼ばれている。高さ一メートルほどで、騎乗者が失われてしまったのが惜しい限りだが、馬の表現が極めてすぐれた逸品といえよう。ちなみにこのカピトリーノ美術館というのは、カンピドーリオ広場を挟んで向かいあう、カピトリーノ美術館とコンセルヴァトーリ美術館の総称である。古代ローマ時代の美術に興味のある方には、ローマのテルミニ駅近くのマッシモ宮博物館とともに、必見である。古代ローマ皇帝の六五点の胸像コレクションをはじめ、オリジナルが失われたギリシア彫刻の秀品のローマン＝コピーも見られるからである。何より馬像に関しては、このカンピドーリオ広場の入口では、ディオスクリと呼ばれる馬と関わりの深い双子の神がそれぞれ馬を連れた大彫刻となって、私たちを出迎えてくれる。

古代の騎馬彫像のうち、現在まで残るものは極めて少ないのだが、ローマの町以外では、南イタリアの風光明媚《めいび》な町ナポリの国立考古学博物館に、古代ローマ時代の《バルボ騎馬像》と呼ばれる二体の親子騎馬像が残っている。当時の正装であるトガをまとったノニウス＝バルボと、皮鎧を付けた息子の小バルボの、大理石製のペアの騎馬像である。ちなみにこのナポリの博物館は、イッソスの戦いを描いた《アレキサンダー＝モザイク》と呼ばれる名高いモザイク画を展示しており、そこには大王の愛馬ブケファロスの姿が描かれている。また、小型ではあるが、《アレキサンダー大王の騎馬像》も所蔵している。

また、同じくナポリ湾の入口、ミセーノ岬の海中からは、「元」ドミティアヌス帝の騎馬像の一部が発見されている。ブロンズ製で、完全な形ではないが、非常に精巧に仕上がっている。これを見るためには、ナポリの西、ローマ時代には温泉保養地として栄えたバイアの町に行かなければならない。この町の海底では今も当時の遺跡が見られるという。ところで、なぜ「元」なのかというと、ドミティアヌス帝に対して「記憶の断罪（ダムナティオ＝メモリアエ）」が行われたからである。死後に元老院によってこの処分がなされた皇帝は、碑銘の刻字や肖像彫刻を破壊され、存在の記憶そのものを抹消されることになる。ドミティアヌス帝はこの処分を受けたため、問題の騎馬像は次期皇帝の《ネルウァ帝騎馬像》（在位　九六～九八年）として再利用されたのだ。彫刻の「再利用」も、古代ローマ人の現実主義がいかんなく発揮された現象といえよう。

その他の古代ローマの騎馬像としては、アテネ考古学博物館所蔵の《メロスの騎馬像》、中部イタリアのペルゴラから出土したアンコーナ博物館所蔵の《カルトチェート＝グループ騎馬像》などがある。

《マルクス帝騎馬像》

本章の主題である《マルクス帝騎馬像》が、歴史的にいかなる点で重要であるのかを、まず整理しておきたい。第一に、古代ローマの皇帝騎馬像の姿を、――中世を偶然に生き延び――、現代まで伝えたという点に、計り知れない価値がある。このことについては本章「はじめに」において述べたとおりである。そして第二には、それと関連して、現代に至るまで常に騎馬彫像の手本とされてきたことが挙げられよう。それにとどまらず、時にはもっと〝手っ取り早く〟、《マルクス帝騎馬像》そのものがコピーされることもあった。例えば、一四四〇年代から一七世紀の間に制作された小サイズのコピーが、少なくとも四〇作品現存し、《マルクス帝騎馬像》を写した素描や版画も一五〜一八世紀のもので四八点が確認されている。最後に第三には、制作に高い技術を要するブロンズ彫刻としての完成度の高さである。じつは中世の一〇〇〇年間、西欧では大騎馬像がつくられなかった。ようやくルネサンス期になって、一四五三年、彫刻家ドナテッロが七年がかりで一二〇〇年ぶりに大騎馬像《ガッタメラータ》の鋳造に成功した。では、それ以前のルネサンス期の騎馬像は、どのようなものだったのかというと、まず中世末期からルネサンス初期では、騎馬像はより小規模で、大理石などでつくられ、馬像の下には石棺があり、墓の彫刻として作られた。イタリアにはいくつもあるが、代表的なものに、ミラノのスフォルツァ城博物館にあるカンピオーネ作《ヴェルナヴォ＝ヴィスコンティ騎馬像》（一三六三年直前の制作、石棺部分は一三八五年以降）がある。その後も依然として、ブロンズ製大型騎馬像の鋳造技術を確立できない時期が続いた。そのため人々は、八メートルもの大きさの壁画に大騎馬像の絵を描いたりして、像の代用品としていた。その典型的な絵が、フィレンツェのサンタ＝マリア＝デル＝フィオーレ大聖堂内に二枚並んで描かれている。ブロンズ製であるかのように、薄くくすんだ緑色で全体が描かれたウッチェロ作《ジョン＝ホークウッド騎馬像》（一四三六年）と、大理石製に見えるように全体が白色で描かれたアンドレア＝デル＝カスターニョ作《ニッコロ＝ダ＝トレンティーノ騎馬像》（一四五五〜五六年）である。このように、数学的遠近法をはじめ、科学が芸術に深くかかわっていたルネサンス時代でさえ、《マルクス帝騎馬像》のような巨大ブロンズ騎馬像は、そう容易《たやす》くはつくる事ができなかったことがわかる。

それでは《マルクス帝騎馬像》に話を戻そう。まず馬上のマルクス帝のポーズをじっくり見てみたい。馬上の皇帝は、トガの上にパルダメントゥムというマントを羽織り、右腕を真直ぐに前方へ上げ、その掌は下向きである。この腕のポーズは「クレメンティア（寛恕）」という、足元に跪《ひざまず》く負けた敵達に対して、命は奪わないと慈悲を約束するポーズだと言われている。ただしこの騎馬像の下に敵の姿はあらわされていない。そのことから、元はこの騎馬像の足元にも負けた敵達の彫像があったという説もある。しかし、この騎馬像と同じカピトリーニ美術館の大階段を飾る大きな浮彫板《マンスエトゥド（穏和）》と比較すると、騎馬像の下には、当初から敵はいなかったのではないかと強く推測される。なぜなら、《マンスエトゥド》の方では、馬上のマルクス帝の右腕は、下方の敵達の方に斜め下に「下げ」て、慈悲を約束しているからである。それに対し、《マルクス帝騎馬

マルクス＝アウレリウス帝騎馬像　カピトリーニ博物館。筆者撮影

像》の右腕はやや上方に向けられている。これは《マルクス帝記念柱》や《トラヤヌス帝記念柱》浮彫での、味方のもとに帰った時や、味方に出会った時の「挨拶」のポーズと同じなのである。このことから、この騎馬像のポーズは、敵を赦す「クレメンティア」ではなく、「挨拶」ではないかと考えられる。これは後述するように、この騎馬像が凱旋行進の最中の姿であるという筆者の考えと一致する。

ところで私事であるが、筆者は、趣味が乗馬であるところから、騎馬像に興味を持ち、なかでもこの《マルクス帝騎馬像》に惚れ込んでしまった。それは、先に述べたような歴史的・学問的な重要性からだけでなく、その筋骨たくましい表現、良く制御された、まさに馬術の達人が乗った時のような、馬の筋肉の収縮と歩様があまりに素晴らしいからである。私がレッスンを受けているのは乗馬の中でも、オリンピック競技にもある馬場馬術であるため、このように人馬一体となって、馬に精悍な姿勢と動勢をとらせた見事な乗り方は、理想であり、憧れでもある。

古代にも馬術はあったようで、ギリシア時代の軍人にして著述家のクセノフォンは『馬術について』という本を残している。翻訳も出ているが、これをよく読むと、現代とほぼ同じような感覚で馬を扱い、乗っていたことに驚きを禁じ得ない。ただしいくつか、現代の乗り方とは違いがある。まず、足を乗せるアブミがなく、両脚は馬の腹の横にだらんと下げて馬の背にまたがる。これは《マルクス帝騎馬像》に見られるとおりである。鞍は、戦争の時は戦いで両手が使えるように、両腿を引っ掛けるための角のようなものが付いたものを付けたが、この騎馬像のように、おそらく凱旋行進パレードなどで、人々に見せるための時は、鞍は付けなかった。代わりに《マルクス帝騎馬像》と同じようなサドル＝クロスという敷物を背に掛け、その上に乗った。

次にこの《騎馬像》の馬の形を見てみたい。馬は、頸を真直ぐ高く上げ、鼻先を胸前の方に強く引いている。この形を「屈撓《くっとう》」という。これは「頭頸部を高く上げて、馬の鼻面をほぼ垂直に保つ馬術用の姿勢」と定義される。人が乗っていない馬が自然にする形ではなく、人が馬に乗り、騎乗テクニックを使い、筋肉を収縮させ、つくる形なのである。現代の馬術用語で言うと「ピアッフェ」、あるいは「パッサージュ」に相当する。これらの技は、オリンピックの馬場馬術競技や、馬の画家ジェリコーを主題にした映画『マゼッパ』、あるいは一七世紀以来の伝統を守るウィーンにあるスペイン乗馬学校の白馬リピッツァの演技等で見ることができる。解剖学的に言うと、このように強く頸を引いた形をとると、馬の両後肢は、腿より前に入り、その場で足踏みするか、あるいはほんの少しずつしか進めない。しかし《マルクス帝騎馬像》の馬の後肢は、――解剖学的

スペイン乗馬学校の白馬リピッツァの「ピアッフェ」
HANDLER, Das Schönste aus der Spanischen Hofreitschule. Verlag Fritz Molden, Wien- München- Zürich, 1975.

レオナルド＝ダ＝ヴィンチによる馬の素描

には、頸の形と矛盾して——、腿の前側ではなく、尾より後ろに肢を広げ、ゆったりと大股で歩いているのである。

非常に興味深いことに、《マルクス帝騎馬像》の、この現実にはあり得ない馬の形は、先に述べたルネサンス期の三大騎馬像や、さらには近代の騎馬像まで、綿々と受け継がれている。冒頭で述べたレオナルド＝ダ＝ヴィンチの巨大騎馬像計画でも、彼はその構想のため、何枚もの騎馬像や馬の素描を残している。その中の一枚には、横向きの馬の全身像があり、頸は《マルクス帝騎馬像》のように強く屈撓してはっきりとした線で描かれている。しかし後肢だけは、何度も何度も描き直した跡がある。その一本一本をよく見ると、最も前側に描かれた肢は、このように屈撓した馬の、実際の肢の位置であり、最も後側に描かれた肢は、《マルクス帝騎馬像》のように大股でゆったりと歩いている姿なのである。つまり万能の天才レオナルドでさえ、実際の馬の肢の位置にするか、現実には不可能だがダイナミックに歩く姿の肢の形にするか、決めかねていた事が良くわかる。実際にミラノに再現された馬の像は、後者の「歩いている肢」の姿が選ばれた。このように、現実にはあり得ない馬の形が、騎馬像のひとつの「定型」として、つまりパターン化され、受け継がれてきたことになる。

凱旋行進と《騎馬像》のポーズ

筆者はこの《騎馬像》が、不自然に肢だけ歩いている理由について、古代ローマ時代における凱旋行進の重要性が大きく関わっていると考えている。つまりこの《騎馬像》は不自然に「肢だけ歩いている」だけでなく、皇帝は正装し、馬には戦場用の鞍は付けられていない。しかも皇帝の身振りは、人々へ「挨拶」をおくっているところなのである。このような事を考慮すると、この《騎馬像》は、凱旋行進のパレードの最中の姿をあらわしたものと考えられる。

地中海世界を一つの巨大な国にまとめ上げた古代ローマは、そのために頻繁に征服戦争や防衛戦争を行った。戦争があれば、勝敗がある。そして勝利すると、その軍団は凱旋行進をしばしば挙行した。その時は、《マルクス帝騎馬像》のように鞍を付けず、正装姿で馬に乗り、時には凱旋戦車に乗り、パレードをした。その名誉は相当なもので、当時の様々な碑文を見るとよくわかる。皇帝などの人物の名前を書く時、名前とともに政治・軍事・神事においての経歴もほとんど必ず書かれるが、その中に常に、事実上凱旋行進を意味する「最高司令官の歓呼○回」という文言が記されるからだ。

では具体的に、騎馬での凱旋行進について述べていく。当時は「名誉の彫像」というものが、戦争や様々な功績により建立されたが、それらは四つのタイプに分けることが出来る。（一）本人だけの彫像（人物像）、（二）本人が馬に乗る騎馬像、（三）本人が四頭立て戦車に乗るブロンズ製彫像、ちなみに、それを載せる台座の役割を担うのが「凱旋門」である。（四）記念柱の頂上の人物像である。これらのうち、実際の凱旋行進での最も名誉ある乗り物は（三）の凱旋戦車であり、次が（二）の騎乗行進である。馬に乗る資格のない者は徒歩で行進した。その様子をあらわした史料のひとつに、歴史家スエトニウスによる『ローマ皇帝伝』の「クラウディウス伝」第一七節、クラウディウス帝（在位　四一〜五四年）が挙行した盛大な凱旋式の記述がある。

クラウディウスの凱旋車の後を、妻のメッサリナが幌馬車で従い、その後に、同じ戦争で凱旋将軍顕章を授かった将軍らが続いた。しかし彼らは、高官服を着て徒歩で進む。ただマルクス＝クラッスス＝フルギだけが盛装した馬にまたがり、凱旋将軍服を着ていた。というのも彼はすでに二度も凱旋将軍顕章を授かっていたからである。

この史料から、凱旋将軍顕章を授かった回数、すなわちその名誉の度合いに応じて、凱旋行進での、徒歩と騎乗の差が付けられているのがわかる。

もう一例を挙げると、後七一年のウェスパシアヌス帝（在位　六九〜七九年）の凱旋式について、歴史家ヨセフスによる『ユダヤ戦記』（Ⅶ、五、秦剛平訳、山本書店、一九八二年）には、次のように書かれている。

うしろにティトゥスをしたがえたウェスパシアノスが戦車で進んだ。盛装したドメティアノスも二人の傍らを馬で進んだが、その馬上姿は威風堂々たるものだった。

このように、騎馬で行進する馬上姿の格好よさをわざわざ記録に残している。

同様に、先に述べたクセノフォンの馬術書の第一章の冒頭は、「有能な軍馬に乗り、それを一段と堂々として立派な馬に見せようと思うならば……」という言葉で始まる。さらに「よい馬」のかたちがどのようなものであるか、見栄えのよい騎乗姿、行進姿の理想形等が書かれている。それくらい当時の人々はパレードなどで、観衆に己の精悍な騎乗姿を見せることに心血を注いでいたのである。皇帝たち自身でさえ、馬術をたしなんでいた。ハドリアヌス帝（在位　一一七〜一三八年）は言うに及ばず、スエトニウスの記述にも、カエサル、ティベリウス帝（在位　一四〜三七年）、ネロ帝の名が挙がっている。

実際、古代ローマ時代に馬に乗る機会は、大きく分けて次の二つと言えよう。一つは戦争のためで、戦闘や移動の手段となる。二つ目が凱旋行進であり、これが当時の社会においての重大事であった事は今述べたとおりである。これに呼応するかのように、騎馬像にも二つのタイプがある。一つは、戦闘タイプである。馬が後肢で立ち上がり、馬上の人は地面に倒れた敵に向かい、槍を構えている。もう一つが行進タイプである。戦闘、行進の両方のタイプとも、古代ギリシア以来、コインの図柄や墓碑浮彫などにみられる。

《マルクス帝騎馬像》は行進タイプになる。このタイプの騎馬像は、常に馬の四本の肢が歩いている形につくられてきた。先に述べたように、頸の屈撓との解剖学的整合性を無視してまでも、である。それこそが、凱旋行進をイメージして作られた騎馬像の魂となる部分であるため、馬の肢は歩いていなければならなかったのである。

生きている馬と騎馬像

ところで現代でも馬を愛する人は多いが――『馬の世界史』(講談社現代新書、二〇〇一年)を著した本村凌二先生は言うまでもなく、筆者もその一人であるが――、古代ローマの皇帝たちのうちにも、無類の馬好きがいた。なかには度を越した例もある。それがガイウス＝カリグラ帝(在位 三七~四一年)の有名な話である。彼の愛馬は戦車競走用で、インキタトゥス(〝興奮した〟の意味)と名付けられた。競走の前の晩は、この馬が良く眠れるように、皇帝は兵士を遣わし近隣に静粛を命じた。そしてこの馬の大理石の像をつくり、飼葉桶は象牙製、紫紅染めの馬用毛布、宝石の首輪、おまけに馬用の家と、解放奴隷と、家具を与えた。そしてその馬の名で人々を招待した。しかもカリグラ帝はこの馬を執政官にするつもりでいたという。その他に、狩猟愛好家のハドリアヌス帝は愛馬ボリュステネス(〝ドニエプル川〟の意味)に墓をつくってやり、マルクス帝と共同統治をしたルキウス＝ウェルス帝は、愛馬ウォルケル(〝翼のある〟の意味)の金製の像をつくり、いつも自分の行くところに運ばせ、大麦の代わりに干しブドウやクルミを餌として与えたという。この馬への愛着から、競走で馬のために金貨や賞が与えられるようになったという。

このように馬を人間と同等あるいはそれ以上に扱う、あきれた例もある。しかし美術表現においては、筆者が同時代の馬一〇〇〇作例を見た結果、多くの顕彰騎馬像では、馬よりも騎乗者が立派に見えるように表現されていることがわかった。つまり馬の頸を短くし、騎乗者の頭部が馬の頸より上になるように描いたり、作ったりしていたのだ。この特徴は《マルクス帝騎馬像》でも同様である。

唯一の例外が「競馬競走」の図である。この場合だけは、コインでも、ギリシアの壺絵でも、馬の方が巨大で、人物像であるジョッキーは小さく描かれる。実際、競馬場に行ったことのある方なら、ゴール間際の最高スピードで駆け抜ける馬たちを、間近で見上げた時の迫力は忘れがたいであろう。その時目に入るのは、馬の十分の一の体重しかないジョッキーではなく、馬の方だけだ。これが「パンとサーカス（競走場の意）」の古代ローマ時代であれば、人々は頻繁に馬の競走を見ていて、当然、落馬・落車事故や衝突事故は日常茶飯事で慣れっこであった。そのため「馬に乗る事は命がけ」だと実感されていたはずである。

この命がけの競走を見慣れた目は、反対に、騎馬像への称賛を倍増させたにちがいない。というのは、一つ間違えば命を落とす危険のある「馬」という動物に乗りながらも、騎乗術で支配し、落ち着き払って堂々と馬を誘導する人物を見ただけで、彼らの心には自然と賛嘆の念が湧いたと想像できるからだ。このように古代ローマ人は、現代人よりも生活の中に身近にいた「馬」

という動物を良く知り、その良し悪しを見抜く目も非常に肥えていたであろう。そういう彼らが日々生活するフォルムや町中に建てられる騎馬像の馬は、自然と人々の理想の馬の形に近付き、一つの定型をつくっていったのではないだろうか。《マルクス帝騎馬像》は、——解剖学的整合性からは矛盾のある頸と肢の形であるが——、その理想の姿を現代の我々に示していると言えよう。

〈アクセス〉

カピトリーニ美術館（Musei Capitolini）／市バス（ATAC）でヴェネツィア広場（Piazza Venezia）下車、正面のヴィットーリオ＝エマヌエーレ二世記念堂（Monumento a Vittorio Emanuele II）右側に沿って進むと、左側にカンピドーリオ広場入口の大階段がある。徒歩約五分。

第三章　オスティアとポルトゥス――首都ローマを支えた双子の港湾都市

池口　守

はじめに

ヨーロッパのリバー＝クルーズといえば、葡萄園と古城も美しきライン川下りや、花の都パリのセーヌ川クルーズが真っ先に思い浮かぶであろうが、近年ではそれらに負けじと、ローマを貫くテヴェレ川でもクルージングが営業中である。河岸の景色も船の見栄えも先輩達といい勝負をしている、とまでは言えないが、古代ローマの経済を専門とする筆者にとってこれほど魅力的なクルージングは他にない。何となればこの川は、二〇〇〇年前の百万都市ローマへの膨大な物流を支えた大動脈であり、河口の港町とローマとの間を日々多数の艀《はしけ》船が行き来していたはずだからである。春先に氾濫しがちな暴れ川だから流路が変わった部分もあるが、遡上する艀を牽引した牛達は土手のあのあたりを歩いただろうか、などとつい想像を膨らませたくなる。一方、視線をそこから水辺に落とせば、「沼のビーバー」とも呼ばれる愛嬌たっぷりのヌートリアが毛繕いをしているが、これは南米原産だけに、「新大陸発見」を隔てた時の断絶も感じずにはいられない。そんな物思いに耽る筆者を乗せた船は、ローマのマルコーニ橋近くの船着き場を出て約一時間後に、発掘された古代の港町に到着した……。

港町の名はオスティア。河口を意味するラテン語オスティウムに由来する。戦乱や海賊の襲撃に対応すべく紀元前四世紀半ばに市壁が築かれ、前三世紀には海軍の拠点ともなったが、前二世紀には次第に商業的な港湾都市へと発展、最盛期となった後二世紀の人口は五万人とも一〇万人

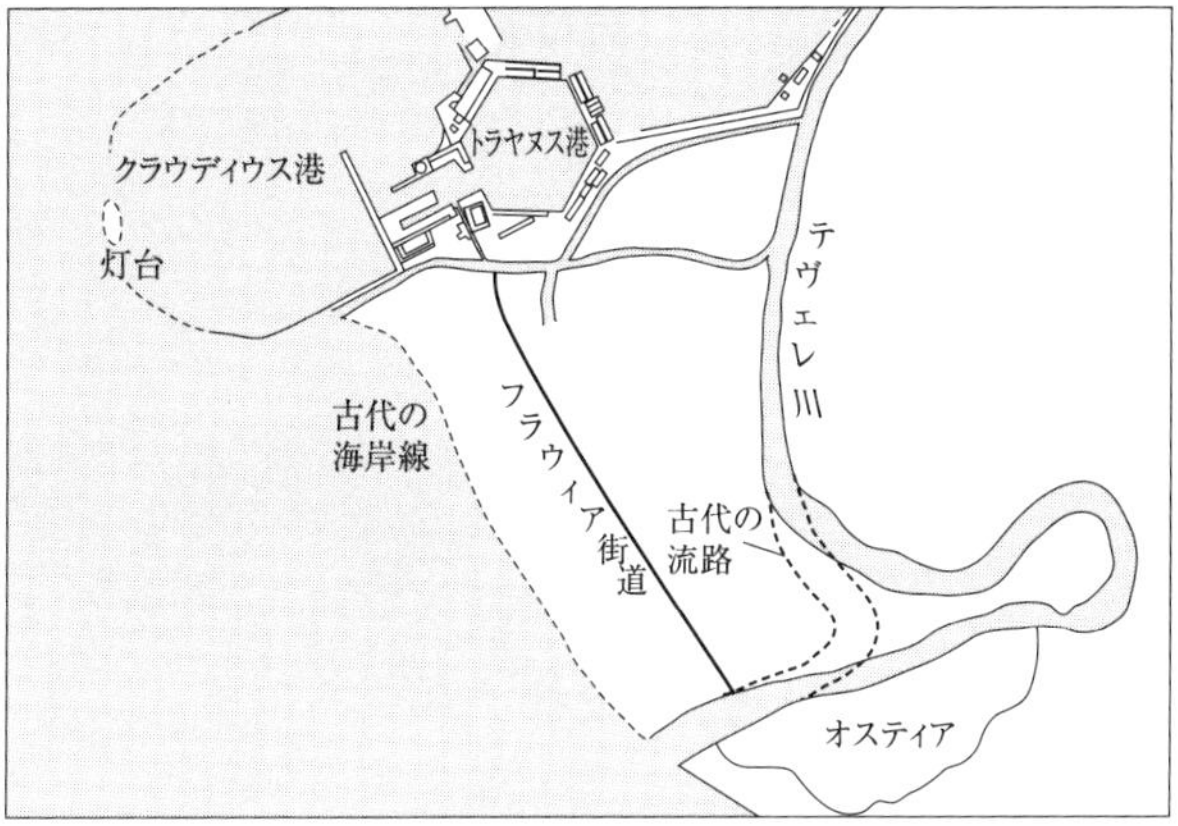

オスティアとポルトゥス

とも言われている。ローマ時代の都市遺跡としてはポンペイがあまりに有名だが、ポンペイの人口が約一万人だったことを考えると、大都市オスティアの遺跡としての価値は強調されてよい。ポンペイは火山の噴火で突然埋没したが、オスティアは四世紀まで存続したのち遺棄されて土砂に埋もれたため、遺構や遺物の年代に幅が見られるという特徴もある。

ところで、港町オスティアは良港をもたなかった。矛盾するようだがこれは事実で、テヴェレ川が運ぶ土砂のせいで大型船が停泊できる港湾を建造できなかったのである。ローマへの船荷はオスティアの沖合で大型船から艀へと積み替えられたが、その不便さと処理能力の限界から新港の建造が待望されるようになった。これに着手したのがクラウディウス帝（在位　四一～五四年）で、後のトラヤヌス帝（在位　九八～一一七年）の拡張工事を経て、巨大な人工港ポルトゥス（ラテン語で港の意だが、後に都市名ともなった）が河口の北側に完成した。このうちクラウディウス港は現在のフィウミチーノ空港に重なるが、三二ヘクタールを囲む六角形のトラヤヌス港は今でもトライアーノ湖として往時の姿を留めており、フィウミチーノ空港に南から接近する飛行機の右窓から一望することができる。これを見る度に「ローマに来た！」と感慨に耽る変わり者は今では筆者だけだろうが、二世紀には文字通り、地中海世界を支配する首都の大玄関として巨大な港湾設備や神殿が威容を誇っていたから、ここを通ってローマに出入りする人々はローマ帝国のパワーを強烈に印象付けられたに違いない。

ポルトゥス周辺には数万人が居住するようになり、オスティアと連携して「双子都市」へと発展した。今も発掘が続くオスティアと近年発掘が開始されたポルトゥスについて、物流の観点を軸に遺構を観察し、首都ローマへの食糧供給の実態にも思いを馳せてみよう。

オスティアの公共建築物

ローマから地下鉄と私鉄を乗り継いでオスティア＝アンティカ駅に到着すると遺跡入り口のローマーナ門まで徒歩数分。入場するとまもなく、オスティアを東西に貫通する目抜き通りデクマヌス＝マクシムスの石畳を歩くことになる。オスティアの重要な建築物の多くはこの通り沿いか付近に建てられているから見学には便利である。「総ての道はローマに通ず」という一七世紀の詩人ラ＝フォンテーヌの言葉通り、この道はローマから伸びるオスティア街道が市域内に延伸したもので、そのまま西へ二キロほど直進したあと三叉路で左右に分かれ、右は河口へ、左はマリーナ門へと続いた。デクマヌスの途中、道路に一メートルほどの大きな段差があるが、これは前二世紀からの約三五〇年間をかけてオスティアの東部全体で（テヴェレ川の氾濫に対応して）段階的に盛り土がなされたため、道路も造り直されたことを示している。ちなみに、ローマ時代の凹凸の激しい石畳の舗装道路が物資輸送にどの程度有効だったかについては、研究者の見解は必ずしも一致していない。反旗を翻す都市へ迅速に兵士を送り込めるという威圧感を示す目的が、むしろ主であったとさえ考えられている。

デクマヌス＝マクシムスの石畳　筆者撮影

三叉路の手前二〇〇メートルのところに都市の中心たるフォルム（広場）がある。これはデクマヌス＝マクシムスに直交するもう一本の目抜き通りであるカルド＝マクシムスの一部を拡張したものだが、ティベリウス帝（在位　一四～三七年）からハドリアヌス帝（在位　一一七～一三八年）の時代にかけて、その周囲をカピトリウム、女神ローマとアウグストゥスの神殿、クリア（都市参事会議場）、バシリカ（公会堂）で囲み、体裁が整えられた。カピトリウムとは、首都ローマのカピトリウムの神殿に倣い主神ユピテル、ユノ、ミネルウァを祀るもので、ポンペイなど多くの都市に建設された神殿である。もっともオスティアのこの神殿がカピトリウムであることを示す明確な証拠があるわけではなく、一九世紀まではオスティアの守護神ウルカヌス（ギリシア神話のヘファイストスにあたる火と鍛冶《かじ》の神）の神殿と考えられていたのだが、フォルムの真正面という神殿の位置と、地上一七メートルの高さに達する規模などからカピトリウムとの解釈に至っている。

古代ローマは『神々にあふれる世界』（キース＝ホプキンズ著）であった。ギリシア・ローマ神話の神々、ラレス（家庭の守護神かつ辻神）やゲニウス（守護霊）などの民間信仰、カエサルの神格化に始まる皇帝礼拝、エジプトから伝わったイシス信仰、ペルシア起源のミトラ教とマニ教、最終的に国教の座を勝ち取るキリスト教など、実に彩り豊かである。既述のようにオスティアはポンペイよりも都市の存続期間が長かったから宗教建築もバリエーションに富んでいるが、ミトラ教の神殿ミトラエウムはオスティアだけで二〇近くも確認されているから、ミトラ教は多数の信者を得て一大勢力となったと推測される。その一つ、三叉路から河口方面に進むと現れるミトラ浴場のミトラエウム（I.XVII.2：第一区一七番地の二）は洞窟を模した半地下の礼拝所であり、雄牛の頭部を摑んで屠《ほふ》るミトラ神の大理石像が内部で発見された。ミトラ神の頭上には採光窓があるので、日中に行われる儀式で神像は神秘的な光を浴びていたであろう。雄牛の胸に刻まれたギリシア語碑文から、この像は二世紀のアテナイ人クリトンの作、ミトラエウム自体は三世紀の建造と考えられる。ところでこのミトラ神の腕と雄牛の頭部は礼拝所の側溝から発見された。四世紀または五世紀にこの像を破壊したのはおそらくキリスト教徒で、彼らは故意にミトラエウムの上（地上）に小さな教会ないし礼拝堂を建て、その柱のレリーフには、ギリシア語のスタウロス（十字）を象徴するT（タウ）とP（ロー）のモノグラムと、万物の最初と最後を意味するＡ（アルファ）とω（オメガ）の文字を彫った。キリスト教関連ではコンスタンティヌス帝時代に建立されたと思われるバシリカ（III.I.4）もあるほか、聖アウグスティヌスの母モニカが三八七年にこの町で亡くなったことが有名で、オスティア＝アンティカ駅に程近い聖アウレア教会に彼女を讃える墓碑が収められている。一方、西のマリーナ門を出て南に五〇〇メートル以上下ったところには、一世紀に建立され四世紀に改修されたユダヤ教の教会堂シナゴーグの遺構があり、旧約聖書の律法（モーセ五書）を読み上げる小さな神殿も残っている。

オスティアの娯楽施設で特に目立つのはアウグストゥスの親友であるアグリッパが築いた三〇〇〇人収容の劇場（II.VII.2）だが、今に残るのは二世紀に主にセプティミウス＝セウェルス帝（在位　一九三〜二一一年）と息子のカラカラ帝（在位　二一一〜二一七年）が四〇〇〇人規模に拡張したものである。浴場が充実しているのもオスティアの特徴で、四頭の海馬を操るネプトゥヌスのモザイクが有名なネットゥーノ浴場（II.IV.2）、フォルム南東の三二〇〇平方メートルにわたって広がるフォロ浴場（I.XII.6）、マリーナ門の南に位置し、脱衣場の床に運動競技者のモザイクが見られるマリーナ門浴場などを含め、多数の浴場が一〜二世紀を中心に建設された。したがってオスティアでは大量の水が必要となったが、帝政初期にテヴェレ川の支流から約一四キロにわたって引かれた水道（オスティアではデクマヌスの地下を通る）が毎秒二六〇リットル以上の水をオスティアへ供給したと考えられている。一方、下水道網が発達しているのもオスティアの大きな特徴で、浴場などから集められた水が破風型天井をもつ下水道を通じて排水された。地下水面が地表に近い（深さ二・五〜四・五メートル）ので、ポンペイの場合とは違って汲み取

ディアナの家（I, III, 3-4）　筆者撮影

り式のトイレが作れなかったことも一因だが、オスティアには便座の下を常に水が流れる公衆トイレが多数見られ、排便後の洗浄に使う海綿を洗うべく、細く浅いもう一本の水路が着座時の足元に引かれている。ポンペイでは下水道はごく一部にしか引かれなかったので、汚水は街路に垂れ流しとなった。このため歩道は車道より一段高く、両脇の歩道を結ぶポンデラ（横断用の飛び石歩道）も必要になったのだが、オスティアの場合は下水道網の発達により街路が清潔だったし、路面を流れるのは雨水だけだったから、歩道と車道に段差をつける必要もなかったわけである。

　オスティアでは人口増加に伴い建築物は水平方向でなく垂直方向に伸びた。「ディアナの家」（I,III,3-4）はインスラと呼ばれる集合住宅の好例で、四～五階建てだったと推測されている。現代ではエレベーターという便利なものがあるから、タワー型マンションでも景色のよい上層階ほど高価物件となるが、階段を上るしかない古代のアパートでは逆の価格設定となったはずである。しかも上層階は構造上の制約から造りが粗末で、一部の例外を除いてトイレや浴場も階下にしかなかったから、安い家賃と見晴らしだけが上層階の魅力だったであろう。

オスティアにおける食料の貯蔵と消費

オスティアはローマと他の都市を結ぶ物流の中継地として栄えたが、貿易の様子は劇場の北に隣接する「組合広場」(II,VII,4) から窺い知ることができる。神殿のある広場の四辺を六一の事務所が取り囲む形をとっており、それぞれの床には業種を示すモザイク画が描かれているが、船と穀物の絵が大部分を占めるので、多くは船主と穀物輸入業者の事務所で、ここで様々な商取引が行われたのであろう。ローマ人の主食である穀物の需要は首都周辺の農業生産力だけではとても満たされなかったので、共和政期にはサルディニアやシチリアから、帝政期にはアフリカ（現在のチュニジア）やエジプト

組合広場（上）とオスティアの大倉庫（下）

から租税として大量に輸入され、一般市民に安価で、後には無料で配給されるようになった。「パンとサーカス」という言葉からも知られるように、食料の無料配給と見世物の開催は為政者の人気取りが目的で、世論調査による数値などは出なくても「支持率」が気になったのであろう。ちなみにエジプトやアフリカからローマへ輸入された小麦の多くは、現在ではパスタの原料として使われる黄色くて堅いデュラム小麦だった可能性が高いと筆者は考えており、これから作ったローマ時代のパンはきめが粗く堅めのパンだったことを、自らの実験で「確認」したことがある。大プリニウスの『博物誌』の記述をもとに、ローマ人の主食が粥からパンに移行したと考える向きがあり、水分の摂取不足につながるこの食習慣の変化がワインの消費量拡大をもたらしたと考える研究者もいる。

輸入された穀物は最終的にはローマの穀物倉庫に運ばれたが、貯蔵能力を超えた分はオスティアの穀物倉庫に保管され、必要に応じてそこからローマへ移送された。オスティアには倉庫の遺跡が一〇以上見られるが、多くは長方形の中庭の四方を多数の小部屋が取り囲む形をとっていた。穀物倉庫といえば、日本ではネズミの害や湿気を防ぐための高床式倉庫が縄文時代から作られたが、ローマ時代の倉庫にも床下に三〇センチ程度の空間を確保して通気性をよくする「高床」がしばしば見られ、これと上階へ続く運搬用のスロープも併せて確認できれば穀物用倉庫であった可能性が高くなる。「大倉庫」（II,IX,7）はその好例だが、創建は一世紀半ばなのに高床へと改修されたのは二世紀からと分かっているから、倉庫の用途に変更があったのか、あるいはオスティア東部全体での盛り土も関係しているのか、解釈はなかなか容易でない。ともあれ、帝政初期のオスティアは五万人超の人口を擁したから、オスティアに荷揚げされた穀物の一定部分はオスティアで消費された。穀物はパン工場に直接運ばれて、製粉し、捏《こ》ねて、窯で焼くまでの一連の作業がここで行われた。製粉器は円錐の上に砂時計を被せたような形をしており、「砂時計」の穴に棒を通してロバや奴隷を使って回転させ、上から注いだ穀物を摩擦して製粉する仕組みであった。ポンペイには小さなパン工場が多数見られるが、オスティアでは比較的少数の大工場で集中的にパン作りが行われていたのが特色である。

パン工場の製粉器（上）とテルモポリウムのカウンター（下）　筆者撮影

ローマ人は外食好きであった。ポンペイと同様、オスティアにも多数のテルモポリウム（カウンターのある食堂）が見られる。オスティアには遠隔地から多くの船乗りが来訪したが、停泊中の短いひととき、久しぶりの旨い食事をここで楽しむのが何よりの楽しみだったであろう。カウンター越しに旨いワインと手料理を出してくれる気っ風のいい女将との再会も、毎年楽しみにしていたかもしれない。ワイン、オリーブオイル、そして調味料としてのガルム（魚醤）は、テラコッタ製のアンフォラに入れて船積みされ、目的地に到着するとドリウム（甕）に移された。多数のドリウムが地中に埋められているのは主にワイン用と考えられる。通常の店舗はオスティアだけで八〇六軒も確認されており、帝国全土から珍しい食料品や工芸品が集まって、さながら「ローマ世界物産展」のような賑わいが見られたことだろう。

新港ポルトゥス

冒頭にも述べたように、オスティアには小型船や艀が停泊できる波止場はあったが、大型船の場合はここに停泊できず、沖合で荷の積み替えを行うという不便を強いられた。アレクサンドリアから毎年大量の穀物を輸送する大輸送船団はナポリ湾北のプテオリ（現ポッツォーリ）で荷を下ろし、小型船に移し替えてオスティアへ向かうのが常であったが、プテオリからオスティアまでの約二〇〇キロの短い航海も、季節や天候によっては安全ではなかった。そういうわけで、穀物輸送問題の最終解決策として新港ポルトゥスの建造が開始されたのだが、巨大すぎるクラウディウス港は必ずしも安全でなく、六二年の嵐では停泊中の二〇〇隻の舟が沈没してしまった。またネロ帝がプテオリに近いアウェルヌス湖からオスティアまで運河を引くという無謀な土木事業に着手し挫折した、というおまけまで付いた。クラウディウス港の奥にトラヤヌス帝が六角形の内港を築いたことによって、ようやく問題に終止符が打たれることになったわけである。

この港の実態は長い間謎に包まれ、港の出入口がどの方角を向いていたかさえ明らかでなかった。原因は、（一）複数の文献史料の記述が整合的でないこと、（二）クラウディウス港はフィウミチーノ空港に覆われ発掘できないこと、（三）トラヤヌス港付近は私有地でこれも発掘が遅れたこと、などであるが、トラヤヌス港とその周辺では近年、イタリア、イギリス、フランスの調査隊が発掘許可を得て調査を進め、実態が次第に明らかになりつつある。それによればクラウディウス港の出入口はおそらく西向きで、その中央に造られた人口島（巨大な船を沈めて基盤とした島に灯台を建てた）のおおよその位置も推定されている。また、トラヤヌス港のそばに運河を掘ってテヴェレ川と接続することにより、船荷の積み替えが効率よく行われたことも分かってきた。

周辺には多数の倉庫が建設された。既述のようにオスティアの倉庫は中庭をもったが、ポルトゥスの倉庫は通路の両側に配置して空間効率を高めている。例の高床だが、これまた創建から一定の年数が経って二世紀にしつらえられた。それである研究者は、そもそもオスティアとポルトゥスでは一世紀まで高床方式は適用されなかった可能性があると指摘し、ますます謎が深まっている。ともあれ、彼を含むイギリスの調査隊の報告によれば、オスティアの二世紀前半の倉庫面積が合計で約三万平方メートルであるのに対し、ポルトゥスのそれは三倍の九万平方メートルにも達した。これだけ膨大な貯蔵能力を得たポルトゥスであるから、オスティアとプテオリの物資貯蔵の機能を完全に代替したかと思いきや、オスティアでは倉庫の整備も含め二世紀に建設ラッシュが起こり、プテオリでも三世紀前半まで都市の衰退を跡づけることができない。おそらくポルトゥスの処理能力の高さは双子都市のオスティアにもプラスに作用したのであろうし、穀物に関して言えば首都ローマは常に供給不足に怯えていた節があるから、ローマ、ポルトゥス、オスティア、プテオリの優先順位で倉庫をできるだけ活用し、飢饉に備えた穀物備蓄を最大化する努力をしたのであろう。

ローマ時代の船舶については、海底に沈む難破船の水中考古学的調査や、陸地化した古代の港から発掘された沈船の研究を通じて知見が得られてきた。中世以降のヨーロッパでは竜骨（船首から船尾まで船底を通る背骨）にまず多数の「肋骨」を垂直に接続し、これに外板を貼り付けていく建造法が主流となったが、古代では竜骨に外板を直接固定し、その上に肋骨を貼り付けて補強するのが一般的であった。基本的には前者の建造法のほうが船の堅牢性を高めると考えられるが、後者の場合は設計が多少大雑把でも肋骨のサイズや形を調整しながら作業を進めることができたし、外板が完全には固定されない分、海上の波に対して柔軟に適応できる利点もあったようである。実はクラウディウス港の北東の一角は使用に耐えなくなった船や艀を沈める「墓場」となっていたらしく、ここから発見された計五隻が現地の沈船博物館（Museo delle Navi）に展示されている。内訳は貨物船一隻、艀三艘、釣舟一艘で、貨物船は外板に肋骨を貼り付けた構造が明らかであり、釣舟は釣った魚を入れる中央の海水槽が非常に興味深い。

魅力に満ちた沈船博物館であるが、残念ながら数年前から現在（二〇一二年九月）に至るまで船の補修のため閉館中である。他にはピサにも港に沈んだ八隻の船を展示した博物館があるが、これがまた閉館中。ポンペイに近いもう一つの埋没都市エルコラーノにも小さな沈船博物館があるが、遺跡入り口のインフォメーションで尋ねたところ、「月に一度だけ夕方にオープンしている」とか……。財政難のイタリアのことだから学芸員を雇う余裕もあまりないのかもしれないが、ローマの海上輸送を専門とする者にはなんとも受難の時代である。ちなみにポルトゥスそのものの見学も現地の考古監督局を通じた予約が必要で、一般の観光では見学が難しいと思われるが、幸いポルトゥスの沈船博物館で配布されるリーフレットが、古代の船のデータベース・プロジェクトである NAVIS Project で公開されており（http://www2.rgzm.de/navis/musea/ostia/fumicino_english.htm）、五隻の詳しい解説と写真が掲載されているので参照されたい。

〈オスティアへのアクセス〉

ローマのテルミニ（Roma Termini）駅から地下鉄B線（Metro Linea B）でピラミデ（Piramide）駅まで行き、隣接するポルタ＝サン＝パオロ（Porta San Paolo）駅からローマ＝リード線（Ferrovia Roma-Lido）に乗り換えてオスティア＝アンティカ（Ostia Antica）駅で下車。駅を出てまもなく陸橋を渡り、三分ほど直進して突き当たりを左折すると、すぐに遺跡の入り口がある。

第四章

ポンペイ——ヴィーナスの街

樋脇博敏

はじめに

七九年八月二四日、ナポリ湾を見下ろして聳える円錐峰ヴェスヴィオが大噴火し、周囲三〇〇平方キロメートルほどの地域（琵琶湖の半分弱の面積）が壊滅的な被害をこうむった。ときの皇帝ティトゥス（在位　七九～八一年）はただちに「カンパニア復興担当官」を選出して救援と復興にあたらせたが、火山近隣域の被害は目を覆うばかりで、多くの都市や村落が努力むなしく放棄されたという。ポンペイもまたそうして見捨てられた都市の一つで、六メートルをこえて降り積もった火山灰の屍衣にくるまれて、およそ一八〇〇年もの長き眠りにつくこととなった。

ポンペイが位置するカンパニア地方は、古来「幸多き」と形容されてきた肥沃な土地で、大プリニウスの言葉を借りれば（『博物誌　第I巻』三巻六〇、中野定雄ほか訳、雄山閣）、「全世界に有名な」ワインと「人間の愉悦を満足させる」オリーブオイルを産することでとりわけ有名だった。良港にも恵まれ、そこで獲れる美事な魚貝は「すべての他の海岸にまさって著名である」と大プリニウスは絶賛している（皮肉にも彼はヴェスヴィオの大噴火にまきこまれて死ぬことになるのだが）。豊富な産物と穏和な気候、それに加えて、ティレニア海を見晴るかす沿岸部（とりわけナポリ湾周辺）の明媚な風光と湧き出でる温泉とが多くの金持ちたちをここへと誘い、同地はすでにローマ共和政期から有数の別荘地ともなっていた。

この幸多きカンパニアをめぐって豊穣の男神リベル＝パテルと豊穣の女神ケレスが激しく闘っ

たと伝承が語るように、ここはその豊かさゆえに神代より領有争いの激戦地だった。もともとはオスキ人の住む地であったが、前七五〇年ころにはギリシア人が各地に植民して威を張り、前六〇〇年ころにはエトルリア人が、ついでサムニウム人が侵入してきて一帯を支配したが、最終的にはサムニウム戦争に勝利したローマがカンパニアで覇を唱えることとなる。

当然のことながら、ポンペイもそうしたカンパニアの情勢と無関係ではいられなかった。前六世紀から前五世紀にかけてはギリシア人とエトルリア人がポンペイの領有をめぐって争い、前五世紀後半にはサムニウム人がポンペイを征服した。サムニウム戦争を契機としてローマがカンパニア地方を制覇すると、やがてポンペイにも介入の動きを見せるようになる。しかし、それでもしばらくのあいだはポンペイも自治独立を守ったが、同盟市戦争でついにローマと干戈《かんか》を交えるに至り、前八九年ポンペイはついにローマの軍門にくだった。前八〇年にはローマの植民市とされ、その都市名を「ポンペイ人によるウェヌス女神に献呈されたコルネリウスの植民市」と改めた。ポンペイを征服したローマの将軍コルネリウス＝スラの名に因み、ウェヌス女神を守護神として奉じるローマの一地方都市となったのである。

ウェヌス（Venus）を英語読みするとヴィーナス、言わずと知れた愛の女神である。愛は身分や職業を問わないが、愛を司るウェヌス女神の祭儀はそれを問うた。古代ローマが身分制社会だったからである。たとえば、邪《よこしま》な愛の虜を更生に導くウェヌス＝ウェルティコルディア女神（添え名の「ウェルティコルディア」は「改心」の意味）の祭儀は都ローマの中心部カピトリヌス丘（現カンピドーリオの丘）で祝われ、それに参加できたのは身分の高い貴婦人のみ。他方、情慾をかきたてるウェヌス＝エリュキナ女神（添え名の「エリュキナ」はシチリア西部のエリュクス山に因み、ここのウェヌス神殿では売春がおこなわれていた）の祭儀は都ローマの町外れで娼婦たちが祝っていた。他の神々と同様にウェヌス女神もまた、その祭に参加できる者を身分や職業、あるいは性別に応じて選り分けていたのである。

　とは言え、選別と無視は異なる。身分制社会であるがゆえに平等な扱いは期待できなかったが、ウェヌス女神はその顔を巧みに使い分け身分制社会なりの公平さでもって娼婦たちにも眼差しを向けていたのである。そして、他ならぬポンペイにも表の顔と裏の顔をもったウェヌス女神がいた。ポンペイの守護神つまり表の顔としてのウェヌス＝ポンペイアナ女神は貴婦人の寛衣を身にまとい冠を戴いた偉容で表現され、これに対してウェヌス＝フィシカ女神（添え名の「フィシカ」は英語のフィジカルの語源で、「肉体」とか「自然」の意味）はあられもない全裸姿で描かれていた。女王然としたウェヌス＝ポンペイアナ女神と裸身のウェヌス＝フィシカ女神の祭儀がそれぞれ参加者を選別していたかどうかは不明である。またウェヌス＝フィシカ女神が娼婦たちの守り神だったかどうかも実のところよく分からないが、牝狼よろしく路上で客を呼ばわりながら、我がなりと重なるウェヌス＝フィシカ女神に夜の稼ぎと身の安全を祈る娼婦たちの姿は容易に想像できよう。

　ポンペイはヴィーナスの街。だからというわけではないが、ポンペイは都ローマと並んで娼婦に関する史料が豊富に残る遺跡である。この街で彼女たちはどのような生をいきていたのだろうか。本章では、娼婦とその客たちがポンペイの街角に書き残した落書に注目して、娼婦たちの生き様や当時の性の有り様を探ってみたいと思う。

売春施設

全長三・二キロメートルの市壁で囲まれたポンペイ市内の面積は六三・五ヘクタール、新宿御苑よりやや広く、京都御苑と同じくらいで、人口は市内とその周辺部で一万人前後だったと考えられている。

市内南西部に位置する公共広場には、行政官の執務室、裁判などがおこなわれていた公会堂《バシリカ》、投票などがおこなわれていた民会場、公設市場、ユピテル神やアポロ神などを祀った神殿がその周りを取り囲むように建っている。ポンペイに残る二〇余りの大規模公共施設のうち約半数が、一四〇メートル×四〇メートルほどのさして広くもないこの広場の周囲に櫛比《しっぴ》しているのである。往時ここはまさに政治・経済・宗教の中心地だったと言えよう。第二の公的空間は市内南部の三角広場周辺である。ここには前六世紀にさかのぼるドリス式神殿やエジプトのイシス女神の神殿、五〇〇〇人ほどを収容できる野天の大劇場と一三〇〇人ほどを収容できる屋根付きの小劇場、運動場《ギュムナシウム》などが建ち並ぶ。そして、三番目の公的空間が市内東端の円形闘技場付近で、二万人ほどを収容できる円形闘技場の西隣にはプールを備えた演習場《パラエストラ》が、北隣には「牛広場」と呼ばれる広大なブドウ庭園があった。ドリス式神殿や劇場が建ち並ぶ三角広場周辺がギリシア的であるのに対して、前八〇年のローマによるポンペイ入植を記念して建造された円形闘技場の近辺はローマ的と形容できるだろう。

　これら三つの公的空間以外の市域は、個人所有の住宅や店舗などで埋め尽くされている。ある研究者の算定によれば、ポンペイには六〇〇前後の家屋があったという。現在ポンペイに残るこうした家屋には「第六地区・第三街区・第六戸口」といった具合に番地がふってあるが、これは一九世紀の郵便制度に倣ったものであり、民間向けの組織的な郵便制度のなかった古代ローマ時代には、目印となる建物や街路の名前を示して、たとえば「フロラ女神の神殿近くの床屋横町」とか「聖なる道沿いのウェリア丘の麓ウィカ＝ポタ神の神殿が建つあたり」といったような曖昧《あいまい》な住所表記しか知られていなかった。当時においても表札を掛けていた家はあったが、おそらく初めてポンペイを訪れた者たちのほとんどは目的地を探しあぐねて街路をしばらくさまよったことだろう。

「牝狼」を意味するラテン語のルパにちなみ、ルパナルすなわち「牝狼の館」と呼ばれるポンペイのあの売春宿も、余所者には不親切な場所にあった。スタビア浴場近くの裏通りにひっそり閑と建つ二階屋には、上下階に五部屋ずつそのための小部屋（三メートル×四メートルほど）がもうけられていた。小部屋の入り口上部には、客を発奮させるためか、あるいはそこで提供されるサービスの宣伝なのか、様々な性行為の場面を描いた壁画が飾られ、室内には小さくて寝心地の悪そうな石造りのベッドがしつらえてある。そして、ルパナルの内壁には客たちの雑感がさしずめ現代のツイッターのように数多く落書きされていた。目的は違えども、ここは今も昔も人気のスポットだったのである。とは言え、きちんとした住所表記のなかったポンペイではこのルパナルに行き着くのもさぞかし大変だったろうと他人事ながら心配になってしまうが、「必要は発明の母」とはよく言ったもので、ポンペイの広小路にあたるアボンダンツァ通りの路面に目を凝らせば、舗石に浮き彫りされた両掌サイズの男根がルパナルの方角に向かって熱《いき》り起ちながら道を教えてくれている。ヴィーナスの街ならではの心遣いと言えようか。

日本では江戸時代の吉原や岡場所が有名であるが、都ローマにもこのような花街的な地区があった。フォルム＝ロマヌム（現フォロ＝ロマーノ）から北東に歩いて一〇分ほどのところにあったスブラ地区である。ここは一種のスラム街で、治安も風紀も悪く、様々な生業をつましく営む庶民に混じって、博徒や泥棒、酔っ払いや娼婦がたむろしていた。一世紀半ばの諷刺《ふうし》詩人ペルシウスが詠うには、ローマの男の子たちはこの街で、子供服とお守りを捨てて、成人服に着替えていたという。もって回った言い方だが、要するに、娼婦のお世話になって「男」になっていたというわけだ。

ルパナル（牝狼の館）と呼ばれた売春宿　筆者撮影

ポンペイには、紅灯に照るスブラのような特定の地区はなかったようであるが、売春がおこなわれていた場所は

売春部屋（右） 第７地区・第11街区・第12戸口。筆者撮影
郊外浴場（上） 筆者撮影

多数確認されている。ポンペイの売春施設としてはまず、売春のみを目的として建てられた施設があげられる。ルパナルのように家屋全体が売春目的に使用されていたいわゆる売春宿と、路地に面した一部屋だけの空間に石造りのベッドがしつらえられた売春部屋がこれにあたる。それから、本来は別の目的で建てられたが売春もおこなわれていた施設があげられる。これには、居酒屋と公衆浴場が含まれる。酒と食事に加えて賭事の場も提供されていた居酒屋で働く女性のなかには、さながら昭和初期の「カフェーの女給」のごとく酔客の求めに応じて売春もおこなう者がいた。また、公衆浴場も売春と密接な関係にあった。たとえば、マリーナ門脇の郊外浴場の戸外ベンチには、「ここに座る人がまず最初にこれを読む。やりたい人は料金一六アスのアッティカを探しなさい」（『ラテン碑文集成』四巻一七五一）と落書きされていた。娼婦の誘い文句を目にしてしまいムラム

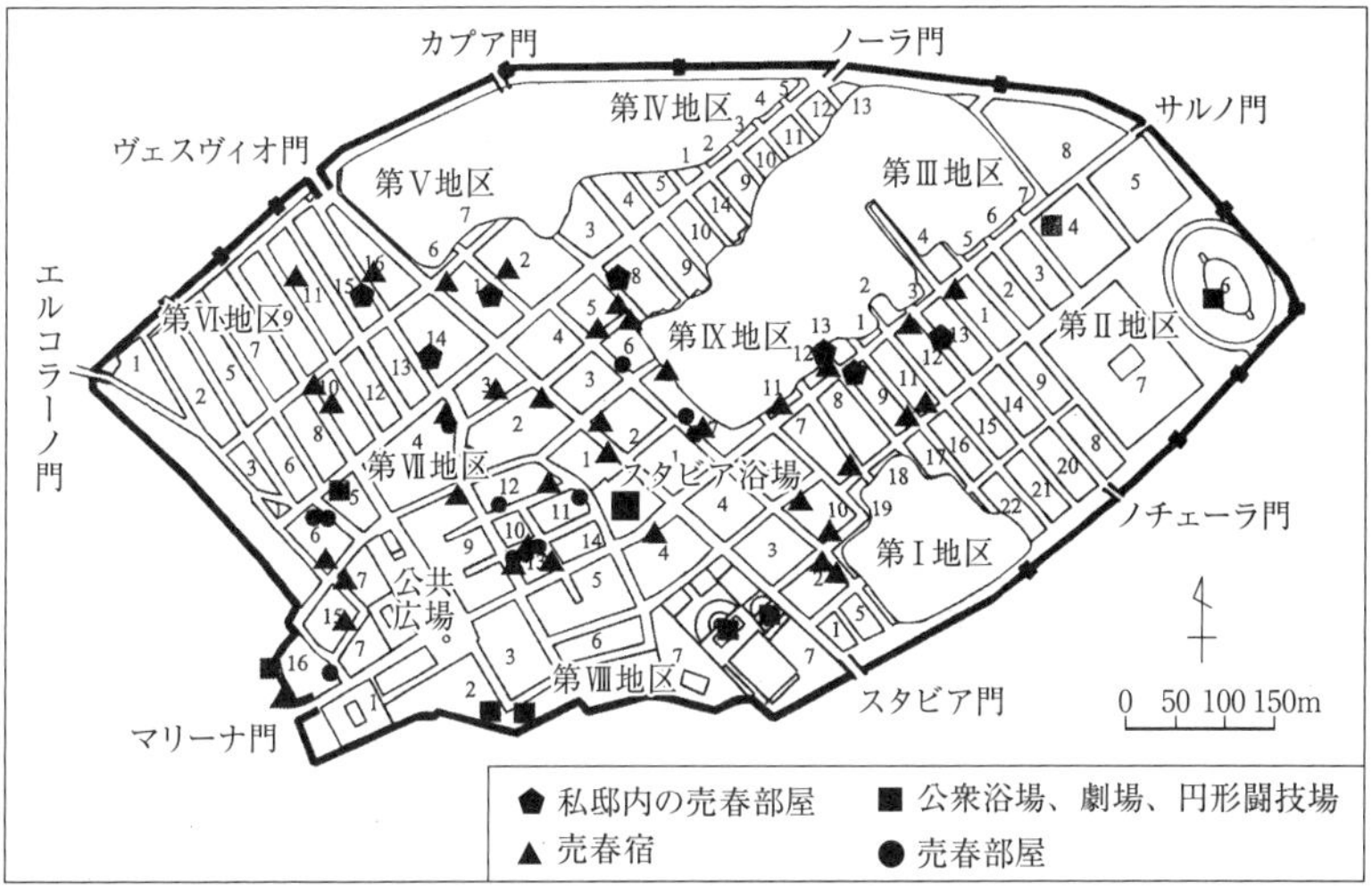

ポンペイの売春施設　T. McGinn, *The Economy of Prostitution in the Roman World*, Ann Arbor, 2004, Map 5より作成

ラしながら浴場に入ると、今度は脱衣所の壁にルパナルのそれと同じような春画がとどめとばかりに飾られてある。かくして、辛抱たまらんとなった入浴客たちの足は、おのずと風呂場ではなく上階の売春部屋のほうへと向かうことになったのである。

ポンペイにはこうした売春施設が最大で四一ヵ所確認できるという。ちなみに、売春施設の立地については、当局によって裏通りなどの人目につきにくい場所に制限されていたとする説とそのような規制はなかったとする説が対立している。売春施設の地域的分布を見てみると、確かに売春宿や売春部屋の多くは大通りではなく裏通り沿いにあるが、一方で大通り沿いで営業していた例（四一ヵ所中六ヵ所）も散見される。また、ポンペイに一二〇軒ほどあった居酒屋ともなると、これはもう街のあちらこちらにあったわけであるから、売春施設の立地を規制する条例のようなものが仮にあったとしても（史料では確認できない）、規制は形骸化していたと言わざるを得ないだろう。

売春施設の立地に規制がかかっていたとする説の背景には、売春に関わる者たちがローマ社会では差別や軽蔑《けいべつ》の対象になっていたという事実がある。俳優や剣闘士と並んで、売春をおこなう者とおこなわせる者は、法律上「不名誉者」とされ、法廷で証人になることも元老院家系の者と結婚することも認められていなかった。これら「不名誉者」と密な関係にあると見なされた者は、自身も不名誉の烙印《らくいん》をおされかねなかったので、売春に関わる者たちは、表向きできるだけ距離を置きたい存在だったのである。「表向き」と書いたのは、当時の初婚年齢の平均が男性三〇歳前後、女性二〇歳前後だったので、晩婚傾向にあった男たちにとっては、結婚するまでの性処理の相手として娼婦はなくてはならない存在だったからである。前二世紀前半の保守政治家カトーは息苦しいくらいの道徳家として有名であったが、そんな彼でさえ、若者がその肉欲を娼婦で満たすのは正しいことだと勧めている。また、アウグストゥス帝（在位　前二七〜後一四年）は風紀の乱れを正すべく、前一八年ころに姦通処罰に関するユリウス法を制定し、既婚者の不貞行為を追放刑でもって戒めたが、娼婦との関係は処罰の対象から外している。つまり、結婚してからも娼婦は重宝な存在だったのである。ローマの男たち（とりわけエリート層の男たち）にとって娼婦はいわば必要悪であり、できるだけ距離は置きたいが、いなくなっては大変に困る存在だったのである。

ローマは、家父長の名誉と恥を何よりも重んじる社会、別言すれば、男のエゴを下敷きにした社会であったから、行政を担った貴顕の士たちが売春施設の立地に規制をかけて、そうした必要悪の存在が婦女子の目に触れぬよう弥縫《びほう》していたとしても不思議ではないが、ポンペイに限ってみた場合、それが奏功していたとは言いにくい。昼間ポンペイの街を歩けば、家壁に殴り書きされた娼婦たちのあけすけな誘い文句や徒《あだ》つく買春客たちの卑猥な品評が嫌でも目に入る。夜になればなったで今度は、路上で客をひく娼婦たちの媚声が遠く近くで聞こえたことだろう。ポンペイの街では、ヴィーナスの気配を消すことなどできなかったのである。

売春者

ポンペイの売春施設のほとんどは路地裏にひっそりとあったが、売春と関わりがあると思われる落書は場所を選ばずそこかしこに書かれていた。残念なことに、そうした落書の多くがこんにちでは風化してしまって視認することは難しいが、これまでの発掘調査によって一六〇例に及ぶ売春関連の落書の存在が知られており、そのほとんどは、売春者の名前と料金、または、売春者の名前と提供するサービスを記した簡単なものであった。たとえば、「アルブスクラは料金二アス」（『ラテン碑文集成』四巻七〇六八）、「ピュリスがフェラチオをします」（『ラテン碑文集成』四巻四一五八）といった具合である。

売春関連の落書の中に名前を残している売春者は一五一人で、名前から判断するとほとんどが奴隷か元奴隷であったと考えられる。名前を残している一五一人のうち、娼婦が一四一人で、残

絵が添えられた落書　「フォルトゥナタ FORTVNATA」という名前とフェラチオの様子が描かれている（*CIL* IV, 10005）

りの一〇人が男娼であるが、一四一人の娼婦のうち四四人は名前が重なっており、この者たちは同一人物の可能性もあるので、その場合には、娼婦一一五人、男娼一〇人となる。また、名前の残っていない落書の中には男娼が含まれている可能性もあるので、男娼の割合はもう少し高くなるかもしれない。しかし、いずれにせよ、男娼よりも娼婦のほうが多かったのは確かである。

　男娼は男性と女性の両方を相手していた。「フェリックスは料金一アスでフェラチオをします」（『ラテン碑文集成』四巻五四〇八）は男性客向けの宣伝、「プテオリ出身の奴隷イシドルスはクンニリングスをします」（『ラテン碑文集成』四巻四六九九）は女性客向けの宣伝である。また、女性客を相手にする娼婦もいた。「（女工の）グリュコは料金二アスでクンニリングスをします」（『ラテン碑文集成』四巻三九九九、四〇〇一）。ローマ社会では、異性愛と同性愛の区別は明確ではなかったので、「ゲイ」や「レズ」といった概念も表現もなかった。古代ローマでも同性愛よりは異性愛のほうが一般的ではあったが、こんにちのように異性愛が支配的な性規範だったわけではないので、同性同士の売春を宣伝する落書も消されずに残ったのである。

　六二年二月五日のカンパニア大地震でポンペイの家壁のほとんどが崩落してしまい、この大震災以前に家壁に書かれていた落書の大部分は失われてしまったので、現在われわれが読むことのできる落書は、六二年以後に書かれ、七九年の大噴火のときまで運よく消されずに残ったものがほとんどである。したがって、落書に名を残す一五一人の売春者は、大地震から大噴火までのいずれかの時期にポンペイの街で営業していた無数の売春者たちのごく一部——歴史の偶然によってランダムに名を残した者たち——にすぎないのである。

では、ポンペイにはどれぐらいの売春者がいたのだろうか。その実数を知る手がかりはほとんどないが、何人かの研究者が推測するところによれば、一〇〇人ほどの売春者が同時期にポンペイの街で営業していたという。これは、ポンペイの人口の約一パーセントにあたる。この割合が多いのか少ないのかをイメージするのはなかなか難しいが、一九世紀半ばころのニューヨーク市が人口五〇万人強に対して娼婦が六〇〇〇人ほど（約一・二パーセント）だったというから、ポンペイの状況と比較可能かもしれない。ちなみに、一九世紀半ばのニューヨーク市は、産業の発展と人口の増加にともない各地に娼館街が形成されていった時期にあたる。

売春関連の落書一六〇例のうち、五五例の落書の中で料金が示されてあり、最も安い値段が一アス、最も高くて二三アスである。料金の分布を見てみると、二アスが二四例と突出して多く、他はすべて数例ずつにすぎないので、料金二アスがポンペイでのセックス一回分の相場であったと思われる。ちなみに、元首政初期の熟練労働者や軍団兵の年収は三六〇〇アスで、そこから食費や被服費などの生活費を差し引くと一二〇〇アスほどだったという。この一二〇〇アスが遊興などに使える額で、一日あたりで計算すると三アスちょっととなる。熟練労働者や兵士のような生活にある程度余裕のある層が、買春客の中核をなしていたと推測できるが、かれらが遊興費として使える額と売春の相場がほぼ同じだったというのは興味深い。

トマス＝マクギンという研究者は、様々な時代や地域の売春に関するデータと比較検討して、ポンペイの売春者たちも一晩で少なくとも五人くらいの客を相手していたのではないか、したがって、一日の売り上げは一〇アスほど、一ヵ月で三〇〇アスほどだったのではないか、と試算している。元首政初期において奴隷一人あたりの扶養費が月に三〇〜四〇アスだったというから、自分の女奴隷を娼婦として働かせていた所有主は、月に二六〇〜二七〇アス、年に三一二〇〜三二四〇アスの利益を得ていたことになる。この時期の都ローマの年間家賃が一五二〇〜二〇〇〇アスで、地方都市ポンペイの家賃は都ローマよりもずっと安かったので、売春業は家主業よりももうけの多い商売であったと言えよう。

カリグラ帝（在位 三七〜四一年）は、売春をおこなう者やおこなわせる者に対して「一回の共寝で稼いだ分の額」を売春税として課した（スエトニウス『ローマ皇帝伝（下）』「カリグラ」四〇、国原吉之助訳、岩波文庫）。具体的な税額は不明であるが、ポンペイの場合、一回の相場二アス、売春者一〇〇人で単純計算すると、一日あたり二〇〇アス、年に七万三〇〇〇アスの税収があったことになる。

こうした売春税の徴収は、都市の按察官《アエディリス》が所管していた。按察官は、市長にあたる二人官《ドゥオウィリ》を補佐し、公共建造物の管理や公的行事の主宰を主な職掌としていたが、その他に、都市の治安維持にも責任を負い、その一環として、売春業の管理監督をおこなっていた。その権限は、売春施設での違法行為（暴力沙汰やサイコロ賭博など）の取締り、公共スペース（円形闘技場や劇場の付属施設など）での営業認可、売春の営業時間（おそらくは午後三時頃から明け方までの営業）の監督など広範囲に及んでいたため、一世紀前半の哲学者セネカがいみじくも言い当てているように、売春宿や居酒屋、公衆浴場は、「按察官を恐れる場所」だったのである（『幸福な人生』七・三）。

売春税を徴収するためには、誰が売春者で、どこが売春施設であるかを行政が把握していなければならなかった。実際の史料は残っていないが、おそらくは売春者の登録簿のようなものがあったのだろう。このように自治体の管理監督の下にあったという意味で、古代ローマの売春業は「公娼制」に近かったわけで、ここに売春と政治との接点が生まれることになる。奴隷や女性には参政権は認められていなかったので、ほとんどの男娼とすべての娼婦は投票権を持たなかったが、それでも毎年の選挙に無関心ではいられなかった。自分たちを管理監督する按察官に誰が選ばれるのか、自分たちがかつて支援した按察官が引き続き二人官選挙でも当選できるのかは、自分たちの身過ぎ世過ぎにも直接関わってくる重要な関心事だったからである。

実際に選挙応援する娼婦もいた。「アッセリナの居酒屋」と呼ばれる建物の入口脇の壁には、「ガイウス＝ユリウス＝ポリュビウスを、裁判権を有する二人官として、ズミュリナは推薦します」（『ラテン碑文集成』四巻七八六四）という選挙ポスターが黒のペンキで塗書きされて残っている。興味深いのは、応援者のズミュリナの名前が漆喰で塗り潰されていたことである。おそらくは、娼婦の応援が選挙に逆効果になると考えた候補者陣営が消させたのだろう。しかし、彼女たちはそんなことくらいで押し黙るほどの手弱女《たおやめ》ではなかった。同じ家壁に、今度は別の候補者

「アッセリナの居酒屋」に残る選挙ポスター　第９地区・第11街区・第２戸口。筆者撮影

の名前をあげて応援を呼びかけている。「ガイウス＝ロリウス＝フスクスを二人官として、アッセリナの店の女たちがズミュリナなしではなく推薦します」（『ラテン碑文集成』四巻七八六三）と。「ズミュリナなしではなく」とわざわざ二重否定の表現を用いてズミュリナの存在をあえて強調しているところに、彼女たちの心意気や憤りというものを感じる。

三世紀前半の法学者ウルピアヌスがこんな興味深い法解釈をくだしている。男が欲情して娼婦の部屋の戸を蹴破ってしまった。そこへ泥棒が侵入し、娼婦の持ち物を盗んでいった。この場合、戸を蹴破った男も窃盗の罪に問われるのかというケースについて、ウルピアヌスは、男は窃盗の罪には問われないと回答しているのである（『学説彙纂』四七巻二章三九節）。ここで注目したいのは、窃盗罪に問われるかどうかという話ではなく、買春客が娼婦の部屋に欲情のまま力尽くで押し入るような事態が、窃盗罪という一見なんの関係もない事例の説明で引用されるほどに頻々と生じていたことである。身分的にも職業的にも差別や軽蔑の対象となっていた売春者たち、とりわけ腕力のない娼婦たちは、おそらく日常茶飯的に暴力やレイプの脅威に曝されていたことだろう。アッセリナの店の女たちがこぞって熱心に選挙応援をしていたのは、自分たちの商売に融通を利かせてくれる人物が行政官になってほしいという皮算用もあっただろうが、それ以上に自分たちの身の安全にちゃんと気を配ってくれる人が選ばれてほしいという必死の願いがあったからにちがいない。

おわりに

二世紀末の占い研究家アルテミドロスは自著『夢判断の書』のなかで、次のようなことを書いている。

ある男が娼家に入ったまま出られないという夢を見た。数日後、男は夢の予言通り死亡した。というのは、娼家が男たちの「共通の家」と呼ばれるように、墓場もまた、多数の死者を受け入れる場所として、同じ名で呼ばれるからだ。しかも娼家では、人間の種子が数多く死んでゆく。だから娼家というところは、死にたとえられても少しも不思議ではない。（一巻七八、城江良和訳、国文社）

売春宿は、現実の世界では紅灯で闇夜を明々と照らす享楽の不夜城だったが、夢の世界では死の闇に沈む墓場と観念されていた。売春宿のイメージが夢と現《うつつ》で鮮やかに逆転するさまは、芭蕉の門弟であった其角の句「闇の夜は吉原ばかり月夜かな」を思い起こさせる。この句は、「闇の夜は」で切れば、闇夜でも吉原だけは月夜のように明るいと読めるが、「吉原ばかり」で切ると、月夜だというのに吉原だけは闇夜だとも読めるのである。時代も地域も異なるが、アルテミドロスと其角が、明と暗、享楽と死といった相矛盾するイメージを売春宿に詠み込んでいるのは興味深い。

こうした相矛盾するイメージは娼婦の場合にも見て取れる。アルテミドロスは夢のなかの娼婦について次のように書いている。

廓住まいの遊女と交わる夢は……新しい企てを実行するためには、幸先の良い夢である。遊女は働き女とも呼ばれ、なにひとつ拒むことなく、客の望み通りのことをしてくれるからだ。(一巻七八)

娼婦たちの姿は、現実の世界では目を背けられていたというのに、夢の世界では吉兆と信じられていたのである。ただし、夢見手に吉をもたらすのは、深更まで働き続け、客の望みには何でも応えてくれる娼婦という条件がついている点に注意すべきであろう。アルテミドロスは別の箇所でこうも書いているからである。

妻や恋人にフェラチオをされる夢を見たら、二人のあいだに不和が生じ、結婚や恋愛は終わ

るだろう。そんな行為をした女とは、食事をともにすることも、キスを交わすこともできないからだ。（一巻七九）

これは「法と慣習に反する性交」の夢見を論じたくだりであるが、要するに古代ローマでは、良家の女性がフェラチオをするのは慣習に反することで、そんな行為をするのは娼婦だけであり、こういう娼婦まがいの女とは食事もキスもできないと観念されていたのである。ポンペイの娼婦たちが書き残した落書のなかで、提供するサービスを明記しているものは四一例あるが、そのうちの三二例がフェラチオである。つまり、娼婦による性的サービスの八割近くがフェラチオだったのであり、アルテミドロスの夢判断に従えば、娼婦は食事すら共にできない汚れた存在だったのである。

墓場のような場所で身を粉にして言いなりに働き続ける汚れた存在。これが当時の娼婦に対するイメージだった。古代ローマでは、現実も夢も娼婦には容赦なかったのである。

〈ポンペイへのアクセス〉

ナポリ中央駅でヴェスヴィオ周遊鉄道（Ferrovia Circumvesviana）のソレント（Sorrento）行に乗車して約四〇分、ポンペイ＝スカヴィ＝ヴィラ＝デイ＝ミステリ（Pompei Scavi Villa dei Misteri）駅で下車して徒歩すぐ。

第五章　シチリア——ギリシア伝来、劇場文化の花咲く島

渡辺　耕

はじめに

雲一つない真っ青な空に照りつける太陽、澄み切った美しい海に囲まれた真夏のリゾート、シチリア。新鮮な海の幸と、島の大地が育んだ山の幸、地元産のチーズやワインが食卓を彩り、訪れた人々を至福のときへと誘う。伝統的なドルチェ（お菓子）の数々も欠かせない。地理的にはブーツ形をしたイタリア半島のつま先で蹴られるボールにも例えられるこの島は、古くからその豊かな自然によって数多《あまた》の人々を惹き付けてきた。

しかしながら、その素晴らしさは自然の恵みだけにとどまらない。地中海世界の中央に位置し、文明の十字路となったこの島は、歴史上さまざまな出来事の舞台ともなってきた。四国の一・五倍ほどに過ぎないシチリアに、次々と現れる来訪者。イタリア人、ギリシア人、フェニキア人、アラブ人、ノルマン人、フランス人、スペイン人。彼等の到来によって、この島は、時代ごとに異なる社会を経験してきた。このことが、その時々の島民にとって望ましいことだったのか、今は問うまい。ともかくも、その足跡は、数々の歴史遺産として今もなおこの地に刻み込まれている。彼らが創り出した、文明の混交、文化遺産の競演もまた、現代の我々にとって見逃せないものなのである。世界遺産に登録されているものも少なくなく、それらを目当てに世界中から絶えることなく観光客が訪れる。

さまざまな歴史遺産がある中で、何と言っても人気があるのは古代ギリシア・ローマの遺跡ではないだろうか。東部のシラクーザや南部のアグリジェントをはじめ、きわめて保存状態の良いものをシチリア各地で見ることができる。いずれも一歩遺跡に足を踏み入れると、歴史の雄大さ、古代文明の有り様に思いを致さずにはいられない。古代文明と言って、誰しもすぐに思い描くのが、本書でも随所で扱われているギリシア・ローマの神を奉る神殿であろう。しかし本章では、少しばかり趣向を変えて、とは言え古代の文明を語るのに欠かせないもの、劇場に注目していきたい。

　奇をてらっているのではない。旅行ガイドやパンフレットの類いを繙《ひもと》けば、シチリアの古代劇場は、たいていきらびやかな写真とともに観光の目玉にあがっている。実際、シチリア島に残されている劇場遺構の数々は、その大きさや美しさ（保存状態）において、見るものを圧倒する。シラクーザやタオルミーナに残された古代劇場の遺構を訪ねれば、劇場自体はもちろん、その背景に広がる素晴らしい眺望にも目を奪われるに違いない。その圧倒的な広さ、美しいパノラマをなんとか写真に収めようと、私自身も悪戦苦闘したものだ。結局、私の野望は徒労に終わってしまった。とは言え、シチリアの劇場遺跡は、汲めども尽きない面白さがある。一つ一つの大きさ、美しさもさることながら、島内各地にいくつもの劇場が点在しているこ

劇場の建物をかたどったテラコッタ製品
前三世紀。高さ32.5cm 、長さ28cm 。ナポリ考古学博物館蔵。筆者撮影

とも、興味深い。それに、シチリアでは、建物が木造から石造りに移行した後の、早い段階の劇場も見られる。劇場が歴史のなかでどう変化したのかも、また興味をそそる。写真での失態を取り戻すためというわけでもないが、シチリア観光の目玉でもある劇場の魅力を、今回は文章で（写真の力も借りながら）伝えてみることにしたい。

アテネの影響をうけた演劇

何ゆえシチリアには数多くの劇場が建設されたのだろうか。まずは、歴史を辿りながら、その答えを考えてみたい。

そもそもシチリアには、シカノス人、シケロス人、エリュモス人といった先住民が暮らしていた。ギリシア本土から多数のギリシア人が移り住み、島の東部や南部を中心に、次々と植民都市が建設されるようになったのは、前八世紀以降のことである。後に強大化したシュラクサイ（現シラクーザ）やアクラガス（現アグリジェント）といった都市も、この「大植民時代」にギリシア人が入植したものである。こうしてシチリアは、古代ギリシア世界に組み入れられた。島内には、植民はもちろん、海上交易、人的交流を通じてギリシア本土からさまざまな文物が流れ込んだ。劇場で演劇を上演する文化もまた、そのようにしてシチリアへと持ち込まれ、広く、深く根付いていった。

なかでも大きな影響を与えたのは、古代ギリシアの大ポリス、アテネの演劇文化であろう。古典期のアテネでは、大ディオニュソス祭など、酒神ディオニュソスを祀るいくつかの国家祭儀において、悲劇や喜劇の競演が催されていた。いわゆる三大悲劇作家（アイスキュロス、ソフォクレス、エウリピデス）をはじめ、後世に作品と名声を残す、優れた劇作家が生み出されたのも、この地でのことであった。およそ演劇は、仮面をつけて演技をする役者と合唱隊（コロス）の掛け合いから構成されていた。合唱隊の人数は、古典期には、悲劇ならば一二人（のち一五人）、喜劇なら二四人、役者は当初、一人だけだったものが、やがて二人、そして三人まで増えていった。こうした競演を経済的に支えていたのが、合唱隊奉仕者（コレゴス）である。この役目に割り当てられた者は、市民団に対する公共奉仕（レイトゥルギア）として、私財を投じ、上演までの準備万端を整えることが求められた。その代わり、競演に勝利すれば、市民たちの眼前で多大な名誉を手に入れることができた。アテネでは、古典期までにこのようにして、制度が整えられ、演劇文化が発展していった。

　アテネの演劇文化がシチリアに流入したことを端的に示しているのは、劇作家の訪問であろう。たとえば、前五世紀前半、僭主《せんしゅ》ヒエロン一世が治める都市シュラクサイに、アテネから三大悲劇作家の一人アイスキュロスが来訪している。ここで彼は、シチリア島東部、エトナ山麓に都市アイトナが建設されたことを記念して、新しい悲劇を制作した。他にも既にアテネの大ディオニュシア祭で前四七二年に上演していた悲劇『ペルシア人』を、この地で再演したこともあった。また、彼が亡くなったのも、シュラクサイの西に位置するゲラ（現ジェーラ）の町だったとされている。蛇足ながら、その死には、こんな珍妙な逸話が残されている。あるとき、一羽の鷲が岩山めがけて空から亀を落とした。甲羅を割って中身を食べようということだったのか。命中したはいいが、それは岩山ではなく、アイスキュロスの頭。作家はこうして亡くなったという。逸話の真偽はともかく、彼のシチリア滞在は、その名声が当時、ギリシア世界に広く轟いていたことを示していようし、アテネの演劇文化そのものがすでにシチリアに流入していたことを物語っている。また、この島とアテネの強い結びつきは、考古学的にも明らかにされている。前五世紀後半から前四世紀前半にかけてシチリアで製作された、複数の土器に、アテネで制作された演劇の上演場面が描かれているのだ。その他には、シュラクサイの僭主ディオニュシオス一世（『走れメロス』に登場する「暴君」のモデルとなっている）が自作したという悲劇作品が、前三六七年にアテネの酒神の祭りレナイア祭で一等を獲得したという。前三三〇年ごろにもシュラクサイの悲劇作家がこの祭典で勝利を収めている。以上のような逸話から窺い知れるように、シュラクサイなどのシチリア諸都市はアテネの進んだ演劇に傾倒し、その文化的サークルの中に積極的に加わっていた。それにより、両地域はアテネが生み出した共通の文化的土壌のもとで交流を続けることになっていたのである。

しかし、演劇を介したアテネとシチリアの交流は、必ずしも一方通行ではなかった。たしかに、古代ギリシア世界において、演劇分野におけるアテネの影響力は甚大なものであったが、他方で、シチリアがギリシア世界に影響を与えることもあったようである。たとえば、シチリア島北岸の町ヒメラ出身とされる前七〜六世紀の叙情詩人ステシコロスは、合唱隊歌の形式を創ったとされている（なんと、彼の名前は、ギリシア語で「合唱隊（コロス）設定者」というような意味になる）。また喜劇の分野では、哲学者としても知られる喜劇作家エピカルモスが、前五世紀前半のシュラクサイで活躍しつつ、アテネの喜劇にも大きな影響を与えたと言われている。同様に、前五世紀後半には、日常生活を題材とするミモス笑劇の作者ソプロンが、やはりシュラクサイで活躍し、プラトンによってアテネに招かれたとされている。こうした逸話から考えてみると、どうやらシチリアは、ずいぶん古くから音楽や演劇が好まれる土地だったようだ。

さらにシチリア南部のジェーラ地方から見つかった、前五世紀初めのものとされる鉛板史料も、このことを示唆している。およそ一七センチ×六センチほどの鉛板には、コレゴスを務めていた人物の名が出てくるのである。ここでいうコレゴス職とは、先で述べたような、アテネの合唱隊奉仕者とは性格を異にしていたかもしれないが、何かしら合唱に関係している重要な役職であったことは想像に難くない。はやくも前五世紀初めにそのような役目が存在していたということは、この地でも、合唱競演大会のような催しがかなり早い段階で実施されていたのかもしれない。アテネで隆盛した劇場文化が流入し、深く浸透したことは、たしかにシチリアの演劇に多大なる影響を及ぼしたが、シチリアにおいてもまた、早くから演劇文化が育まれていた。古代シチリアの各地でいくつものギリシア劇場が建設された背景には、こういった現地の文化状況があったのである。それではいよいよ、シチリア島内に現在まで残されている劇場を、いくつか訪ねてみることとしよう。

さまざまな劇場

古代ギリシア世界の劇場は、元来、その建物部分は木造であったが、前四世紀になると、次第に石造りの建物が劇場に建設されるようになっていった。ギリシア本土では、アテネやペロポネソス半島に位置するエピダウロスに足を運べば、保存状態も良い、大規模な石造りの古代劇場を目にすることができる。シチリアでも本土からさして遅れることなく、石造りの劇場が建設されるようになった。ギリシア劇場の構造は、大まかに言えば三つの部分、つまり、丘陵の傾斜を利用して設置された観客席、合唱隊が演じる舞台（オルケストラ）、そして、その背後にあるスケネとよばれる建物からなっている。史料で確認できる限り、このような劇場は、シチリア各地に二〇余も建設されていたが、そのうち、現在シチリアに残されている劇場遺構は一二を数える。ではまず、シチリア随一の大きさを誇るシラクーザの劇場を見てみよう。

〈シラクーザ〉

シチリア島でもっとも繁栄したギリシア植民都市シュラクサイの古代遺跡は、半島のように突き出た旧市街のオルティージャ島と、本土側の新市街の領域に広がっている。オルティージャ島では、最古級のギリシア神殿址や、ニンフのアレトゥサが姿を変えたとされる泉を目にすることができる。お目当ての劇場は、現在考古地区となっている本土側に位置している。南東側から考古地区に足を踏み入れると、供犠《くぎ》を行うための巨大な祭壇、ローマ時代に剣闘士興行が行われた、これまた巨大な円形闘技場、さらに天国の石切り場とよばれる、古代の石灰石採掘場が目に飛び込んでくる。ちょうどその先に、半円形のギリシア劇場は位置している。採石場側から来ると、ちょうど劇場観客席の最上段に出ることになる。陽光に照り返された石灰石の劇場は、白く、眩しく、一面の銀世界が広がっているかのようだ。舞台を見下ろせば吸い込まれそうになる、というのはさすがに大げさだとしても、実際この劇場は、直径一三八メートル、古代ギリシア世界でも最大級の大きさを誇る。現在目にすることのできる劇場は、前三世紀後半、ヒエロン二世治下の建造とされ、その当時の階段状の観客席は六七段、実に一万五〇〇〇人を収容できたと言われている。この観客席部分は、他のギリシア劇場と同じく、丘陵の傾斜を利用して作られているのだが、シュラクサイの場合、採掘場から続く、石灰岩の岩山が利用され、くりぬいた岩肌がそのまま観客席とされた。観客席最上段に立ったまま辺りを見回してみると、石灰岩でできた劇場の白さと空の青さ、周囲の緑と、その美しい色のコントラストを堪能できる。さらには、は

シラクーザの劇場　筆者撮影

るか遠く、海までを見はらすことができ、劇の上演が行われていなくとも、遺跡そのものが持つ魅力に引き込まれてしまうだろう。ここではシチリアの自然の恵みも、目で味わえるというわけである。

この劇場はローマ時代に入っても使用され続けたが、その間に幾度も複雑な改変が加えられており、劇場に残された痕跡からは、もとの状況を知ることが難しくなっている。また、ローマ時代に発達したスケネなどの石造建築物は、時代を経るなか、石材の再利用などのために取り去られ、現在その姿を見ることはできない。そこで次に、ローマ時代の劇場の状況がはっきりと残されているタオルミーナの劇場を見てみることにしよう。

〈タオルミーナ〉

シチリア屈指のリゾート地として世界的にもその名を知られるタオルミーナは、タウロ山の中腹に位置し、イオニア海にも面した風光明媚な町である。観光地としての整備が進んだこの町の一角に、テアトロ＝グレコ（ギリシア劇場）とよばれる劇場遺跡がある。ドゥオーモ（大聖堂）のある広場から一五分も上っていくと、劇場にたどり着く。登り道が続くが、旧市街の町並みも心地よく、途中のジェラート屋や土産物屋も楽しげで、つらいというほどではない。丘の上の劇場には、シュラクサイのときと同じように、観客席の後ろ側から入ることになる。そうして目に飛び込んでくるのは、壮大な古代遺跡。直径は一〇九メートル、一万人ほどの収容が可能であった。

しかし、この大劇場の魅力は、劇場そのものよりもむしろ、背後に広がる一大パノラマかもし

タオルミーナの劇場　筆者撮影

れない。いつの時代も変わらぬ紺碧のイオニア海、遠くにはエトナ山が聳える。こうした景観を堪能できるのも、一つには、古代人が地勢を考慮の上で劇場建設地を選択してくれたからに相違ない。もう一つの理由は、幸か不幸か、劇場の一部が崩落してしまっているからである。スケネの中央部がすっぽりと欠けているため、本来ならば見えなかったはずの素晴らしい眺望が、古代劇場と溶け合って一枚絵となり、観客席に立つ我々の胸を打つ。

美しい景観ばかりに目を奪われがちだが、劇場そのものも興味深い。シュラクサイの劇場では見る影もなかった周辺の建物が、比較的良く残っている。観客席の後部にある二重のアーケード通路や、スケネを構成する大きな建物をよく見てみると、レンガが用いられているのが分かる。実はこの劇場、前三世紀ごろの建造とされ、確かにギリシア＝ヘレニズム時代の劇場をベースにはしているが、ローマ帝政期の改変ですっかりレンガ作りの建築に様変わりしていたのである。長生きした劇場は、時代にあわせて姿を変えていったのである。では次に、シチリア東部以外の状況をみるために西部へ場所を移してみよう。

セジェスタの劇場　筆者撮影

〈セジェスタ〉

これまで見てきた遺跡とは打って変わり、次に訪ねるセゲスタ（現セジェスタ）は荒涼としたシチリア西部の内陸に位置する古代遺跡である。現代でもたくさんの人々が活き活きと動いている都市部とは相容れない時代に取り残された空間が広がっている。実際、鉄道の駅からも離れているこの遺跡へ徒歩で向かうには、まわりに何もないところをただひたすら進むことになる。その道すがら出会うものはといえばヒツジの群れを追う牧童ぐらいなもので、ある意味、映画のシーンに登場するようなシチリアらしい別の側面を見られるともいえよう。

さて、シチリア東部の古代都市はたいていギリシア人が建設した植民市であるが、この西部の内陸の町セゲスタには、もともと非ギリシア人、先住民のエリュモス人が居住していた。彼らはフェニキア＝カルタゴ人の影響下にあったものの、早くからギリシア文字を使うなどして文化的には前五世紀までにギリシア化が進んでいたといわれている。セゲスタの遺跡は、標高四三一メートルのバルバロ山の麓にある壮大なギリシア神殿や山頂部にある劇場などから構成されている。劇場へ徒歩で向かう場合は、麓のギリシア神殿を過ぎて、さらにちょっとしたハイキングをすることになる。眼下に神殿を見下ろしながら、山頂部へと到達すると、そこには直径六三メートルの馬蹄形をした劇場が姿を現す。山の傾斜を利用したその観客席は、およそ三二〇〇人を収容できたとされ、ここでも山頂からの雄大な景色を楽しむことができる。この劇場は、比較的最近まで、現存する最古級の石造りの劇場とされ、前四世紀末から前三世紀の建造とされていたが、現在では、前二世紀の建造であることが明らかとなっている。前三世紀中葉に勃発した第一次ポエニ戦争以来、セゲスタはローマの勢力下にあったので、劇場の建設もローマによる支配の下で進められたということになる。

そうすると、非ギリシア系住民の多かった島の西部には、劇場文化の到達が遅かったということになるのだろうか。どうやら、そんなことはないようだ。いくつかの劇場は、比較的早い時期の建造と推定されている。モンターニャ＝デイ＝カヴァッリ遺跡では、新たな発掘調査によって前四世紀後半の状況を示す劇場遺構も見つかっている。

こうして見ると、多数のギリシア植民都市のある東部だけでなく、前三世紀までフェニキア＝カルタゴの勢力圏にあった西部の非ギリシア系都市でも劇場が建設されていたことが分かる。ギリシア本土に由来する演劇文化は、民族の差を超えてシチリア全体に定着していたのである。その文化は、シチリアが完全にローマの支配下に入った後も途絶えることなく、それどころか、さらに浸透し、新たな劇場も建設されていった。もちろん時代を経るにつれ、劇場はその姿を変えていったのだが。

劇場の政治的機能

さて、実のところ、劇場は、単に劇を上演する場所にとどまらない側面も併せ持っていた。多くの人々が集まるその空間には、さまざまな政治的社会的機能があったのである。たとえば、都市の人々による集会場としての機能があった。劇場は何より、ときに一万人を超える収容能力を備えることもあるほどに、きわめて広大な空間であった。さらに音響効果も抜群である。舞台の上でのひそひそ話も、観覧席の最上段までよく響く（観光客ならば誰もが試みる「実験考古学」の一つである）。そうした施設が、たいていは都市の中心からさして遠くない場所、人々の集いやすい場所に作られているのである。こうした物理的、地理的条件を考えれば、劇場を、劇の上演以外の、たとえば政治的な集会の場として用いることなど、当時の人にとってはごく当然の発想だったのかもしれない。実際、アテネでは、ディオニュソス劇場が民会の議場として用いられていたこともあった。同様に、シチリア諸都市においても、史料から、人々が集会する場として劇場が使われていた様子が窺える。

多くの人を収容するという劇場は、他にもさまざまな政治的、文化的機能を持っていた。ここでは少し観覧席、しかも最前列の座席に注目してみたい。前節で見たように、ギリシア世界の劇場は、円形のオルケストラのまわりに傾斜のついたすり鉢状の半円形の観客席を備えている。この最前列には、プロエドリア（最前列席）とよばれる貴賓席が設置されていた。歴史家ヘロドトスが伝える次の一節は、プロエドリアが持つ政治的、文化的な意味あいを端的に伝えている。

……デルフォイ人はこれらの事ごとに対して、クロイソスおよびリディア人に、優先託宣権、免税特権、最前列席特権（プロエドリア）を付与し、彼らのうちで望む者には、永久にデルフォイ人となる許しを与えた。（ヘロドトス『歴史』第一巻第五四章第二節）

デルフォイ人に対して特別の貢献を行った人物に、プロエドリアを含めた、種々の栄典が与えられる場面である。国家に対して最大級の貢献を行った恩人に対して授与されていることから考えれば、劇場の最前列席に座って観覧する権利は、格別の栄誉だったということになる。実際、列挙された他の諸権利を見てみると、アポロンの神託でギリシア世界に名を馳せたデルフォイで優先的に託宣を受けられる権利、免税の特権、さらには市民権など、いずれも重要そうなものばかり。ここから考えても、プロエドリアが持つ重みは明らかである。

そうして与えられた貴賓席は、舞台のすぐ傍の席ということもあって、当然、劇場に集った大勢の人々から注目を浴びたに相違ない。一般の観客は通常の席に座る自分たちとは異なる、格別な存在として、この席に着く功労者たちを見ていただろう。そして、ポリスが功労者に対して称賛の意を示していたこと、歓待して格別の待遇を与えていたことを、その目で確認することになったのである。ポリスの方としてみれば、国家に貢献すれば、これだけの栄誉が与えられるのだと、政治的メッセージを示すこともできた訳である。あるべき市民像（人物像）を提示することにより、市民を「教育」することにもなった。

さて、この最前列席特権、どれほどに実効性を考慮して授与されていたのだろうか。碑文史料などを見てみると、さまざまな特権の一つに挙げられているだけで、実際に劇場を訪れることまでは、いちいち考えていないような場合も見受けられる。その点で興味深いのが、シチリア北西部に位置する内陸の町エンテッラから出土した青銅板文書である。それによると、戦火にまみれ、ようやく再建を果たしたエンテッラは、復興までに多大な貢献をなした個人や諸都市に対して、栄典を授与し、彼らを顕彰する決議を行ったことになっている。ここで個人に対する栄典授与のあり方を少し丁寧に観察してみると、近隣に居住する個人に対しては、特にプロエドリアの特権を与えるよう、配慮している様子が窺える。少なくとも、この場合などは、最前列で観覧する特権が実際に行使されることを想定していたに相違ない。

とは言え、あらゆるプロエドリアが実効性を伴っていたかといえば、そこは慎重にならざるを得ない。しかし、実際に行使されなかったからと言って、この権利に意味がなかったということにはなるまい。重要な栄典として授与され続けたことを考えてみても、プロエドリアが大きな名誉として、当時の人々に広く認知されたものであったことに疑いの余地はない。劇場は、その場に集まった人々に対して、個人に対する称賛や歓待の意などを視覚的に提示する空間となり、単なる観劇の場を超えた、政治的、社会的機能を保持していたのである。

ところが、時代が下り、ローマ時代になると、プロエドリアの持つ意味も、どうやら大きく変化してしまったようである。たとえば、弁論家ディオン＝クリュソストモス（第三一番弁論一二一節）は、後一世紀末〜二世紀頃のアテネについて、こんな逸話を紹介している。それによると、催事においてディオニュソス劇場の前方席に座らなければならなかった神官たちが、そこで血を浴びるはめになったことを嘆いていたという。血を浴びるというのは、演劇で用いられる偽物の血糊などではない。本物の血だ。つまり、これはローマ時代、劇場が剣闘士興行などに転用されていたことを示している。プロエドリアの意味も、劇場自体の変化に伴って大きく変化していったということになろうか。

アテネのディオニュソス劇場の前方列座席の一部　筆者撮影

実際、二〇余りあったというシチリアのギリシア劇場は、時代を経る毎にさまざまに機能や姿を変えていった。タオルミーナの劇場施設も、後二世紀になると闘技場に転用するため、改変を加えられた。闘技にともなう危険から観客を守るために、舞台と観客席の間が仕切られ、その過程でプロエドリアも撤去されることになった。このような改造はローマ帝政期には各地で見られ、シュラクサイでも劇場にプロエドリアが残されることはなかった。また、改造というだけでなく、劇場自体が使われなくなり、その上に別の建築物が建てられるようなこともあった。

ギリシアの劇場文化は、地域や民族を超えてシチリア全域に広がり、ローマ時代へと受け継がれていった。しかし、その一方で、劇場は、時代の変化に応じて、その姿も、そして意味合いも変えていった。現在残されている古代の劇場遺構は、こうした変遷の目撃者であり、劇場を取り巻く社会の変化を映し出す鏡となっている。本章で巡った各劇場は、野外劇場として古代劇を含めさまざまな催し物が企画・開催されている。遺跡を訪れた後、再びそこで上演される古代劇を観てみるのもよいだろう。あるいは、古くから演劇の伝統が育まれたこの地で、古代に思いを馳せつつ、パレルモのマッシモ劇場やカターニアのベッリーニ劇場など、現代の劇場に足を運び、オペラなどを観劇するのもまた一興であろう。

〈アクセス〉

シラクーザ／カターニアから鉄道で一時間一〇分、バスで一時間二〇分ほど。パレルモから鉄道で六〜八時間、バスで三時間一五分ほど。駅、バスターミナルから遺跡までバスで七、八分、徒歩で二〇分ほど。

タオルミーナ／カターニアから鉄道で五、六〇分、バスで一時間一〇分ほど。パレルモから鉄道で四、五時間ほど。鉄道利用の場合、駅から町までバスで一〇分ほど。

セジェスタ／パレルモから鉄道で二時間五〇分ほど、バスでトラーパニまで二時間ほど、トラーパニから四、五〇分ほど。鉄道利用の場合、駅から遺跡まで徒歩で二、三キロメートル、三、四〇分ほど。

第六章　ミラノ——ケルト、ローマ、そしてキリスト教

中川亜希

はじめに

イタリア北部の大都市ミラノは、経済、ファッション、そして芸術や文化の町として知られる。そんなミラノを象徴する建物の一つがスカラ座である。一七七八年の柿落《こけらお》とし以来、数多くの著名な作品が上演されてきた世界的な歌劇場だ。シーズンの開幕は、一二月七日である。この日の劇場周辺の人出は大変なものだ。騎馬の警官も出動し、国営放送ライ（ＲＡＩ）をはじめとする報道陣が詰めかける中、高級車が続々と到着し、正装した政治家、財界人、芸能人たちが正面入口から劇場へと入っていく。各界の著名人が招かれたスカラ座は華やかな社交場と化していることだろう。指揮者や歌手、演出家などオペラ公演そのものはもちろん、招待客とその服装も大きな話題になる一大イベントであり、ミラノが一年で最も華やぐ日とも言える。しかしなぜ一二月七日なのか。それはその日が、ミラノの守護聖人アンブロージョの日だからである（聖人なのでサンタンブロージョ Sant'Ambrogio、ラテン語ではアンブロシウス）。三七四年のこの日、アンブロシウスはメディオラヌム（古代のミラノ）の司教に叙階された。一六〇〇年以上も前のできごとが、現代もなお大切な日として記憶されている。

サンタンブロージョの日、ミラノでは学校や会社が休みになる。さらに翌八日が無原罪の聖母マリアの祝日で連休になるため、その前後も休んで小旅行に出かける人々もいる。だが、守護聖人の日であるからには、単に休暇というだけではなく、当然、宗教的な行事も行われる。サンタンブロージョの祭りだ。この祭りはオベイ・オベイ（Oh Bej! Oh Bej!）祭とも言うが、これは地元の言葉で「ああ、素晴らしい！　ああ、素晴らしい！」という意味だ。一五一〇年にローマ教皇の使者がミラノに入城した際、子供たちがあげた歓声に由来する。この祭りの時、サンタンブロージョ聖堂の周辺には、揚げたパン、パニーニ、雑貨、古本、民芸品などの出店が並び、集まった人々で身動きがとれないほどの賑わいになる。もちろん、こうした楽しい祭りに誘われて足を運ぶ者も少なくないだろう。しかし、何と言ってもメインイベントは、聖堂の地下に眠るアンブロージョへの礼拝である。かの聖人の遺体（司教の服を身に付けたミイラ）には、普段、鉄格子の外から祈りを捧げることしかできない。しかしこの祭りのときは鉄格子が開けられ、他の二人の聖人とともにガラスの柩に眠る聖アンブロージョの傍まで近寄ることができる。地下礼拝堂の狭い通路に人々がひしめき合い、次々に十字を切る光景は、町の守護聖人への深い敬意と広く根付いたキリスト教の「力」を感じさせる。

アンブロシウスの町

アンブロシウスは四世紀後半の教父であり、聖書の註解、説教、賛歌、書簡など多くのラテン語の著作を残した。こうした学識により、ローマ＝カトリック教会の四大教会博士とされ、尊敬を集めている。三四〇年頃に、父が赴任していたアウグスタ＝トレウェロルム（現在のドイツのトリーア：第七章参照）で生まれた。父の死後、一家はローマに戻り、アンブロシウスたち兄弟

サンタンブロージョ聖堂　右側廊から行ける４世紀のサン＝ヴィットーレ＝イン＝チエル＝ドーロ礼拝堂には、黄金のモザイクのクーポラとともに、アンブロシウスのモザイク肖像画も残る。筆者撮影

は首都で修辞学や法律の教育を受けている。アンブロシウスは名門の子弟として経歴を積み、やがてリグリア州とアエミリア州を担当する知事として後者の州都メディオラヌムに赴任した。三七四年、アレイオス派（ラテン語ではアリウス派）に属するメディオラヌム司教アウクセンティウスが亡くなると、後任司教の座をめぐってアレイオス派と正統派カトリックの間で対立が起こった。そこで州知事アンブロシウスが調停を試みたところ、思いがけず「アンブロシウスを司教に」という声があがる。たしかにアンブロシウスの家は既に数代前からキリスト教を信仰しており、三五三年には姉のマルケリナが修道女になっていたが、当人はこの時まだ洗礼すら受けていなかった。当初は、無論、固辞していたアンブロシウスだが、最終的に人々の熱意に折れ、洗礼を受けて司教になった。以後、キリスト教徒としての多大な貢献が始まる。

　アンブロシウスが司教として活躍したメディオラヌムは、イタリアとアルプスの北側の地域を結ぶ交通の要衝であった。経済的に繁栄したばかりではなく、北のゲルマン人の侵入が激しくなる帝政後期には、戦略的な重要性から皇帝の住まいも置かれた（皇帝宮殿跡や、ヴァレンティニアヌス二世〈在位　三七五～三九二年〉や恐らくグラティアヌス帝〈在位　三六七～三八三年〉

も埋葬された霊廟跡が残る）。そのような町である。キリスト教会の存在感も大きくなったこの時代、司教が政治に関わるのは必然のことだった。アンブロシウスは、教会政治家として皇帝権力に対する教会の優越性を認めさせ、さらに正統派カトリックの普及に尽力した。

当時、メディオラヌムでもキリスト教が着実に定着しつつあった様子は、今に残る教会建築からも窺い知ることができる。特にアンブロシウスが司教であった四世紀後半には、キリスト教関連の建物が幾つも建設されている。城壁の外、町へ向かう幹線道路沿いには、墓地を伴う四つの

上よりサン＝ナザーロ＝マッジョーレ聖堂、サン＝シンプリチアーノ聖堂、サン＝ロレンツォ＝マッジョーレ聖堂　筆者撮影

聖堂（現サンタンブロージョ聖堂、現サン＝ナザーロ＝マッジョーレ聖堂、現サン＝シンプリチアーノ聖堂、そして現存しないサン＝ディオニージ聖堂）が建設された。これらは、恐らく意図的に十字をなすように配置された。現在の観光名所の一つサン＝ロレンツォ＝マッジョーレ聖堂も、四世紀末か五世紀に城壁の外に建設されたものである。これらの聖堂をめぐるアレイオス派とカトリック派との対立は、アンブロシウスの司教時代の一大事件となった。三八五年から三八六年にかけてのその出来事について、アンブロシウスの書簡や聖アウグスティヌスの『告白』（九・七・一五）は緊迫した経過を伝えている。ウァレンティニアヌス二世の母ユスティナが、メディオラヌムの聖堂の一つをアレイオス派に渡すようにと要求してきた。アンブロシウスはこれを拒絶し、カトリック派が聖堂に立て籠ると、皇帝側はその聖堂を包囲した。しかし結局は、民衆の支持を得たアンブロシウスが聖堂を守ることに成功し、メディオラヌムの聖堂は全てカトリック派のものとして維持された。書簡に記された皇帝とのやり取りからは、教会の皇帝に対する優越についてのアンブロシウスの強い信念を読み取ることができる。

私は答えました。「（中略）宮殿は皇帝のものであり、教会は聖職者のものなのです。公に関する建物の権利はあなたに委ねられましたが、聖なるものに関する建物の権利は違います。」

再び皇帝が命じたと言われます。「私もまた聖堂を一つ持たなければならない。」私は答えました。「あなたは聖堂を持つことは許されていません。」（『書簡集』二〇・一九）

この事件の舞台となったのが、先述の聖堂の中の一つとされる。

アンブロシウスの活動の拠点となったのは司教座である。その場所には、現在、ミラノ大司教区の司教座がおかれる大聖堂「ドゥオーモ」が建てられている。ミラノのシンボルだ。一三八六年に建設が開始され、およそ四五〇年かかって一八一三年に完成した。繊細な彫刻を施した一三五本の塔の上に黄金のマリア像が輝くのは、ドゥオーモが聖母マリアに捧げられたからである。壮大なゴシック建築のファサードが見る者を圧倒する。しかし、アンブロシウスが活躍した当時の司教座は、どのような様子だったのだろうか。手がかりを探しに、「教会関連施設群(compelsso episcopale)」としてアンブロシウス所縁の遺跡が公開されているドゥオーモの地下へ行ってみよう。

キリスト教の聖女テクラ

ドゥオーモ正面の左の扉を通って中に入り、内部の薄暗さに目が馴れてくると、はるかに高い天井と巨大な空間、それを支える安定感のある柱、ステンドグラスの鮮やかさなどに目を奪われる。多くの観光客は、そのまま内陣の方へと進んでしまうが、壮麗なゴシック建築を堪能したら、入口まで戻り、地下の遺跡群に降りてみよう。入口を背にして右手に階段がある。改札を通り抜け階段を降りていくと、ドゥオーモの前庭の真下に出る。教会関連施設群、すなわち古代末期から中世にかけての重要なキリスト教関連の遺跡が広がる。

まず目に入るのは、八角形のサン＝ジョヴァンニ＝アッレ＝フォンティ洗礼堂の遺構である。中央にある、幅が五・五メートル、深さが八〇センチの八角形の洗礼プールは、かつては大理石で覆われ、三段の階段がついていた。このプールのために設えられた取水・排水設備も一部見えている。四世紀のメディオラヌムでは、洗礼式はこのサン＝ジョヴァンニ＝アッレ＝フォンティ洗礼堂で復活祭に行われていた。司教が執り行う儀式の細かな段取りについては、アンブロシウスが詳細な記述を残している。アンブロシウスから洗礼を受けた者の中には、修辞学教師としてメディオラヌムにやって来た北アフリカ出身のアウグスティヌスがいた。彼は、キリスト者アンブロシウスの影響などにより回心し、三八七年の復活祭に司教自身により洗礼を受けた（『告白』九・六・一四）。それもこの洗礼堂であった。洗礼堂に接するようにして、小さめの建物のアプス（後陣）の遺構がある。恐らく古代の住居跡に建てられたもので、埋葬のためにも使われていたらしい。その隣には中世の墓地もある。サン＝ジョヴァンニ＝アッレ＝フォンティ洗礼堂の西側入口の前という特に名誉ある場所であり、位の高い聖職者とその家族が埋葬された。

多くの人々が集う町の中心ドゥオーモ　筆者撮影

そして墓地の向こう側に、四世紀に献堂されたサンタ＝テクラ聖堂のアプスを見ることができる。墓地の手前の建物のアプスと比べると、この聖堂がかなり大きなものであったことが分かる。このように、遺跡「教会関連施設群」で公開されているのは、残念ながら付近一帯にあった建物群のごく一部だ。奥には出土した貨幣なども展示され、ガラス窓の向こうには地下鉄のドゥオーモ駅の通路を行き交う人々が見える。

ドゥオーモ広場地下の「教会関連施設群」 中央にサン＝ジョヴァンニ＝アッレ＝フォンティ洗礼堂の八角形の洗礼プール、左手奥に見える壁がサンタ＝テクラ聖堂のアプス。筆者撮影

ここドゥオーモ一帯では、四世紀以降、それまでの公共建築や邸宅が取り壊され、キリスト教関連の建物が建設されるようになり、都市の新たな中心になっていった。遺跡「教会関連施設群」付近一帯に関する最も古い史料は、アンブロシウスが三八六年に姉マルケリナに宛てて書いた書簡である。そこには、「古い聖堂」、「新しい聖堂」、そして「洗礼の聖堂」と「司教の家」への言及が見られる。このうちの「新しい聖堂」が、最初は聖なる救い主、後に聖女テクラに捧げられた聖堂、つまりサンタ＝テクラ聖堂であった。現在はアプス部分が残るのみであるが、かつては、そのアプスの部分を除くと、縦が六七・七〇メートル、横が四五・三〇メートルという大きな建築物であった。

四五二年のアッティラ率いるフン族の侵攻、さらに五世紀末のオドアケルとテオドリクスとの戦いの際にも被害を受け、その後も何度も改築されている。

この聖堂が後に東方の聖女テクラへと捧げられたことは、知られる限りでは八世紀に記録されたのが初めてだ。つまり少なくとも八世紀以降はサンタ゠テクラ聖堂と呼ばれていた。テクラは、二世紀に成立した聖書外典『パウロとテクラの行伝』によって知られる。小アジアのイコニオン（現在のトルコのコンヤ）の裕福な家の出身であった。使徒パウロに出会ってキリスト教に回心し、婚約を破棄して、各地で宣教するパウロと行動を共にするようになる。イコニオンでも、またアンティオキア（現在のトルコのアンタキヤ：第一七章参照）でも処刑されそうになるが、数々の奇跡によって救われた。そしてイサウリア地方のセレウキア（現在のトルコのシリフケ）の丘の洞窟で晩年を過ごしたとされる。セレウキア郊外のテクラの墓とされる場所には殉教者聖堂と修道院が建てられ、テクラの聖地として古代末期から多くの巡礼者を集めるようになっていた。小アジアで活動したテクラだが、やがて東方だけではなく西方においても広く信仰されるようになる。アンブロシウスもまたテクラを模範として称賛している。しかし西方のメディオラヌムの聖堂が東方の聖女テクラに捧げられたのはなぜだろうか。単にテクラ信仰の広がりを示しているだけなのだろうか。

ローマの女神ミネルウァ

神のごときものに変容したテクラが今あるところ、聖母の家の前で、かつてミネルウァが礼拝された。

一六世紀のイタリアの法学者であり人文主義者であるアンドレア＝アルチャーティの『エンブレム集』の一文であり、サンタ＝テクラ聖堂にまつわる伝承だ。「聖母の家」とは、一六世紀には建設途中ながら既に存在していた現在のドゥオーモである。聖女となったテクラに捧げられた場所とは、もちろんサンタ＝テクラ聖堂だ。つまりドゥオーモの前にあるサンタ＝テクラ聖堂で、かつて古代ローマの女神ミネルウァが信仰されていたということになる。以下では、この伝承について検討することで、前節末尾に掲げた問題について考えてみたい。

古代のミラノにミネルウァ神殿があったこと自体は、以前から知られていた。ミラノから北西に六〇キロほどの町ブレッビアで発見された墓碑では、ルキウス＝コエリウス＝バロという人物が務めたメディオラヌムの公職の一つとしてミネルウァ神殿の監督役（*curator templi Minervae*）が挙げられている（『ラテン碑文集成』五巻五五〇三番）。しかし経歴のみに触れた碑文からは、この神殿の位置は分からない。アルチャーティの言葉を証明する確実な証拠は、これまでなかった。

しかし二〇〇九年、新たな史料が発見される。「教会関連施設群」が整備された際、サンタ＝テクラ聖堂で用いられていた肌理《きめ》の粗い花崗岩に、「ミネルウァへ（MINERVAE）」と刻まれているのが見つかったのだ。石自体は一九六〇年代の発掘で既に確認されていたもので、長さは三メートル四〇センチ、縦と横の長さは五〇センチと八〇センチ、重さは約三トンの石の塊である。恐らくミネルウァ神殿の入口上部に置かれていたものと考えられる。「ミネルウァへ」という文字の後には、女神に建物を捧げた人物、あるいは団体の名前が刻まれていたのであろうが、もはや読み取ることはできない。

ミネルウァ神殿の一部であったと考えられるこの石は、サンタ＝テクラ聖堂の正面入口の敷居として再利用されていた。どこか他所から運び込まれたのだろうか、それとももともと同じ場所にあったのだろうか。重さ三トンもある石を、例えば貴族の館を飾る目的のためならともかく、聖堂の入口の敷居として再利用するためにわざわざ運んできたとは考え難い。この石はもともとこの場所にあったと言ってよいだろう。とすると、サンタ＝テクラ聖堂があった場所には、それ以前にミネルウァ神殿があったことになる。「ミネルウァへ」という碑文が発見されたことにより、アルチャーティの言葉が信憑性《しんぴょうせい》のあるものになった。

そこで思い出されるのは、テクラの聖地である。五世紀初め頃の『聖テクラの生涯と奇跡』という書物によれば、セレウキア近郊のハギア＝テクラ聖堂は、以前は女神アテナの神殿であったという。ギリシアの女神アテナは、ローマの女神ミネルウァと同一視される。女神アテナ（女神ミネルウァ）から聖女テクラへと置き換えられたというこの変遷の真偽はともかく、少なくともこの話が西方にも伝えられていたことは考えられる。前節最後の疑問に戻ると、もしかしたら、小アジアの場合と同様に、ことによるとそちらの先例に倣って、メディオラヌムでも女神ミネルウァの神殿がサンタ＝テクラ聖堂に置き換えられた、と考えられるかもしれない。

サンタ＝テクラ聖堂へとかわる前、ミネルウァはその神殿において、どのような特性、力を持つ神として祀られていたのだろうか。一般には、工芸と職人、そして知恵の女神とされており、また兜《かぶと》をかぶり、盾と、時に槍も持つ姿で表現される戦いの女神としても知られる。ときに癒しの女神として祀られることもあった。共和政末期の政治家でもあり哲学者でもあるキケロは、『予言について』で「医者なしにミネルウァは助けを与えるだろう」（二・一二三）と記しており、女神に治癒神としての側面があったことを示唆している。しかしメディオラヌムのミネルウァに関しては、特に治癒神としての力が期待されていたわけではなさそうだ。メディオラヌムの人々は、病からの癒しを求める際、南方八〇キロほどの町カバルディアクム（現在のカヴェルツァーゴ）にある別のミネルウァの神殿を訪れていた。このことは、かの地で発見された、病を癒された人々による奉納碑文から分かっている。とすると、メディオラヌムのミネルウァは、どのような特性を強調されて祀られていたのだろうか。

文献史料で触れられていない限り、手がかりになるのは碑文史料だが、ミネルウァに言及している碑文は、先述の墓碑を除くと三点しかない。しかもそのうちの二点は、ミネルウァ神殿に関係するものではない。ユピテルとユノと共にミネルウァが言及されていることから、ローマの公的祭儀の中心である三神が合祀された神殿に関するものだ。帝国西方では、ローマへの忠誠の表明手段の一つとして、各地でこの三柱の神々を祀る神殿が建設されていた。多くの都市でそうであるように、メディオラヌムの広場《フォルム》（現在のサン＝セポルクロ広場とアンブロジアーナ図書館及び絵画館の一帯）にも三神が合祀された神殿カピトリウムがあったと考えられている。残りの一点はミネルウァのみに捧げられた碑文であるが、先述の墓碑銘同様、詳しい情報を教えてくれるものではない。「ミネルウァへMINERVAE」というたった八文字が決定的とも言える証拠になることもあるが、碑文から歴史をたどることは、ピースが足りないパズルを解くような作業である。ここでは視点を変え、時代を遡り、ローマ人到来以前の状況に目を向けることで、ミネルウァの信仰のあり方についても考えてみたい。

ケルトの女神

ローマ人がやってくる以前、メディオラヌムに住んでいたのはケルト人であった。ケルト人、つまりケルト語を使っていた人々は、最盛期には、西はアイルランドやブリテン島、イベリア半島から、東は黒海にまで及ぶ広い地域に存在した。つまり地中海周辺部と北海沿岸部をのぞくヨーロッパ全体に定住していたのであるが、政治的に統合されることはなかった。

考古学的調査からは、最初に定住したのはアルプスを越えて南下してきたケルト系のゴラセッカ人であったと考えられている。ゴラセッカ文明圏の痕跡は、ミラノの北の広い地域で見られる。前五世紀の終わり頃になると、恐らくこの地の繁栄に魅力を感じ、鉄器時代後期のラ＝テーヌ文化のケルト人が新たに南下してきた。北イタリアに幾つかの部族が定住したが、前二世紀のギリシア人の歴史家ポリュビオスによれば、中でもメディオラヌムを政治的、宗教的な中心としたインスブレス族が最大の部族であった（『歴史1』二・一七・四）。このケルト人によるイタリア侵攻は大規模なもので、その流れの中で、前三九〇年には都市ローマまでもが占拠されている。しかし、勢力を拡大していくローマを前に、ケルトはやがて押し返される。前二二二年、インスブレス族はローマ軍に破れた。ローマとカルタゴが地中海の覇権を争った第二次ポエニ戦争（前二一九～前二〇一年）では、イベリア半島からアルプスを越えてやってきた名将ハンニバル率いるカルタゴ軍が、北イタリアを通過した。その際、最終的にカルタゴがローマに敗北したため、カルタゴ軍に味方をしたケルト人は、前一九四年、ローマの支配下に入った。

さて、ポリュビオスは、前二二二年のインスブレス族とローマ軍との戦いについて以下のように伝えている。

インスブレス族の首長たちは、ローマ軍に侵略の意志を変えさせるのは不可能と悟ると、運を天にまかせて全面対決に賭けるしかないと覚悟した。そこで現有全兵力を結集し、アテナの神殿から不動の旗と呼ばれる軍旗を取り出して、他にも開戦に必要な準備を完了すると、見る者を畏怖させるような気迫をもって戦陣を組み、敵陣に相対した。その総数はおよそ五万人であった。（城江良和訳『歴史1』京都大学学術出版会、二〇〇四年、二・三二・五―六）

ギリシア人のポリュビオスが記した女神アテナは、すなわちローマの女神ミネルウァである。しかしここで言及されているのは、実際にはアテナでもミネルウァでもないだろう。ローマの支配下に入る前のケルト人が、ローマの女神を戴いてローマとの戦争に臨んだとは考えがたい。ギリシア人にもローマ人にもそれぞれの宗教があり、固有の神々が存在したように、ケルト人にも固有の神々が存在した。現代にも伝わるケルト神話は、ケルト人が自分たち自身の神々を信仰していたことを教えてくれる。ギリシア人やローマ人は、こうした異民族の見知らぬ神々と出会った時、自分たちの神々の中から、同じような特性や機能を持つものを選び出し、それと同一視する慣習があった。そして、異民族の神々には自分たちの神々の名前を用いていたのである。つまりポリュビオスが「アテナ」と呼んでいるのは、ミネルウァと同一視された、インスブレス族、つまりケルトの女神なのだ。インスブレス族のケルト人たちは、ミネルウァと同一視されるような、戦争に関する力を持った、自分たちの女神を信仰していたということになる。

　ポリュビオスが記した「アテナの神殿」とは、あのミラノのミネルウァ神殿ではないだろうか。なによりメディオラヌムは、ケルトの有力部族「インスブレス族の最大の拠点」（『歴史１』二・三四・一〇）とされている。重要な戦争の女神の神殿が、そのメディオラヌムにあった可能性はきわめて高いと言えるだろう。ケルト人が信奉するこの女神が、ギリシア人に「アテナ」と呼ばれていたことからすれば、この地に到来したローマ人が、ミネルウァと同一視したとしても不思議ではない。ケルトの戦争の女神の神殿はローマの女神ミネルウァの神殿になった、と推測できるのではないだろうか。そして、メディオラヌムにそのような神殿があったとすれば、それは恐らく、後にサンタ＝テクラ聖堂になったミネルウァ神殿、現在のドゥオーモ広場の地下にあったミネルウァ神殿であったと考えられるだろう。

ただし、ケルトの女神の神殿が、ローマ人の到来とともに「ミネルウァ」神殿に変容しても、ケルトの女神がすっかり忘れ去られ、代わりにローマの女神ミネルウァが信仰されるようになったとは考え難い。ケルトの女神が消えたわけではなく、単にローマ人によってミネルウァと呼ばれるようになったのである。メディオラヌムのケルト人たちは、「ミネルウァ」への礼拝や奉納を行いつつも、ケルトの女神を意識し続けていたかもしれない。

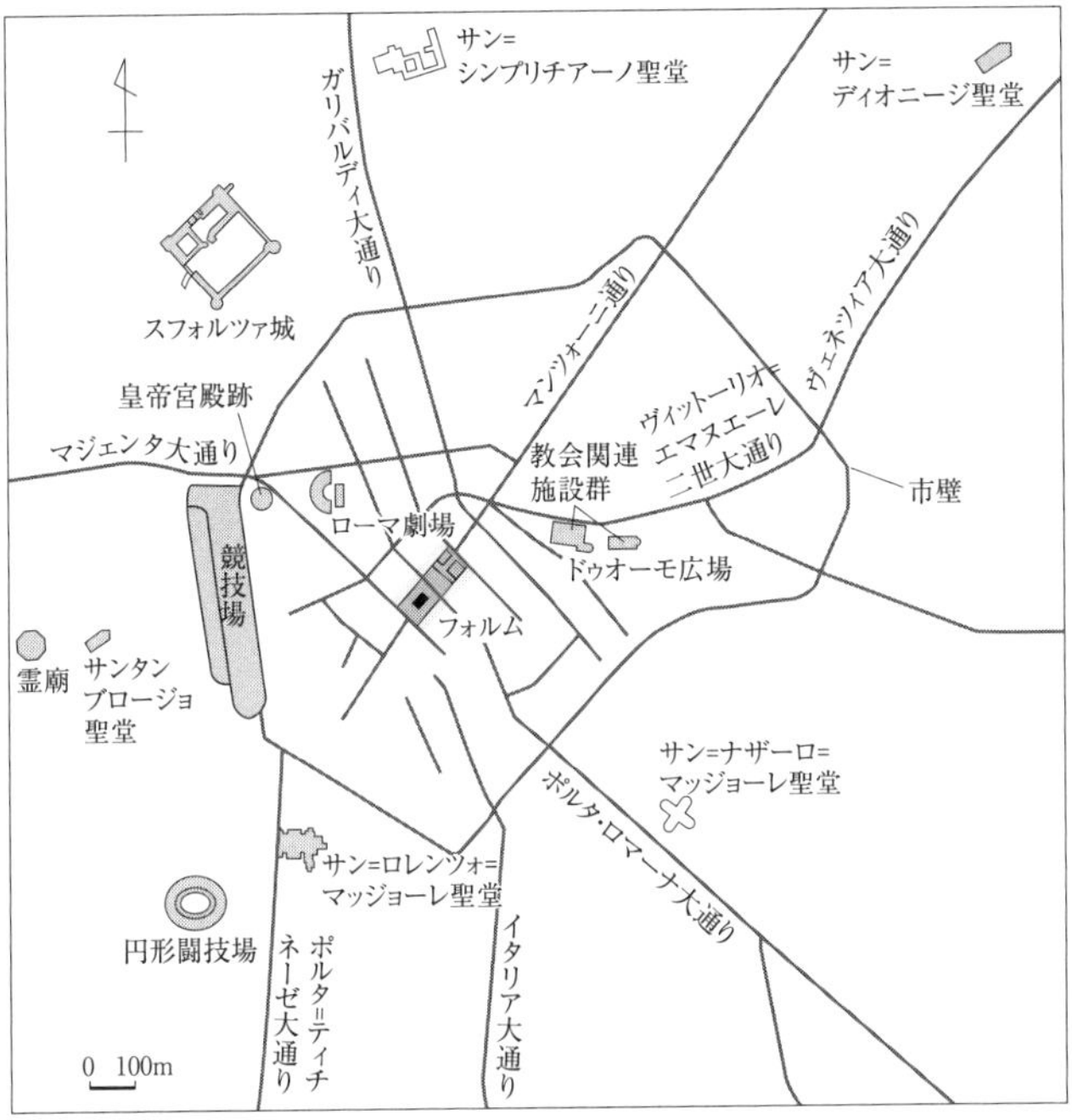

ミラノ主要地図

　ドゥオーモの地下の遺跡から、古代のミラノの人々の信仰について少しだけ考えてみた。時代を遡ると手がかりが少なくなり、分からないことも多くなるが、同じ場所で、ケルトの女神、ミネルウァ、そして聖女テクラが信仰されていたと推測できる。ケルトの女神は、ローマ人の到来とともにミネルウァへ、そしてローマが多神教から一神教、キリスト教の帝国へと変貌したのにともなって、聖女テクラへと変容したと考えられるのだ。およそ二五〇〇年もの間、同じ場所が宗教的に重要であり続け、しかも異なる宗教の聖なる場所であり続けたことになる。

遺跡を訪れ、史料と照らし合わせることで、日本人である私も、この場所の持つ聖なる「力」を感じることができるようになった気がする。

〈アクセス〉

ドゥオーモ（Duomo）および「教会関連施設群（complesso episcopale）」／地下鉄（赤い線と黄色の線）のドゥオーモ駅など。ドゥオーモ正面入口の右側に地下の遺跡への階段がある。

サンタンブロージョ聖堂（Basilica di Sant'Ambrogio）／地下鉄（緑の線）のサンタンブロージョ駅など。

サン＝ナザーロ＝マッジョーレ聖堂（Basilica di San Nazaro Maggiore）／地下鉄（黄色の線）のミッソーリ（Missori）駅から徒歩五分。

サン＝シンプリチアーノ聖堂（Basilica di San Simpliciano）／地下鉄（緑の線）のランツァ（Lanza）駅から徒歩五分。

サン＝ロレンツォ＝マッジョーレ聖堂（Basilica di San Lorenzo Maggiore）／地下鉄（黄色の線）のミッソーリ駅から徒歩一五分。

第七章　トリーア——皇帝たちの都、北のローマ

島田　誠

はじめに

フランスやルクセンブルクとの国境に程近いドイツ西部のモーゼル河畔に都市トリーアがある。現在はドイツ連邦共和国ラインラント＝プファルツ州西部に位置して、彼のカール＝マルクスの出生地としても知られる人口約一〇万人の地方都市である。しかしながら、古代における都市トリーアは、初代ローマ皇帝アウグストゥスにちなんでアウグスタ＝トレウェロルムAugusta Treverorumと呼ばれ、ローマ帝国の北方支配の拠点として繁栄した都市であり、古代における人口は最大七万から八万人を数え、当時としては大都会であった。特にディオクレティアヌス帝以降の帝政後期においては皇帝あるいは副帝の宮廷が所在する帝国西部の政治・行政の中心都市であり、ドイツ最古の都市であるとされる。

ドイツ西部における交通の中枢であるフランクフルト＝アム＝マインからトリーアまでの旅は、ライン川沿いの都市コブレンツを経て二百数十キロの旅程となる。その途上、ヴィーズバーデンからコブレンツまでは、ライン川沿いの旅となり、余りにも有名なローレライの岩のみならず、ライン川の中洲に築かれたプファルツ城や両岸の山上の数多くの古城も見ることが出来るだろう。筆者が初めてトリーアを訪れた際には、コブレンツでの乗り換えを含めて四時間弱の鉄道の旅であった。コブレンツまでは、古ぼけた車両の急行列車のコンパートメントを一人で独占する旅であり、コブレンツからはザールブリュッケン行きのモダンな列車で独仏二ヵ国語の会話を聞きながらの旅となった。

現代のトリーアの街は、中世都市（一部には古代）の雰囲気が残る落ち着いた小都市である。特に街の北部の「中央広場（ハウプトマルクト）」は、一八世紀まで市庁舎として用いられていたシュタイペ（Steipe）と呼ばれる白色の建物をはじめとする中世や近世に建てられた数多くの建物に取り囲まれた居心地の良い石畳の広場である。ただし、これらの建物は第二次世界大戦の戦火で一度破壊され、戦後に再建されたものであると言う。

マルクスの生家　筆者撮影

またトリーアは、一八一八年にカール＝マルクスの生まれた街であり、中央広場から南西方向に数分間歩くと三階建てのマルクスの生家にたどり着く。この生家は、記念館（Museum Karl-Marx-Haus）となっており、ヴィジュアルかつモダンな展示が印象的であった。この記念館を毎年三万人の見学者が訪れ、その三人に一人が中国人であると言う。筆者もまた、中国人と間違われた。

さて筆者がトリーアに興味を持ち、その街を訪れたのは、中世の雰囲気を残す街並みやマルクスの生家のためではなかった。先に述べたように、古代のトリーアはアウグスタ＝トレウェロルムと呼ばれるローマ帝国西部有数の大都市であったのである。以下、本章ではまずローマ都市建設の前史として、カエサルのガリア遠征時における後にトリーアが建設される地方の動向、そして帝政成立期におけるローマ都市の建設とその背景、後一世紀におけるローマ支配への反乱への関与について述べる。次いで後三世紀にトリーアが辺境属州の一地方都市から、帝国西部の中心都市、皇帝たちの宮廷所在地になった背景とその後の歴史について述べることにしたい。そして最後に市街北部に聳える黒色の城門（ポルタ＝ニグラPorta Nigra）、皇帝の公共浴場（カイザーテルメンKaiserthermen）、円形闘技場など、トリーアの街の各所に残る古代ローマ時代の遺構を紹介することにしたい。

トリーアの歴史　ガリア人部族国家からローマ都市トリーアへ

後にトリーアが建設されるモーゼル（ローマ時代の呼び名ではモセラ）川流域の地は、当時ガリアと呼ばれていた現在のフランス中央部からライン（ローマ時代のレヌス）川流域、さらにライン川以東のゲルマニア方面への通路となる交通の要衝であった。ローマに征服される以前、この地にはトレウェリ族と呼ばれるケルト系ガリア人の部族国家が存在していた。この部族が初めて歴史に記録されたのは、前五八年のことであった。この年、トレウェリ族は、共和政ローマの有名な政治家・将軍であり、当時はローマのガリア総督（プロコンスル）であったカエサルに使節を送り、それがカエサルの著書『ガリア戦記』に記されているのである。

　当時ローマ人によってガリアと呼ばれていた地域は、ルビコン川以北の現在の北イタリアからアルプス北側のライン川より西側、ピレネー山脈より北の地域であり、現在の国別で言えば、イタリア北部からスイス、フランス、ベルギー、ライン川以西のドイツ・オランダに及ぶ広大な地域であった。これらの地域の内、現在の北イタリアに当たるガリア＝キサルピナ（アルプスのこちら側のガリア）とアルプスの北側のガリア＝コマタ（長髪のガリア）南部の地中海沿岸のみが、ローマの支配下にあった。そしてモーゼル川流域地方は、ガリア＝コマタ北部のベルガエ地方に位置した。そして、トレウェリ族はカエサルが「この部族は、騎兵においてずば抜けて最も強力であり、強大な歩兵の軍勢を有していた」（カエサル『ガリア戦記』五巻三節）と述べる有力部族であった。

　前五八年の段階では、トレウェリ族はカエサルと彼の率いるローマ軍を支援する姿勢を示していたが、恐らくガリア内におけるローマとカエサルの勢力拡大に不安を感じたため、次第に反ローマ的姿勢へと転じた。前五五年から前五四年にかけての冬にガリア人の諸部族が蜂起し、ベルガエ地方各所に駐屯していたローマ軍を攻撃した際には、トレウェリ族は中心的な役割を果たした（『ガリア戦記』五巻五五節〜五八節）。また、全ガリアがほぼローマとカエサルの制圧下にあった前五一年にも、トレウェリ族がカエサルの部将により攻撃されたことが記録されており（『ガリア戦記』八巻二五節）、トレウェリ族がローマのガリア支配にとって脅威であったことが推察できる。

さてローマの支配以前に数多く存在したガリア人の部族国家は、ローマの征服後、約六〇の都市とその周辺領域に再編成された。トレウェリ族の部族国家がローマ都市トリーア（アウグスタ＝トレウェロルム）へと変貌したのは、ローマ帝政を樹立した初代皇帝アウグストゥスの時代（在位　前二七〜後一四年）であったと考えられている。このアウグストゥスの時代は、ローマ帝国の領域が北方のゲルマニア地方を目指して急速に拡大した時期であった。バルカン半島や中部ヨーロッパ地域ではローマの勢力はエーゲ海やアドリア海沿岸地域からドナウ川南岸地域にまで拡大した。現代の国名で言えば、ブルガリア、旧ユーゴスラヴィア、ハンガリーのドナウ川以西およびオーストリア・ドイツのドナウ川以南に当たる広大な地域がローマの支配下に入り、属州となった。また西方では、ローマ軍はライン川を越えてエルベ川までの西部ゲルマニアを席捲して一時期（前九〜後九年まで）属州化していた。この大攻勢の時代に、ガリア中央部からライン川・西部ゲルマニア方面への要路であるモーゼル川の渡し場を警備するローマ軍の砦を中心に都市トリーアが建設されたのである。正確な都市建設の時期は不明であるが、アウグストゥス自身がガリアに滞在していた前一六年〜前一三年の間に建設されたとの説が有力である。

後一世紀の前半、所謂ユリウス・クラウディウス朝の皇帝たちの支配の下、都市トリーアは発展し、トレウェリ族の有力者たちはローマ市民権を獲得してローマ風の氏名を名乗り、部族民からなる補助部隊を率いてローマ軍に勤務することになった。トレウェリ族をはじめとするガリア人たちのローマ文化への同化、ローマ化は順調に進展しているように思われた。ところが、後六八年にアウグストゥスの血を引く最後の皇帝ネロ（在位　後五四〜六八年）が自殺して一年余りの間に四人の皇帝が並び立つ内乱が勃発すると、後六九年にライン川河口部に居住していたゲルマン人バタウィ族がローマに反乱を起こし、この蜂起にトレウェリ族をはじめとする幾つかのガリア人部族が参加することになった。最初に蜂起を企てたバタウィ族の指導者はガイウス＝ユリウス＝キウィリス、トレウェリ族の指導者はユリウス＝クラシックスと名乗る人物であり、両者ともユリウス＝クラウディウス朝の皇帝の一人からローマ市民権を授けられた家系に属し、それぞれの部族民からなるローマ軍補助部隊の指揮官であった。この反乱は、四皇帝の内乱に勝利した皇帝ウェスパシアヌス（在位　後六九～七九年）が派遣した将軍ケリアリスの手で後七〇年には鎮圧された（タキトゥス『同時代史』四巻五二節～七九節）。なお、この鎮圧の途中にローマ軍がトリーアを占領すると兵士たちは街を灰燼《かいじん》に帰すことを望んだが、将軍ケリアリスが規律を維持して兵士たちの怒りを抑えたため、トリーアの街は無事だったと伝えられている。この反乱後、暫くの間、トリーアがローマの歴史家たちの関心を引くことはなかった。

墓碑銘をはじめとする考古学資料を見ると、後七〇年以後のトリーアでは蜂起を指導した部族国家以来の有力家系は姿を消している。これらの有力者たちは没落し、その影響力を失ったと考えられる。しかしながら、都市トリーア自体が衰退し、その繁栄が失われた訳ではなかった。後二世紀のトリーアの領域内には農場と農場に付属する屋敷（ウィラ）が数多く存在し、それらの農場の生産物を加工したワインや毛織物を取り扱うトリーア出身の商人たちは広範囲に活動していた。ガリア中部の都市ルグドゥヌム（現在のリヨン、第八章参照）にはトリーア商人たちのコミュニティーが存在し、トリーア商人の存在が確認できる地は、北は属州ブリタニア（現在の英国）の都市バースから南はローマ市まで、西は、ガリア南西部の都市ブルディガラ（現在のボルドー）から東はドナウ川北岸の属州ダキア（現在のルーマニア西部）の諸都市にまで及ぶ。トリーアをはじめとするガリアの諸都市は経済的には繁栄していたと考えることができる。

トリーアの歴史　属州の地方都市から帝国西部の首都へ

後三世紀になるとトリーアをはじめとするガリアの諸都市を取り巻く環境は大きく変わり、その変化の中で都市トリーアの地位も大きく変わることになった。

最初に変わったのは、ローマ帝国と周辺諸民族との力関係である。後二世紀までローマ帝国の国力は強大であり、周辺諸民族との軍事力の差は圧倒的なものであった。帝国の辺境に築かれた防塞の主な役目は、境界を超えて行き来する人や家畜の群れの管理と時に国境の外に出撃するローマ軍のための出撃拠点であった。このローマ帝国の圧倒的な優位の下、トリーアは辺境上の軍隊駐屯地に人と物資を供給する補給路上に位置する後方拠点の一つに過ぎなかった。ところが、後三世紀には周辺諸民族の間、特にゲルマン人の間では従来とは異なる状況が生まれた。従来の部族よりも大きな連合部族が誕生し、それらの連合部族がローマ帝国の辺境を攻撃するようになったのである。さらに帝国の東方でも、新興のササン朝ペルシアが攻勢に出て、何度もローマ軍を破り、後二六〇年のエデッサの戦いではローマ皇帝ウァレリアヌス（在位　二五三～二六〇年）を捕虜にする大勝利を収めることになった。属州ガリアが境界を接する西部ゲルマニアでも、三世紀初頭からライン川上流部にアレマンニ族と呼ばれる新しい連合部族が誕生してローマ帝国との衝突を繰り返し、時には辺境の防塞を突破してローマ帝国内部に侵入するようになった。さらに四世紀には、ライン川下流域でもフランク族と呼ばれる強大な連合部族が誕生することになる。

一方、ローマ帝国においては、このような外敵の脅威とそれに伴う軍事費などの財政負担の増大をめぐって混乱が生じ、後二三五年から後二八四年までの五〇年間に、広く承認された皇帝だけでも二一人、一部地域で認められただけの僭称皇帝を含めれば、その二倍以上の皇帝たちが乱立することになった。これらの皇帝たちは、多くの場合、軍人上がりであり、指揮下の軍隊に推戴されて皇帝となったため軍人皇帝と呼ばれ、この時代を軍人皇帝時代と呼ぶこともある。また、この時代を単なる軍人皇帝の乱立と内乱の時代ではなく、対外危機、内乱、財政危機、貨幣価値の下落や物価の高騰などを伴う複合的な危機の時代であったとして、「三世紀の危機」の時代と呼ぶこともある。

この混乱は、イタリアやドナウ川流域の諸属州において特に著しく、ドナウ川の辺境やアルプス山脈を越えたゲルマン人の諸部族は帝国領内奥深くにまで侵入することになった。ところが、ガリアをはじめとする帝国西部では状況が異なっていた。ガリアにおいては、ゲルマン人の侵入に対する防御が効果的に行われていたのである。その防御を担ったのが、ガリア帝国と呼ばれる分離政権であった。二六〇年の皇帝ウァレリアヌスの敗北後、息子のガリエヌス（在位　二五三〜二六八年）が全ローマ帝国の皇帝として承認されていたが、ガリアにおいては属州ガリア出身とされる将軍ポストゥムスが皇帝を僭称して支配権を握った。彼は、ガリアだけではなく、ブリタニアやヒスパニア（現在のスペインとポルトガル）も支配する強力な独立政権を樹立し、ゲルマン人の侵入や皇帝ガリエヌスの討伐軍を撃退することに成功した。ポストゥムスが部下の兵士の反乱で殺害された後にも、後継者二人の下でガリア帝国はライン川辺境を効果的に守り続けたのである。また、帝国東方でもシリアの通商都市パルミラ出身のオダエナトゥスと妻のゼノビアが、分離政権を樹立して東方諸属州をササン朝ペルシアの侵攻から防衛することに成功していた。

後二七〇年に皇帝に即位したアウレリアヌス（在位 二七〇～二七五年）は、ドナウ川流域の属州パンノニア出身の有能な軍人であり、二七三年にパルミラの政権を、二七四年にガリア帝国を打倒してローマ帝国を再統合した。彼の後にも有能な軍人である皇帝が続き、さらに後二八四年に即位したディオクレティアヌス帝（在位 二八四～三〇五年）の下、帝国の統治体制が大きく改変・整備された。その際、恐らくガリア帝国やパルミラの政権が外敵の侵入の撃退に成功したことに影響され、二人の正帝（アウグストゥス）と二人の副帝（カエサル）が帝国統治を分担して、各皇帝が軍を率いて重要な辺境の防衛を担当する四皇帝体制（テトラルキア）が樹立された。そして、ガリア、ブリタニアとヒスパニアを統治し、ライン川の辺境防備を担当した副帝コンスタンティウス一世クロルス帝（副帝在位 二九三～三〇五年、正帝在位 三〇五～三〇六年、コンスタンティヌス大帝の父親）の宮廷の所在地として選ばれたのがトリーアであった。

このトリーアの地位の変化は、「三世紀の危機」を経たローマ帝国の防衛戦略の変容が原因であったと考えられよう。後二世紀までのローマ帝国の防衛戦略は、すでに述べた帝国軍の圧倒的な優位を前提にして組み立てられていた。ローマの主力部隊は、辺境に配備されて境界を管理・防衛し、外敵との紛争の危機が生じた場合には、辺境の外側に向かって出撃していた。ところが「三世紀の危機」の時代には、帝国の辺境はしばしば敵軍によって突破され、異民族の軍勢が帝国領土の奥深くにまで侵入することが珍しくなかった。そこで、ディオクレティアヌス帝の四皇帝体制の下では辺境の防衛が突破されることを前提とした防御体制が整えられた。辺境の防塞のみならず、帝国内部の都市の防御施設も整備され、主力部隊は辺境から少し離れた場所に待機することになった。辺境の防塞が外敵によって突破された場合は、帝国の都市が防御施設によって外敵に抵抗している間に皇帝の率いる主力部隊が急行して敵を撃退することになる。そして、ライン川の辺境から約一〇〇キロ離れた交通路の要所に位置するトリーアは、この皇帝と主力軍の所在地として最適の場所と考えられ、皇帝の宮廷所在地となった。

　さて皇帝の宮廷と言うと、様々な儀式が執り行われる華やかな社交の場であるとのイメージがあるかもしれない。確かに帝政後期のローマ皇帝の宮廷は、東方ペルシア風の華やかなものになっていたとされる。しかしながら、ローマ皇帝の宮廷の本質とは、皇帝に仕えて帝国の行政、特に財政を担う役人の集団であった。この宮廷には、膨大な量の貨幣や物資が集められ、一部は宮廷自体で消費され、残余が軍隊の維持のために用いられたと考えられる。この宮廷とその役人たち、さらに皇帝指揮下の軍隊の存在は、トリーアの街に多大の富と繁栄をもたらすことになったのである。

コンスタンティウス一世の後、後三〇六年に皇帝となったコンスタンティヌス一世（大帝）もトリーアに宮廷を置いた。コンスタンティヌスは、三一二年に帝国西部の支配者となり、さらに三二四年にはローマ帝国全土の支配者なると、トリーアに住むことはなくなったが、その後も彼の息子たち、まず長子のクリスプス（副帝在位　三一七～三二六年）が、次いで異母弟コンスタンティヌス二世（在位　三三七～三四〇年）がトリーアに宮廷を置くことになった。その後、コンスタンティヌスの息子たちの間の内紛や簒奪帝の出現でガリアを中心とする西部帝国は混乱した。この混乱に乗じてフランク族やアレマンニ族などがライン川の国境を突破してガリアに侵入することになったが、コンスタンティヌス大帝の甥ユリアヌスが副帝としてガリアに赴くと混乱は終息した。ガリアの副帝時代（三五五～三六〇年）のユリアヌス帝はトリーアに居を構えることがないまま、三六〇年に東方に向かって正帝となり、さらにササン朝ペルシアへの遠征途上の三六三年にメソポタミアの地で戦死した。その後、三六四年に皇帝となったウァレンティニアヌス一世（在位　三六四～三七五年）は、三六七年に息子のグラティアヌス（在位　三六七～三八三年）と共にトリーアに居を定め、トリーアは再び皇帝の宮廷所在地となり、安定と繁栄を取り戻すことになった。

後三八三年にグラティアヌス帝が殺害されると、皇帝が永続的にトリーアに宮廷を構えることはなくなった。さらにガリア、ブリタニアとヒスパニアにおける行政の最高責任者である近衛長官も、恐らく後五世紀の始め頃にガリア南部、地中海沿岸のアレラテ（現在のアルル）に移り、トリーアは西部帝国の都としての地位を失うことになった。その後、トリーアは四一三年と四二五年にフランク族によって攻撃され、四五一年にはフン族のアッティラに占領、略奪された。最終的に四七五年、トリーアはフランク族の支配下に入り、ローマ都市としての歴史を終えることになった。その際、五世紀初めには七万人以上を数えたトリーアの人口は僅かに五〇〇〇人余りであったと伝えられている。

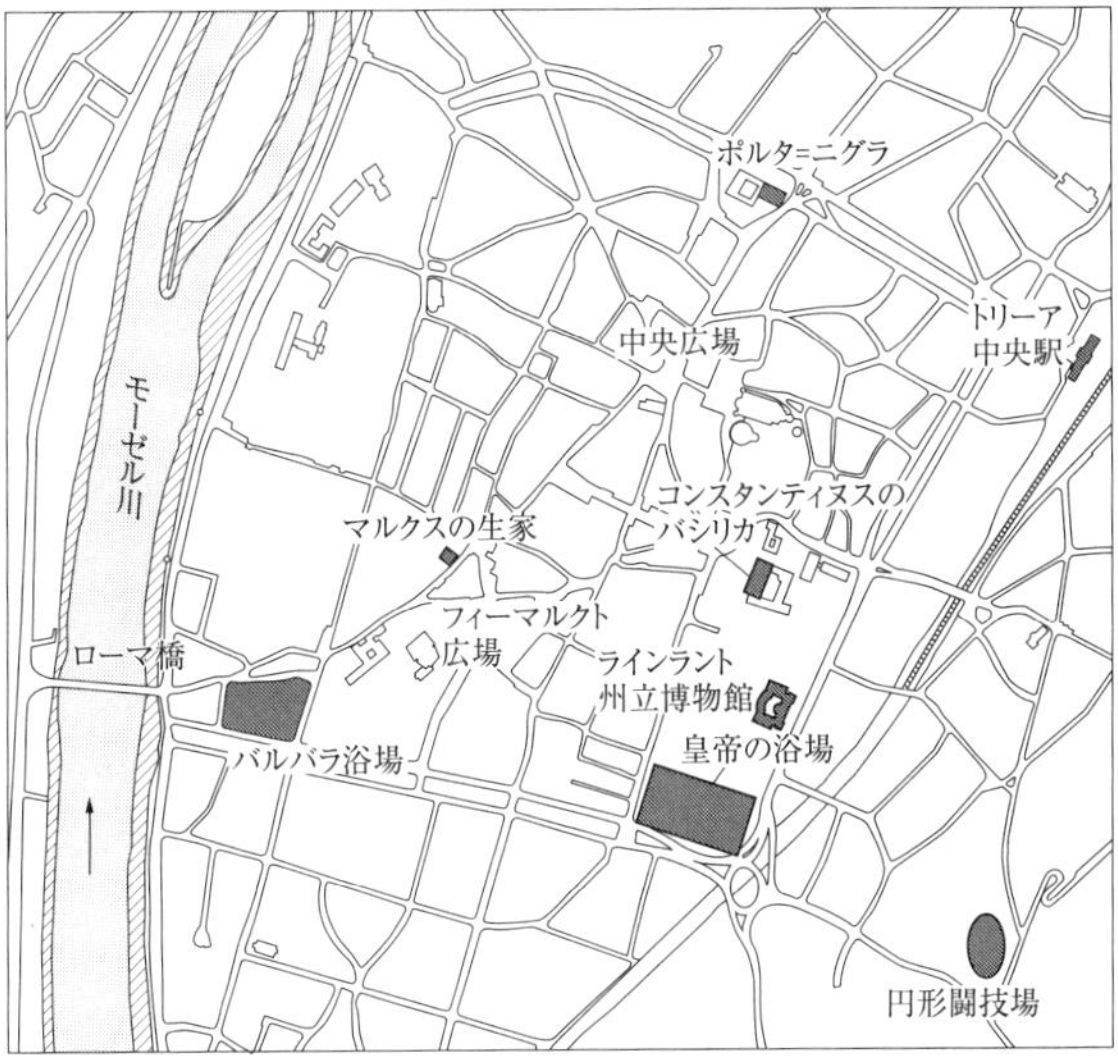

トリーア主要地図

トリーアの古代ローマ遺跡

トリーアはモーゼル川中流、川の流れが湾曲した場所に位置し、街の主要部は東岸の湾曲部の内側、川沿いの低地にある。周辺の高地から街のある河谷に下る斜面の多くは、モーゼル＝ワインの原料となるブドウの畑に覆われている。このトリーアは、こぢんまりとした地方都市であり、大抵の所に歩いて行くことができる。

コブレンツからの列車をトリーア中央駅で下車し、駅前の街路をまっすぐ進み、一〇分弱歩くと左手に黒っぽい岩で造られたいかつ

ポルタ＝ニグラ　筆者撮影

い建造物が見えてくる。古代ローマ時代からの市門である通称「ポルタ＝ニグラ（黒い門）」である。後二世紀の終わり頃（後一八六〜後二〇〇年）に濃い灰色の砂岩を用いて建てられた「ポルタ＝ニグラ」は、トリーアの街の北の城門であり、その暗い色から、中世以降には「黒い門」を意味する現在の名前で呼ばれるようになった。この城門は、左右に四階建ての望楼を持ち、中央部に三階建て城門部がある。城門部は中庭を挟んで二重になっており、城門を通る道は中央の二本の柱で分けられている。かつては四枚の門扉がトリーアの街の内と外を区切っていたことになる。なお東側の望楼の四階部分は欠落している。門の二階以上は、アーチ型の門を連ねた回廊となっており、トリーアの市街を見渡すことができる。

この城門は、中世初期に石材を建築材料として再利用するために部分的に破壊されたが、一一世紀にギリシア出身の隠修士シメオンが城門に住み着き、彼の死後に城門脇に教会が建てられたため、それ以上の破壊を免れ、城門も教会の一部となった。この教会と一体化した城門は、一九世紀初頭、当時トリーアを支配していたフランスのナポレオンが市内外の修道院や宗教団体を解体した際に、教会と分離されてローマ時代の形に復原されることになった。

「ポルタ＝ニグラ」から南に四〇〇メートル弱、約五分ほど歩くと「中央広場」に着く、この広場から南西方向にさらに約五〇〇メートルを歩くと「マルクスの生家」であるが、広場の南東方向に同じく約五〇〇メートル歩くと「コンスタンティヌスのバシリカ」にたどり着く。この建物はアウラ＝パラティナとも呼ばれ、もともとは後三一〇年頃にコンスタンティヌス一世（大帝）が建てた宮殿の一部であったが、中世を通じてトリーア司教の邸宅として用いられ、一七世紀には大司教によって大規模な増築が行われた。一九世紀にプロイセン王の命令でローマ時代の形態への復元が命じられた後、現在に至るまでプロテスタントの教会として使用されている。

皇帝の浴場　筆者撮影

「コンスタンティヌスのバシリカ」前の広場（コンスタンティン広場）から、さらに南に約四〇〇メートル歩くと左手（東側）に広い芝生に囲まれた遺跡が見えてくる。この遺跡は「皇帝の浴場　カイザーテルメン」と呼ばれるアルプスの北側における最大のローマ時代浴場跡である。遺跡の西半分は、現在は芝生で覆われているが、古代には運動場であったと考えられよう。東側には巨大な構造物の遺跡が残っており、冷浴室、温浴室、熱浴室をはじめとする浴場設備が設けられていた。赤っぽい煉瓦を主体とした巨大な建造物は、遥か南方、ローマ市の中央広場（フォロ＝ロマーノ）東側に後四世紀の初頭に建てられた「マクセンティウスのバシリカ」を想起させるものであり、まさに四皇帝時代の特色をよく示す建物である。ところでトリーアには、この「皇帝の浴場」の西側、約八〇〇メートル離れたモーゼル川程近くに同規模の「バルバラ浴場」と呼ばれる別の浴場跡がある。また一九八七年、中央広場の南五〇〇メートルのフィーマルクト広場での地下駐車場建設工事の途中に新たなローマ時代の浴場跡が発見された。この浴場は後八〇年頃に建設されたトリーア最古の公共浴場と考えられている。浴場遺跡は、現在は遺跡の上に建てられた中世や近代の構造物と共にガラス張りの壁面を持つ建物の内部に保存されている。これらの浴場の使い分けについてははっきりとしないが、一説では「皇帝の浴場」は皇帝の宮廷関係者に利用が制限されていたとされる。

さて「皇帝の浴場」から、東に向いて七〇〇メートル余り、約一〇分間ほど歩いて瀟洒《しょうしゃ》な住宅街を通り抜けると、木々に囲まれた丘の中腹に円形闘技場の遺跡がある。この闘技場は、後一〇〇年頃に建設され、長径七〇メートル、短径五〇メートル、収容観客数二万五〇〇〇人から三万人の規模を誇る古代ローマでも有数の円形闘技場であった。古代ローマ時代の闘技場の地下には猛獣の檻やせり出しなどの機械が置かれる地下室が設けられていたが、トリーアの円形闘技場

上は円形闘技場、左は円形闘技場の地下室入り口　いずれも筆者撮影

では現在もこの地下室に入ることができる。この闘技場はローマ時代南北に走っていた市の城壁に沿って建設され、闘技場の観客席東側の外壁が城壁の一部となっていた。そして闘技場の南北に設けられた入り口の内、北側の口は市壁の内側に、南側の入り口は市壁の外側に口を開いていた。即ち闘技場そのものが城門の機能をも果たしていたのである。

またトリーアの街の西側、モーゼル川には「ローマ橋」と呼ばれる石造りの橋が架かっている。この橋は後一四四〜後一五二年に建設されたものであり、中世・近世に何度か修復をされつつ現在に至るまで使用され続けている。これらの古代の遺跡の他、「皇帝の浴場」の北側約一〇〇メートルの所には、ラインラント州立博物館があり、墓碑や被葬者を描いたレリーフなど充実した展示でトリーアの歴史を教えてくれ、ローマ時代最盛期のトリーアの市街を再現したミニチュアモデルを見ることもできる。

このように、トリーアの古代ローマ遺跡は、現代ドイツの地方都市の市街地の中に散在しており、その全てを歩いて、比較的短い時間で見学することが可能である。トリーアを訪れた一日は、充実した心地の良いものとなることだろう。

〈アクセス〉

トリーア（Trier）／フランクフルト＝アム＝マイン中央駅（Frankfurt am Main Hauptbahnhof）から鉄道にて約一時間三〇分でコブレンツ中央駅（Koblenz Hauptbahnhof）下車、約二〇～三〇分の待ち合せでザールブリュッケン（Saarbrucken）方面行きに乗り換え、約一時間三〇分でトリーア中央駅（Trier Hauptbahnhof）下車。

第八章　リヨンと北辺の町々——都市の華やぎ、支える商人

長谷川敬

はじめに

フランス第三の都市、そして美食の都リヨン。ポール＝ボキューズをはじめとする著名な料理家たちがこの街に集い、芸術の域に達した職人の技を揮う。彼らがこの街を選んだのは単なる偶然ではないだろう。多様で質の高い食材をもたらす周辺地域、そして物流の要として遠方各地からもまた豊かな食材が流れ込む。しかしその一方で、リヨンの食は宮廷料理の流れをくむような敷居の高いものではない。古来リヨンは商人と職人が多く居を構えた。彼らは目利きに鋭く、良質且つ手頃な価格の食に敏感だったのだろう。かのボジョレー＝ヌーヴォーは、産地にほど近いこのリヨンの街が育て上げたという。美食と商業、この両者は切っても切れない関係で結ばれている。古代のリヨンが美食で名を馳せたと語る史料はないが、現代と変わらず多様で豊かな食材が流れ込んでいたことは間違いない。それでは、その古代のリヨンの様子をある東方出身の旅人とともにしばし覗いてみることとしよう。

「リヨンに着いたぞ」――友人の声に目をうっすらと開ける。煌めく水面。そのまぶしさに思わず再び目を閉じると、風に乗って街の喧騒が耳に届く。埠頭で働く荷揚げ人夫たちの怒声ともとれる威勢の良い掛け声、市場からはこれまた威勢の良い競り人の声。それらの声をかき消すかのように荷車がひっきりなしに行き交う。すると喧騒に混じって、今度はなんとも食欲のそそられる香りがローヌ川の川面を漂ってくるではないか。これは遥か東方の香辛料を使った豚の丸焼きに違いない。その香ばしい匂いに交じって、発酵した魚独特の匂いがつんと鼻をつく。これが、あの名高い南スペイン産の魚醤（ガルム）の香りだろうか。そういえば、アルルから便乗させてもらっているこの船には同じく南スペイン産のオリーブ油が積まれているらしい。首都ローマでも評判の一級品だ。きっと高値で売れるのだろう。船を漕ぐ櫂の軋む音が止んだ。料理のことを考えたせいで急に食欲が出てきた。再び目を開け勢いよく身を起こすと、ガリアが誇るリヨンの壮麗な街並みが目に飛び込んできた。南から北に向けてローヌ川を遡ってきた船はリヨンの街のすぐ南でローヌ川と合流するソーヌ川にいつしか入っていたが、そのソーヌ川の西岸にそびえる丘（フルヴィエールの丘）の上には大劇場と音楽堂が並び私たちを見下ろしていた。視線を北に移せば、今度はソーヌ川東岸の丘の中腹にある巨大な円形闘技場が目に飛び込む。その隣にはテラス状になった広場とその中央に立つこれまた巨大な円柱が二本（エネー教

フルヴィエールの丘の劇場跡から市街を望む　筆者撮影

会の丸天井を支える柱として再利用）見える。これが噂に聞く、コンダテ地区の「全ガリアの神域」（クロワ＝ルス地区、円形闘技場跡のみ一部現存）だ。国家ローマの守護神たる女神ローマと初代皇帝アウグストゥス（在位　前二七〜後一四年）を神として祀るこの神域では、毎年八月一日に全ガリアから各地の代表者が集い、共に祭儀を執り行うのである。そして隣接する円形闘技場では、祭儀に伴って剣闘士競技など各種のイベントが開催されるという。さて、神域から南に向かってさらに丘を下れば、ローヌ川とソーヌ川に挟まれた細長い半島状のカナバエと呼ばれる地区（現ベルクール広場周辺）がある。元々リヨンの市街地は大劇場・音楽堂があるソーヌ川西岸の丘の上に広がっていたが、商人そして職人たちの多くは、交通に便利なソーヌ川沿いの低地に居を構えるようになった。とりわけ、大劇場・音楽堂の直下に位置し、丘とソーヌ川に挟まれた狭い帯状の地区（ほぼ現在の旧市街）と、そのソーヌ川対岸に当たるカナバエ地区は商業地区であり、港湾施設や倉庫、そして商人たちの家屋が建て込んでいた。そういえば、噂に聞いたことだが、このカナバエ地区でも羽振りの良さで有名なとある商人の家には、部屋の床一面を覆う見事なモザイク装飾（フルヴィエールの丘にあるガロ＝ローマ博物館所蔵）があるとのことだ。その商人は戦車競技の様子を描いたこのモザイクを大層気に入っているらしく、頻繁に宴会を催しては招待客に自慢げに見せびらかしているらしい。モザイクはともかく、私もぜひご相伴にあずかりたいものだ。しかし、この街ではそれくらいの贅沢はなにも特別なことではない。彼のごとく商いで財を築いた者や街の自治を預かるエリート層の家に行けば、遠くはエーゲ海地方から取り寄せたワインやオリエント地方産の香辛料で味付けされた料理が銀の食器やガラスの杯で供され、それを食べる主人や客はこれまた高価な宝石で着飾り、さらに食事をとるその部屋は、ギリシア、イタリア、アフリカといった各地で取れる色とりどりの大理石や、あるいは精巧なモザイク装飾で覆われている、といった具合だ（これら各種贅沢品の一部はガロ＝ローマ博物館所蔵）。このリヨンに来れば帝国ローマの存在を実感出来ると言うが、言い得て妙、まさに帝国の縮図である。帝国各地の名産品がこの街に集まる。そして、物とともに、あるいは物を求めて人もまたこの街に集う。リヨンの街はずれの街道沿いでシリアから来たという商人の墓碑を見かけたことがあるが、それもこの街ではなんら驚くことではない。かく言う私自身もはるか東方の出身。船を降りて早速この「小ローマ」に繰り出すこととしよう（この「リヨン案内」の描写内容は原則として史料に基づくが、一部設定に関しては推測に拠る）。

円形闘技場跡近くからフルヴィエールの丘を望む
筆者撮影

物流の「心臓」リヨン

これからご馳走にありつこうかという時に残念ではあるが、ここからは再び現代に戻り、繁栄する古代のリヨンを支えた様々な要素を見て行くこととしよう。冒頭でも触れたように、流通の要として様々な物資そして人々を惹きつける現代リヨンの姿は、古代のそれと重なるかのようである。確かに、今我々が目にするリヨンは各種の近代的交通インフラを備えている。フランス最初のTGV専用路線はパリ・リヨン間に建設され、現在ではさらに地中海の玄関口マルセイユまで延伸されている。高速道路網、大規模な空港も備え、さらに市街南端のローヌ川東岸には大型クレーンを備えた河川港を有する。現代のリヨンの繁栄の陰にはこうした「現代文明の利器」が存在することは間違いないであろう。

しかし、鉄路と空路はさておき、整備された街道と港湾という要素はなにも現代のみの長所ではない。前四三年、リヨンはローマ軍退役兵が入植するローマ植民市として建設される。アウグストゥス帝治下には、この初代皇帝の有力側近であったアグリッパによって、征服間もないガリア地方をそれぞれ東西・南北に貫く街道がリヨンを基点に整備されたのである。一方、港湾設備に関しては未だ不明な点が多いが、「はじめに」で描写された港の活況を裏付ける史料は決して少なくない。これまでにソーヌ川の川底及び周辺地域からは多くのラテン語碑文が発見されているが、その中にローヌ川やソーヌ川を行き来した水運業者たちが結成した団体に関わる碑文が数多く含まれている。研究者は、それらの碑文が集中して発見されているということを根拠に、フルヴィエールの丘とソーヌ川に挟まれた旧市街の一角にあるサン＝ジョルジュ教会周辺地区にこれらの業者団体の集会所が位置し、その至近に河川港も存在していたと推測する。実際、当地区では二〇〇三年に地下駐車場建設に先駆けて行われた発掘調査により、古代の浮き桟橋と六隻の川舟が発見された（このうちの三隻は、修復の後に博物館にて展示予定）。現在、日常生活の中で河川交通の重要性を認識する機会は決して多いとは言えないが、比較的平坦な地形と流量豊かな河川に恵まれた欧州にあっては、他の交通手段の登場によって相対的に重要性は低下したものの、先史時代より現代に至るまで、河川交通は安価な輸送手段として常に大きな役割を果たしてきた。その河川交通において、リヨンは極めて重要な物資集積地または中継点として存在してきたのである。

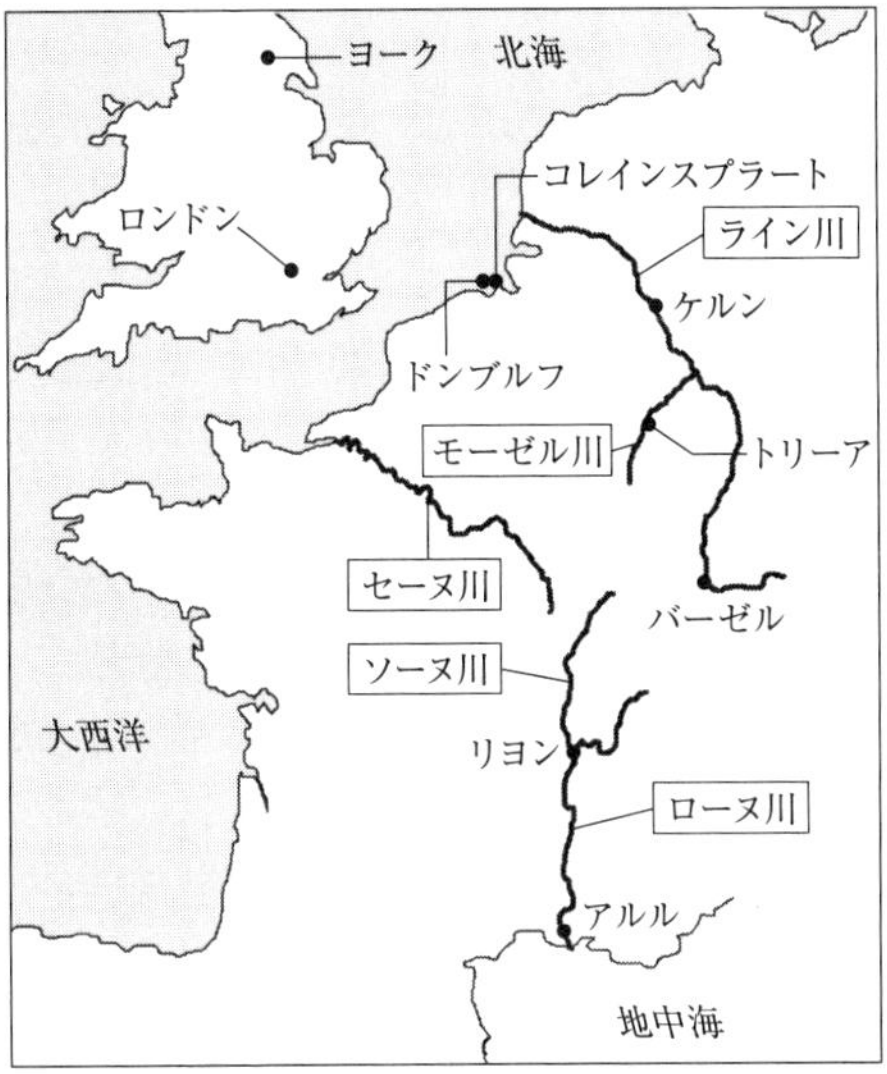

ガリアとブリタニア

当時多くの場合、地中海沿岸各地から運ばれてきた物資は、河口に程近いローヌ川沿いの街アルルにおいて海洋船から川舟に積み替えられるか、あるいは海洋船に積載されたままローヌ川を遡りリヨンに到着した。そして、リヨンで販売・消費される商品が小売向けの流通に回る一方で、残りの商品は再びここで舟を替え、さらにリヨンで生産された食器等の新たな商品を加えてソーヌ川を北へと遡航することになる。その後、ソーヌ川中流域で舟を降りた物資は、牛などが牽引する荷車に積載され陸路北上し、ラングル高地を越えるとライン川支流であるモーゼル川流域に到達する。そこで再び川舟に積まれ、モーゼル川を下り、ライン川流域を目指すことになる。そのライン川流域には、後一世紀中頃までは八個軍団、二世紀初め以降も四個軍団のローマ軍団が駐屯し、さらに非ローマ市民で編成された多くの補助軍が国境線であるライン川沿いに分屯していた。彼ら兵士たちが日々衣類・食料を消費することで大規模かつ恒常的な需要が創出され、その巨大市場に向かって物資が流れ込む。その流通の大動脈であったのが、このローヌ・ソーヌ・モーゼル・ラインというガリアを南北に貫くルートであり、その中途にリヨンは位置していたのである。

ここで忘れてはならないのは、このルートが南から北に向けての一方通行ではなかったということである。それぞれの商品の生産地の移り変わりにともない、いつしか北から南への流れも活発になっていったのである。後一世紀頃までは、ライン川流域の巨大市場の需要を満たすべく各種商品を主に生産していたのは現在の南仏地域であった。例えば、テラ＝シギラタという高級土器は、前一世紀末に一旦イタリアからリヨンに生産拠点が移ったが、まもなくモンプリエの北西、ラ＝グローフザンク（第九章参照）にその座を取って代わられた。しかし、時代とともに土器の生産拠点は北上し、二世紀初めまでにルズー（クレルモン＝フェランの東郊）に、そして二世紀末にはモーゼル川とライン川に挟まれた地域、とりわけトリーア（第七章参照）とラインツアーベルン（ドイツ、ラインラント＝プファルツ州）にその中心を移動させた。一方ワインに関しては、後一世紀初め頃のブドウ栽培地はリヨン付近までが北限であった。しかしこれもやはり、二世紀には白ワインの生産で現在も有名なモーゼル川流域まで北上していたと見られている。二〜三世紀にも地中海周辺地域からの物流は途絶えることはなかったが、その一方でライン川流域で生産された各種商品がリヨンやさらに地中海周辺地域に向けて南下し、その結果として双方向の物の流れが常に存在したのである。その中でリヨンは南北双方向からの物資を受け入れ、それらの一部を自らの消費市場に回す一方、その他残りを最終目的地毎に仕分けし再度送り出す、一種の中間ポンプの役割を果たしていたのである。

駆け抜ける商人たち

ここまで主に「物」について見てきたが、その「物」を取り扱う「人」の実態はどのようであったのか。一口に商人と言っても、その業態は多種多様である。リヨンでは、スペイン産のオリーブ油やイタリア産の高級ワインの輸入といった遠隔地交易に従事する卸売商人がいれば、その彼らからリヨン市内の市場で輸入品を買い付け、消費者に販売する小売商人、あるいは買い付けた商品をさらに卸す二次卸売商人もいたと考えられる。つまり、現代同様、商品の生産地から消費者に至るまでの流通過程には様々な商人が関与していた。それらの商人は基本的には各自の判断で自由に活動しており、また、河川水運を兼業する商人に見られるように、硬直した分業制度とは異なる現実がそこにはあった。

一方、西欧中・近世のギルドのごとく、古代ローマ社会でも、地域差はあるものの、商人・職人は業種毎に団体を形成し、それらは研究者からは「同業組合」と呼称される。先述のリヨンの河川水運業者の団体もこの同業組合であったと考えられ、他にも複数の組合がリヨンで活動していた。こうした同業組合は中・近世のギルドとは異なり、経済活動を主要目的とせず、組合の守護神に対する祭儀と定期的に催される各種宴会を通じて会員相互の親睦を図ることをその活動の中心としていたとされる。しかし実際には、会員の商業上の利権確保や外部の人間との紛争の解決のために、組合は都市や帝国の行政担当者と折衝にあたることもあった。したがって、個々の商人は、基本的には自らの意思と判断で自由に活動する一方で、定期的に同業者同士の集まりを持ち、共に祭儀を営み、酒宴を分かち合うことを常としていた。そして、ひとたび個々人の力では解決困難な商業活動上の問題に直面した際には、組合として行政側に働きかけを行ったのである。

リヨンはこのような商人あるいは河川水運業者の団体が多く拠点を置いたところであった。しかし、その構成員はリヨン出身者によって独占されていたわけではない。史料を見ればとりわけ北部ガリア出身者の存在が目を引く。その背景には単なる偶然以外の要素もあったと考えられる。なぜなら、先述のように、リヨンはガリアを南北に貫く主要交易路の途上に位置し、多種多様な商品が恒常的にリヨンから北方のライン川流域に向け発送されていた。そして、その重要な交易路の北方の集積地・中継点もしくはその周辺の地域出身の商人たちが多数リヨンで活動していたからである。明確な裏づけとなる史料はないものの、彼らが出身地の北部ガリア地域社会とのつながりを保ち、人脈や知識・経験を生かしながら有利に商いを営んでいたことは十分に推測できる。

そうした北部ガリア出身者の中でもトリーアを首邑とするトレウェリ族出身の商人は、地元を離れて活発な活動を行っていたことで知られる。たとえば、一世紀後半から二世紀初めにかけて活躍したとみられるガイウス＝アプロニウス＝ラプトルという人物は、リヨンのカナバエ地区在住のワイン商人であり、またソーヌ川の河川水運業者でもあった。彼は、そのそれぞれの同業組合の保護者（パトロヌス）の地位に就き、そして、商人としては極めて稀なことに地元トレウェリ族の自治機関である都市参事会の会員でもあった。ちなみに、ワイン商人たちによって彼を讃えるために製作された碑文と、縁者と思しき二人の女性によって捧げられた彼の墓碑は、ともにリヨンで発見されている。それらの事実とこの人物の経歴からは、都市参事会員という地域社会のエリートとしての大きな影響力を活用しながら、ソーヌ川というトリーア・リヨン間の重要な交易路において水運事業を有利に展開する一方、その事業の拠点であり家族とともに暮らしていたリヨンではワイン取引にも従事し、それらの活動の結果、同業者らの厚い信任を獲得した彼の姿が浮かび上がってくる。

女神ネハレンニアへの奉納祭壇　オランダ国立古代博物館（ライデン）所蔵。出典：Rijksmuseum van Oudheden

海を越えた商人ネットワーク

前節まで、リヨンを中心とした物と人のネットワークを見てきた。しかし、ガリアの商業がリヨンのみを中心に展開していたわけではない。先述のリヨンを通過する南北の交易路は、モーゼル川を経てライン川に達する。しかし物流はそこで途切れることはなかった。すなわち、交易路は集散地ケルンを経た後、ライン川河口から北海へと続き、対岸のブリタニア（ブリテン島）のロンドンやヨークにまで達していたのである。そのブリタニアには北部地域を中心にライン川流域同様複数のローマ軍団と補助軍が駐屯しており、やはり重要な消費市場として機能していた（第一一章参照）。しかし、リヨンを拠点とする商人に関しては、文字史料から窺い知ることとの出来るその活動の痕跡はモーゼル川流域までである。では、その先は一体誰が商品を運んだのか。

その答えの手がかりとなるのが、ライン川河口にも比較的近いオランダのゼーラント州で発見された一群のラテン語碑文である。これらの碑文は、ローマ時代にそれぞれ神域のあったドンブルフの海岸とコレインスプラート沖合いの海中から、一七世紀と二〇世紀に見つかったものだ。

その大半は航海の守護神であるネハレンニア女神に捧げられた奉納碑文である。それらの内三〇点ほどの碑文が、これからブリタニアに向かって船出する、あるいは島から無事戻ってきた商人たちによって捧げられたもので、航海の安全と引き換えに帰着後に女神への奉納を誓う内容、または帰着後実際にその奉納を果たした旨の内容が記されている。一見すると、どの碑文も奉納の決まり文句が並び、さほど重要そうには見えない。しかし興味深いのは、奉納者たちのうちの少なからぬ者たちが、自らの生業や出自、身分を明記していることである。それによれば、商人た

ドンブルフの海岸（上）　商人たちが行き交った北海。17世紀にこの海岸付近（現在は水面下）で奉納祭壇が複数発見された。筆者撮影
コレインスプラートの復元神殿（下）　実際に神殿があった地点は現在では水没している。この復元神殿は、ガリアでよく見られるケルト様式の神殿プランを参考にあくまでも想像に基づいている。筆者撮影

ちはケルンやトリーア、セーヌ川下流域、さらに遠くはライン川上流のバーゼル付近からこの二つの神域を訪れていたことが分かる。これとは別に、奉納者の名前の特徴や同一の名前の地域的分布から、奉納者の名前のうちのかなりの割合がライン川流域および北部ガリアに特徴的なものであることが判明している。

以上のことから、ライン川流域からブリタニアにかけての交易路は、主に大陸側の交易路周辺地域出身の商人たちによって担われていたことが示唆される。そして、その事実から、リヨンを中心としたより南方の交易路の担い手たちと彼らの出身地域が部分的に重複していた実態も浮かび上がって来る。

それでは、彼らが向かっていった北の海、外洋の航海とは、どの様なものだったのだろうか。ガリアの南北幹線交易路を支える河川交通もたしかに、季節や天候に起因する渇水や増水、強風の影響を受けやすく、航行に適した環境が常に保たれているわけではなかった。しかし、大陸・ブリタニアの海上区間については、より深刻で予防の困難な脅威、すなわち難破の危険と常に直面しなければならなかった。ヨーロッパ世界では近代に至るまで、地中海、大西洋ともに秋季、冬季は荒天のために航海は極めて困難であった。しかし、それは春季、夏季（特に五〜九月）であれば安全な航海が保証されていたことを必ずしも意味しない。例えば、かのユリウス＝カエサルがガリア遠征の一環で前五五年の晩夏にブリタニア遠征を行った際、軍勢を乗せた船団が大陸側を出航後、暴風のために散り散りとなり、また既に島に到達していた船団も高潮と暴風によって海岸付近で破壊されたことが知られる（『ガリア戦記』第四巻二八―二九節）。さらに翌年の第二次ブリタニア遠征の際にも、島に到着後の船団が暴風により難破、壊滅している（同書第五巻一〇節）。このように、航海の季節といえども外洋の天候は変わりやすく、大陸・ブリタニア間の短距離の航海であっても常に危険と隣り合わせであった。正確な気象予報と発達した造船・航海技術に支えられ、現代の外洋航海には娯楽の側面すらある。しかしローマ時代には、外洋に乗り出すことはまさに命がけであったのである。その命がけの航海を控え、不安を和らげ外洋に漕ぎ出す勇気を得るべく商人たちがすがったのが女神ネハレンニアであった。しかし、危険な賭けとも言える交易は、その反面極めて多くの報酬を彼らにもたらしただろう。まさしく、高リスク・高リターンの投機的な取引であったのである。

こうして、女神の加護を頼みに海を渡った商人たちは、渡航先のブリタニア社会とどのような関係を結んでいたのだろうか。商いを成功させるために現地人と良好な関係を結んでいた、ということは誰しも想像するところであろう。しかし史料を繙いてみると、実は我々の想像以上の深い関係が結ばれていた実態が浮かび上がってくる。

イングランド北部の中核都市ヨークの近郊で発見された墓碑（後に紛失）を取り上げてみよう。この墓碑は、ガリアのビトリゲス＝クビ族（現代のフランス、ブルジュを中心とした地域に居住）に属する人物のものである。それによれば、彼はヨーク市で皇帝礼拝を司る六人委員を務めていたという。この六人委員という役職には、経済活動に従事する解放奴隷が数多く就任していた。出身地も考慮すると、どうやらこの人物、経済活動、なかでも出身地の大陸とブリテン島を行き来する交易商人だった可能性が高い。その上、取引先で顕職六人委員にまでなっているということは、ヨーク社会にある程度溶け込み、現地の同業者、それに支配者たちと親しく、深く交流していたはずである。さらに興味深いことに、彼にはもう一つ、「モリテクス」という謎の肩書きが付されている。この肩書きは、ロンドン南郊サザークで発見された碑文からも知られる。この碑文を奉納した人物は、ベロウァキ族（パリの北西、ボーヴェを中心とした地域に居住）出身で、おそらく彼も大陸とブリタニア間を往来した商人であったとみられる。そして、碑文中で彼は、自身を「ロンドン住民のモリテクス」であると名乗っている。

残念ながら「モリテクス」職の詳細はほとんど分からない。が、一説によると、どうもある街の利益を代弁する役目を担っていたらしい。つまりこの場合、出身地ガリア、あるいはその他の地域で、ヨーク市あるいはロンドン市の便宜を図り、利益を代弁するという、重要な役割を担っていたということになろうか。逆に言えば、そうした要職に選ばれるほど、彼らは、交易先の都市から信任を得ていたということになろう。海を渡り、大陸とブリタニアを行き来して、彼らは、交易にも従事する一方、取引先の共同体にも溶け込もうと、並々ならぬ努力をしていたのかもしれない。

おわりに

ローマ帝国の強さの象徴である広大な版図とそれを守る軍隊。本章で主にとりあげたガリア地方はそのイメージにまさに適合する。どこまでも広がる肥沃な大地とそれを守るライン辺境の兵士たち。豊かで力強いローマ帝国のイメージは現代に生きる我々を魅了して止まない。広大な領土には綺羅星の如く都市が点在し、そこでは首都ローマの元老院に倣った立法・行政機関が自治を行う。そして、市場には帝国各地の物産が並び、人々が集う。確かにガリアは大規模な都市を数えるほどしか持たなかった。しかし、その一方で都市的機能を有する集落は無数に存在し、帝国の末端行政を代行した。この都市、あるいは都市的集落もローマ帝国の力と豊かさを象徴している。しかし、象徴が全てを物語るわけではない。強さ、豊かさの陰にはそれを支える富があり、その富を産み、それを必要とする場に移動させるシステムが欠かせない。その富の移動の重責を担ったのが商人たちであった。確かに、ガリアを含め帝国の住人の大部分を占める庶民は、日常的には地元で生産された安価な商品を消費していたはずである。しかしその一方で、ガリアにおいては、ライン辺境の軍団・補助軍が、地域の枠を超えた大規模かつ恒常的な輜重《しちょう》の補給を必要としていた。また、各地の都市共同体の支配者層が、その権威の証《あかし》として流行の品々を買い求め、自ら商人として財を成した新興富裕層は、その支配者層を模倣すべく、やはり飽くなき購買欲を発揮した。こうして帝国内外の諸地域から多種多様な物産がガリアに流れ込むこととなったが、その流通を担った商人たちこそが、都市、そしてガリア全体の繁栄を下支えしたと言っても過言ではなかろう。彼らは、経済的成功を夢見てガリアを縦横に駆け巡り、時には身の危険を冒し海をも渡った。しかしその陰で、同業者や地元社会とのつながりに気を配り、また難破の恐怖に怯えただひたすら神の加護を祈る、そうしたどこか人間臭い横顔も持っていたのである。

通信技術が飛躍的に発展した現代。その現代社会では、人と人の結びつきも驚異的に拡大したとされる。しかし、今ひとつそのことを実感出来ないという読者諸氏も多いのではなかろうか。それならば、ここは一つ、ガリアの商人たちが行き交った古の道を辿りつつ、彼らに想いを巡らせてみるのはいかがだろうか。有名レストランの店頭を包む妙なる芳香とともに古代の豊かさの残り香もきっと漂って来るに違いない。

〈アクセス〉

リヨン　ガロ＝ローマ博物館、大劇場および音楽堂（Musée gallo-romain de Fourvière, Théâtre et Odéon gallo-romains）／地下鉄D線ヴュー＝リヨン駅（Vieux Lyon）からケーブルカー乗車、フルヴィエール駅（Fourvière）下車、徒歩約五分。

リヨン　コンダテ地区の円形闘技場（Amphithéâtre des Trois Gaules）／地下鉄A線オテル＝ド＝ヴィル駅（Hôtel de Ville）から地下鉄C線乗車、クロワ＝ルス駅（Croix-Rousse）下車。徒歩約五分。

ドンブルフ（Domburg）／ミデルブルフ駅（Middelburg）からバス52番ドンブルフ方面行き乗車、ドンブルフ＝マルクト（市場）停留所（Markt, Domburg）下車。所要三〇分。

コレインスプラート（Colijnsplaat）／フス駅（Goes）からバス１３２番ズィーリクゼー行き（Zierikzee）乗車、ゼーラントブルッフ停留所（Zeelandbrug）下車、バス４３３番（要事前予約）乗車、ハウェラールストラート停留所（Havelaarstraat）下車。所要約二〇分（日曜・祭日は約五〇分）。もしくはフス市中心部から貸自転車で直接コレインスプラートまで。

第九章　南仏ミヨーのラ＝グローフザンク遺跡
――ローマ世界第一の陶工集落

志内一興

はじめに

南フランス、地中海沿いのベジエという町からローカル線に乗り、北上すること約二時間。そこにミヨー（*Millau*）の町はある。日本語のガイドブックでは、この町は全く紹介されていないか、あっても割かれているページはごくわずか。日本人に馴染みある町ではない。

駅自体はいたって簡素で、人口は二万人ほど。フランスのごく普通の地方都市だ。そんなミヨー市も実は歴史上、少なくとも二度、「世界一」の座に君臨したことのある、実に偉大な歴史を持つ町なのである。

最近では二〇〇四年。市の西側に「ミヨー橋*Viaduc de Millau*」が竣工したときのこと。この橋は、町を東西に貫くタルン川の深い峡谷に架かる、巨大かつ優美な橋だ。フランスを南北に縦断する自動車専用道路の一区間として計画され、四年におよぶ難工事の末に完成した。その苦難の過程はドキュメンタリー番組となり、アメリカの有料テレビ放送「ナショナル＝ジオグラフィック＝チャンネル」で、「世界の巨大建造物*Megastructures*」シリーズの一作として紹介されている。橋の全長二四六〇メートル。地面（川面）から橋までの高さ二七〇メートル（最高部）。そして世界一とされるのが主塔の高さで、地面から頂点まで三四三メートル。つまり橋は、東京タワー（三三三メートル）より高い主塔によって支えられているのだ。現時点（二〇一二年）で、ミヨー市は世界一大きく、またおそらく世界一優美な橋を持つ町だ。

もう一方はずっと古く、今から約二〇〇〇年前。古代ローマ世界での世界一だ。当時町はローマ帝国の一都市で「コンダトマグス（*Condatomagus*）」と呼ばれていた。町を形成したのは、ガリア（ケルト）人の一部族「ルテニ族」。コンダトマグスというミヨー市の古名は、どうやらガリア人の言葉で、「川の合流地点（*condatos*）」の「市（*magos*）」という意味らしい。

ミヨー橋全景

この古名が意味する通り、今でも町の東には、ドゥルビ川がタルン川へと流れ込む合流点がある。そしてタルン川は町を西へと貫いて流れ、フランス南部をさらに西へ。途中でスペインとの国境、ピレネー山脈に源流を持つガロンヌ川に合流。それからボルドーを通過して、ついには大西洋へと流れ出る。はるか彼方とつながる川の集うこの地へと、多くの人びとが集い、集落が形成されたのだろう。かつては川の流れが、この地で人びとを東西につなげていた。そして今ではこの地の橋が、車と人の流れを南北につなげている。

さてミヨー市のいにしえの世界一と関わる遺跡が、この川の合流地点付近にある。かつてこの地には、各地から陶器製造をなりわいとする職人たちが集い、大

ラ＝グローフザンク遺跡の全景　筆者撮影

きな陶工街が形成されていた。ここで製造される陶器は、ローマ帝国の西部地域を中心に各地へと輸出され、紀元後一世紀半ばから二世紀初頭にかけて市場を席巻する。当時のミヨー市（コンダトマグス）は、ローマ世界で第一の、陶器製造センターであったのだ。

そして現在、ミヨー市の「ラ＝グローフザンク（*La Graufesenque*）遺跡」と呼ばれている場所が、まさにそうした陶工たちが暮らし、製陶にいそしんでいた場所の中心の遺跡だ。

ラ＝グローフザンクの成り立ちと発展

二〇〇〇年前のミヨー市（コンダトマグス）に暮らしたガリア人部族「ルテニ族」についての証言が、ユリウス・カエサルによる『ガリア戦記』の中に登場する（第一巻四五章）。

ガリア人の中でアルウェルニ族とルテニ族は、ローマの将軍マクシムスに戦争で征服されたが、ローマ国民は彼らを大目に見て、属州の形態をとらせず、税を課さなかった。（國原吉

之助訳）

この記述によるとルテニ族は紀元前一二一年、その年のローマの執政官《コンスル》クィントゥス＝ファビウス＝マクシムスと戦火を交えて敗れた。ローマはこのとき、ガリア地方南部の地中海沿岸地域を「属州」とし、直接支配へと乗り出していく。ただしルテニ族以北の部族はその体制に組み入れられることはなく（おそらくローマへの忠誠を誓わされた上で）、以前の状態のままでの居住が許されたのだという。しかし紀元前五八年から紀元前五〇年、ついにユリウス＝カエサルの全ガリア征服戦争が遂行される。このとき、最終的にルテニ族はガリア人勢力にくみし、カエサル率いるローマ軍と戦い、そして敗れた。カエサルのガリアでの戦いについて、紀元後二世紀のギリシア人著述家プルタルコスはこう説明している。

三百万人の敵を相手どって堂々の陣を張り、そのうち百万人を白兵戦で殺戮し、なお別に同じ数の人を捕虜とした。（長谷川博隆訳『カエサル伝』一五章）

ここに挙がる、カエサルが殺害したり捕虜にしたガリア人の数、それぞれ一〇〇万人は全くの概数で、どれほど実態を反映しているのかは疑わしい。それにしても、これほどの数字とともに伝えられるカエサルのガリア征服戦争は、歴史的な偉業なのか、それとも甚だしい蛮行であったのか。いずれにせよこの戦争の結果、ガリアの地全体はローマ帝国の属州として編成される。このときルテニ族も、ローマの直接支配下に置かれることとなった。

ルテニ族はこのローマとの戦いで、おそらく数多くの構成員を失ったことだろう。その後彼らの社会を見舞った変動がどのようなものだったのか、詳しくは分からない。それでも彼らの土地には、大きな利点があった。その居住地の近郊、特にラ＝グローフザンク遺跡の付近には、光沢ある陶器製造に最適なケイ酸塩鉱物を多く含む粘土層が分厚く堆積し、川の上流域には樹脂分を多く含む松林が広がっていた。そしてもちろん、輸送・運搬を容易とし、豊富な水を供給する川も。粘土、燃料、そして水。考古学的調査からはまだ十分に明らかとなってはいないが、この地にはすでにある程度、これら利点を活用する製陶の伝統が育まれていた可能性が高い。前五〇年代のカエサルによる征服から約半世紀が経過する頃には、この町も落ち着きを取り戻していたであろう。紀元前から紀元後への変わり目の時期、陶器製造者たちがこうした利点に目を付け、この町へと続々と移動して来る。当時の陶器製造の中心は、イタリア半島北部の町アレッツォ（古名アレティウム）。このとき移住者たちは、アレッツォを中心として製造されていた、酸素豊富な状態で光沢ある赤色に焼き上げる焼き物、「アレッツォ焼き」の技法を、ガリアのルテニ族の地、コンダトマグスへともたらしたのだ。

この「アレッツォ焼き」の技法が生み出され、発展したのは、もともとは紀元前三世紀から紀元前一世紀にかけて、東地中海のギリシア人世界においてであった。その中でも特に、エーゲ海東端の島、サモス島での製陶が名高く、古代の文献中で、同種の焼き物は「サモス焼き」とも呼ばれている。紀元後一世紀ローマの著述家、大プリニウスはこう伝えている（『博物誌』第三五巻六〇節)。

食器に関しては、サモス焼きが今もなお称賛されていて、イタリアではこの評判をアレティウム（現アレッツォ）が保持している。

「アレッツォ焼き」も「サモス焼き」も、日本語の「瀬戸物」と意味合いで似通っていて、ここで大プリニウスの伝えるように、古代地中海世界で用いられた食器の代名詞となっていた。ただし現代の研究者たちは、生産地でなく技法に応じて分類するために、「装飾（*sigilla*）の施された粘土（*terra*）の焼成により製作された陶器」という意味で造語、この種の陶器を「テラ＝シギラタ*terra sigillata*」と総称することにしている。

アレッツォ焼き　ミヨー市博物館蔵

こうしてラ＝グローフザンク遺跡の周辺には陶工集落が形成され、紀元後二〇年頃からアレッツォ焼き（テラ＝シギラタ）の製造が本格化していく。この地の恵まれた環境と、各地から集う優秀な職人たち。これらの要素に支えられたラ＝グローフザンクの製陶は、一世紀半ばに最盛期を迎え、盛況はそれから半世紀にわたって続く。ローマの直

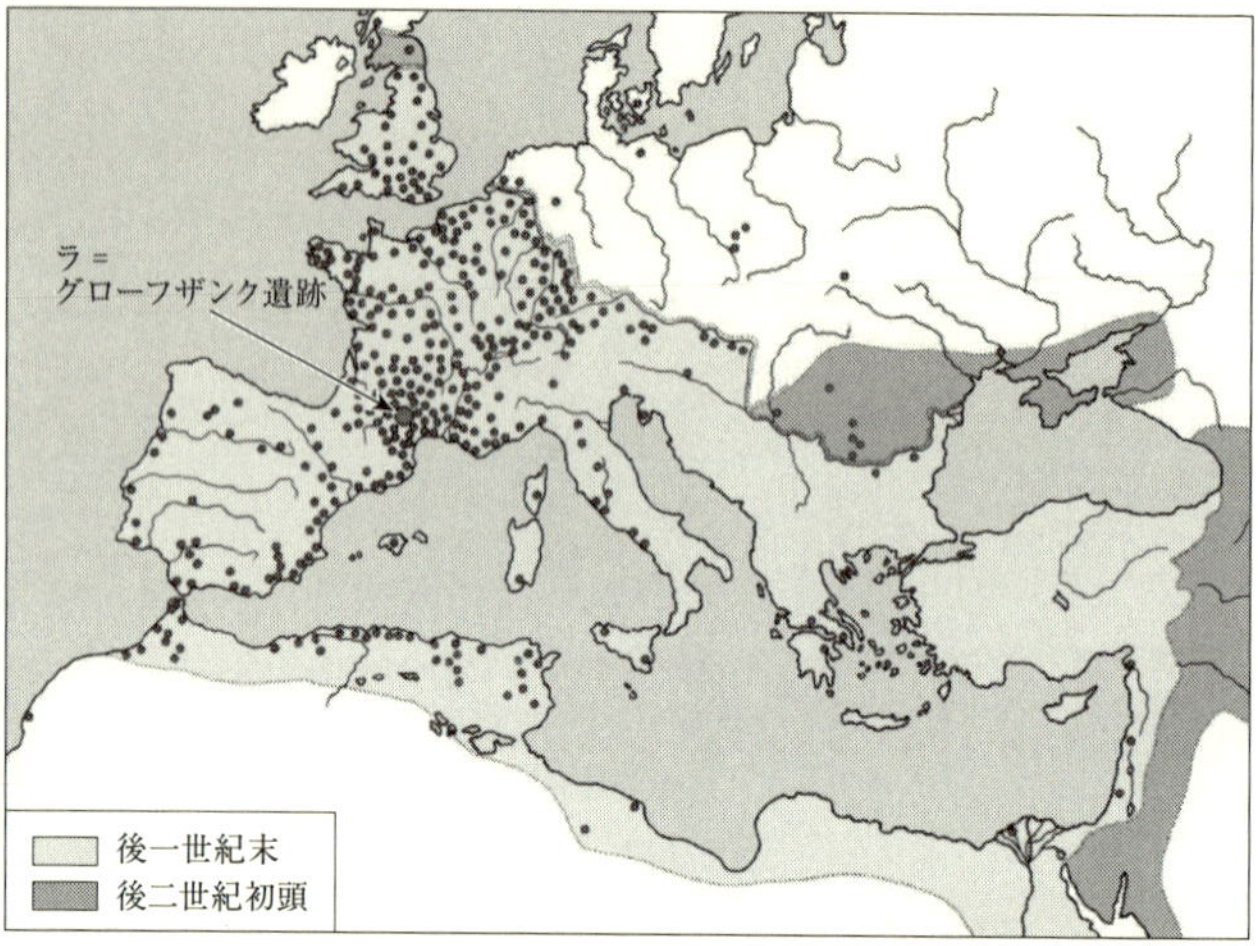

ラ＝グローフザンクで製造された陶器の普及

接支配下に入ってから約一〇〇年。ガリア人ルテニ族の住んだラ＝グローフザンクの地は、ローマ帝国西部を中心に、帝国各地にテラ＝シギラタを供給する、ローマ世界第一の陶器製造センターとなっていった。

ラ＝グローフザンクにおける製陶産業

町を東西に貫くタルン川。その北岸に広がるミヨー市の中心街を抜け、川を南岸へと渡る。遥か西の郊外にそびえる、世界一の「ミヨー橋」の優美な姿を背後に感じながら、しばしタルン川沿いの土手道を東へと歩く。すると「ラ＝グローフザンク通り」の標識が目に入る。そこから約一〇分ほど、軽い上りの続くラ＝グローフザンク通りを歩くと、目指す「ラ＝グローフザンク遺跡」が見えてくる。人も車もほとんど通らない、林とのどかな田園が広がる、時間の止まったような風景の中に溶け込んで存在する遺跡。その様子からは、二〇〇〇年前、ローマ世界一の座にあったこの地の活況を想像するのは難しい。

七〇メートル四方ほどの遺跡が公開されているだけで、入り口のこぢんまりした事務所と、その建物内の展示物がなければ、ここがどのような遺跡なのか想像することも難しい。ただ往時を偲ばせるものと言えば、遺跡の至る所に無造作に転がり、時にうずたかく積み上げられている、赤いテラ＝シギラタの無数の破片。そして遺跡の中でひときわ存在感が際だつのが、この地の製陶業を支えた「大窯」の跡だ。

かつてこの地に数多くあった窯のうち、遺構として唯一残るこの「大窯」が建造されたのは、紀元八〇年頃。そこから約四〇年にもわたり「大窯」はラ＝グローフザンク製陶業の一翼を担って活躍した。いま残されているのは高さ二メートルほどの外壁、および燃料を置いて火をくべるための下部構造のみ。だが稼働していた当時には、高さ七メートルを誇り、内部には縦横高さ各四メートル（六四立方メートル）の空間が用意されていた。その内部空間は、仕切り棚によって八段か九段に仕切られ、そこに焼き上がりを待つ陶器が所狭しと、多くが下向きに積み重ねられて並べられた。そして密閉された後に火入れされ、一〇〇〇度強での焼き上げが三日から五日。さらに同じ

ラ＝グローフザンク遺跡の「大窯」　再現図

くらいの時間を費やして冷やされ、ついに陶器が焼き上がる。

ラ＝グローフザンク遺跡で発掘された、陶器などの遺物はほとんど、いまは発掘現場から移され、「ミヨー市博物館」に収蔵されている。ミヨー市の中心街に位置するミヨー市博物館を訪れ、中に入ると奥に階段がある。その階段を降りた地下一階。薄暗く照らされた部屋のガラスケースの中に、無数の赤く輝くアレッツォ焼き（テラ＝シギラタ）が並べられている。様々な形、口径、そして様々な装飾の施された二〇〇〇年前の食器の数々が、光を淡く反射して美しい輝きを放つ。けれどもその中で特に目立つのが、展示されている無残な失敗作の数々。欠けたり変形したり、窯内部の温度が理想的な状態に保たれずうまく焼き上がらなかったり、思うような輝きを出せなかったり、あるいは下向きに積み重ねられて窯に入れられたのが、焼かれている間にくっついてしまったり、バランスを崩して倒れてしまったり……。不良品が生み出される理由には事欠かなかったようだ。出荷されずにラ＝グローフザンク遺跡に残されていたのだから、ここに収蔵されている遺物の大半は、何らかの理由で商品とならなかった「訳あり品」なのだろう。また遺跡に転がる無数の破片も、やはり失敗作として放棄された陶器のなれの果てだ。どうやら、火入れされて同じ窯で一緒に焼かれた陶器のうちで、一割から三割程度が、不良品として廃棄されるという悲運をたどったようだ。

　ではここで、ラ＝グローフザンク製陶産業の実力を見てみよう。窯に火入れすることができたのは、天候に恵まれる四月から九月までの六ヵ月間。ひと月に多くとも二回、一年で計一二回の火入れが可能で、通常は一年に一〇回、窯に火が入れられていたようだ。一回の火入れごとに、窯の中では二万五〇〇〇点ほどの陶器がいっぺんに焼き上げられた。ひとまず不良品率を度外視し、窯がフル稼働（一年一二回の火入れ）していたと仮定すると、一つの窯から生み出される陶器は年間約三〇万点。実は「大窯」のような窯が、ラ＝グローフザンク遺跡近辺にいくつあったのか、正確には分かっていないものの、職人の人数などから推測し、全部で五〇基程度と考えられる。それぞれがおおむね同レベルの焼成能力を持っていたとすると、この地には年間一五〇〇万点もの陶器を焼き上げる生産力があったことになる。そして約半世紀にわたって続いた活況。この期間中に何億点もの陶器が、ラ＝グローフザンクからローマ帝国の各地に向けて出荷されていったのだ。

それにしても、どうしてこうした数字を挙げることができるのかとお思いだろうか。理由は、ミヨー市博物館にも数多く収蔵され、公開されている、この地で発見された風変わりな資料の存在にある。次にその資料を紹介しよう。

「ラ＝グローフザンクの陶工文書」

ラ＝グローフザンク遺跡での発掘調査が本格化したのは、一九世紀の末から。とにかく調査開始当初より目についたのは、今でも遺跡のあちこちに散らばる、数百万点ものテラ＝シギラタの破片。これらは前述のように不良品として、商品にはならないと判断されて廃棄されたものだ。

さてこうした破片に混じり、赤く輝く内側面に草書体のラテン文字（ローマ字）が刻まれている

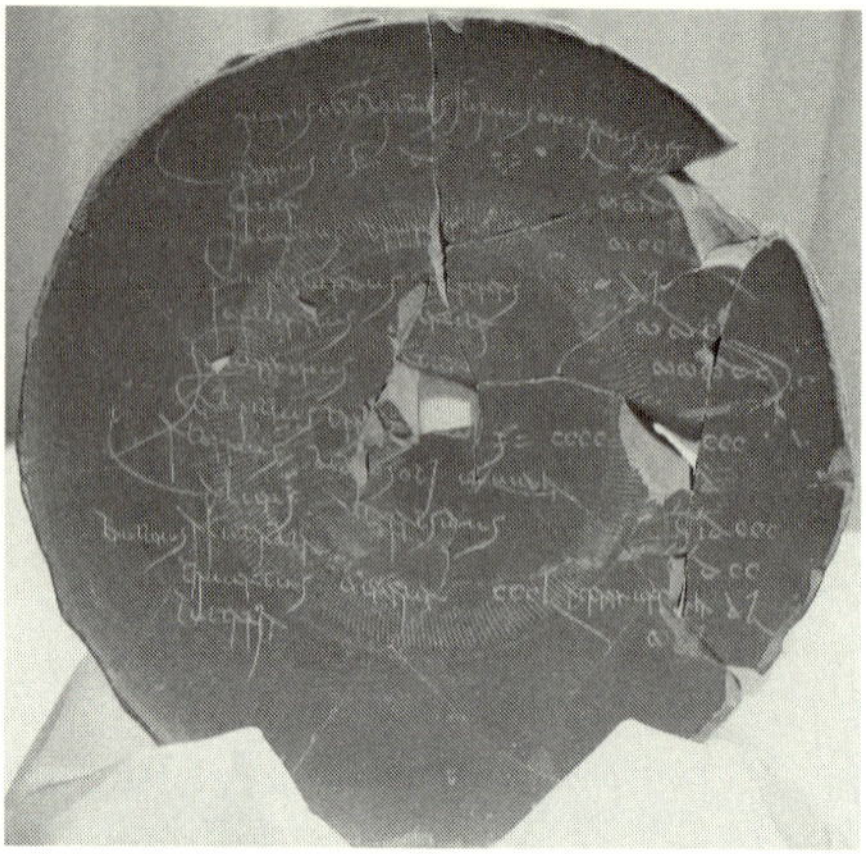

「ラ＝グローフザンクの陶工文書」
ミヨー市博物館蔵

事例の多数あることが、発掘調査の過程で早くから報告されていた。まずは一九二三年、ラ＝グローフザンクでの文字の読み取れる破片の事例がまとめて公表されたが、その後も調査を重ねるたびに新たな発見が相次いでいった。増加していく発見事例から、文字は破片に場当たり的に記された落書きではなく、それぞれがもともと一枚の平皿に記されていた、一篇の文書の一部分であることが分かってきた。後にそうした文書を含む大量の平皿は割れ、ばらばらとなっていたのだ。そしてフランス人研究者ロベール＝マリシャルが一九八八年、その時点までに発見されていた事例を、関係ある破片をつなぎ合わせることで、計二一三点の文書群にまとめあげて公刊した（Robert Marichal〈1988〉, *Les graffites de La Graufesenque*, Paris）。こうしてついに、「ラ＝グローフザンクの陶工文書」の全貌が知られるところとなったのだ。

ではこの「ラ＝グローフザンクの陶工文書」には、何が書かれていたのだろうか。最も保存状態の良い事例（Marichal〈1988〉, no.12）の文面（筆者による補いを含む）はこうだ。

六番目の明細。

ポロスがカナストリ・タイプの三分の二フィート・サイズを三〇〇点。
カストスがカナストリ・タイプの三分の一フィート・サイズを二〇〇点。
同人がブロキ・タイプを三〇点、ウィナリ・タイプを五〇〇点。
アルバノスがパンナス・タイプの三分の二フィート・サイズを一〇〇〇点。
マスエトスがパンナス・タイプの三分の二フィート・サイズを五五〇点。
セクンドスが同じくパンナス・タイプの三分の二フィート・サイズを一五〇〇点。
マリオが同じくパンナス・タイプの三分の一フィート・サイズを二〇〇〇点。
トリトスとデプロサギヨスとフェリックスがカティリ・タイプを四五〇〇点。
コトゥトスがカティリ・タイプを二二五〇点。
ケルエサがカティリ・タイプを七〇〇点。
プリウァトスがパラクシディ・タイプを三八五〇点。
ウィンドゥルスがパラクシディ・タイプを一九五〇点。
ウィンドゥルスとコソユスがパラクシディ・タイプを一六五〇点。
マスエトスがアキタブリ・タイプを八〇〇〇点。

「ラ＝グローフザンクの陶工文書」は、みな非常に類型的。大半はここに引いた文書とほぼ同じ形式で、ほぼ同じ要素がラテン文字を用いて記載されている。

まずは冒頭の「〜番目の明細」という文言。これはほとんどの文書冒頭に必ず登場する表現だ。文書群全体を通じて、ここに入る数字の最大数は一〇。またこの番号表示の前後に、ラ＝グローフザンクの陶工コミュニティに設置されていた役人または祭司（カシダノス、またはフラメンと呼ばれる）の名前が記されることもある。この役人あるいは祭司は一年任期で、その名前を挙げればいつのことなのかが分かる、「紀年」の役割を果たした表現だったと考えられる（「〜が役人であった年に」）。するとどうやらこの番号表示は、とある一年の内での、窯への何回目の火入れ時なのかを表示しているようだ。前述のように、気候や作業量などを勘案すると、窯には一年一二回の火入れが可能と予想されるが、どうも実際には、年に一〇回程度が標準的な火入れ回数だったらしい。

続いて次の四要素が、実際の文面では記号の助けも借りながら、それぞれ一行に箇条書きにして記され、次々と連なっていく。

（一）個人名。

（二）陶器のタイプ・形状を示す名称。文書群全体では、全部で六〇種類ほどの陶器タイプが確認できる。

（三）サイズ表示。全部で五種類のサイズが、記号を用いて表示されている。中でも一ローマ・フィート（約二九・六センチ）、三分の二フィート（約一九・七センチ）、および三分の一フィート（約九・八センチ）という三種の単位が頻繁に現れる。

（四）ローマ数字で示される数。

もうお分かりだろう。つまりこの「ラ＝グローフザンクの陶工文書」とは、いつの年に、その年の何回目の窯への火入れ時に、どの陶工が、どのような形状の、どのサイズの陶器を、何点製作して窯に入れたのか、こうした情報を明示するために作成された明細書なのだ。またこれら文字の記されたテラ＝シギラタの平皿を見れば、文字は焼き上がった後に書き付けられたのではなく、焼成前の陶器に前もって刻み込まれていたことが見て取れる。その後で当の陶器と一緒に、同じ窯で焼き上げられた。さて引用文に記されている数字を足せば、その総数は二万五八三〇。文書群全体を見ても、各明細書に表示されている数の合計は二万五〇〇〇〜三万。おおむねこの数が、窯への一回の火入れで焼成される陶器の数と考えられる。こうして、私たちは先ほど挙げた生産力推計の数字を知ることができるのだ。

文中に現れている陶工たちの多くは、窯を自前で所有する大きな工房に属して賃金をもらう職人集団ではなく、おそらく独立した職人として、自分の腕を頼りに外からラ＝グローフザンクに移動してきた人々であったに違いない。この地で彼らは、窯の管理者と個人的に契約を結び、窯への火入れコスト、利益、さらには失敗のリスクを皆で共有する必要があったのだ。職人たちがこの契約の結果どれほどの報酬を手にすることができたのかは、残念ながら分からない。いずれにせよ「陶工文書」は、こうした契約状況を明確にするために作成され、窯で焼き上げることで、契約を「焼き固める」機能を果たしていたわけだ。

またこの文書に登場する陶工の名前からは、彼らの出自についての手がかりを手に入れることができる。「デプロサギヨス」「コトゥトス」「ケルエサ」「コソユス」。これらは当地の土着言語「ガリア（ケルト）語」の名前だ。こうした名を持つ彼らは、おそらく地元出身のガリア人陶工たちだ。またそこに混じる「マスエトス（マンスエトゥス）」「マリオ（マリウス）」「フェリックス」「プリウァトス（プリウァトゥス）」といった名前。これらは明らかにローマ人の言語「ラテン語」の名前だ。彼らはイタリア半島から移動してきたイタリア（ローマ）出身者か、あるいはイタリア半島と出自の点で何らかの関係を持つ人々であろう。「ポロス」は子馬を意味するギリシア語だから、ギリシア系の陶工だろうか。

気になるのが「セクンドス（セクンドゥス）」という名前。この語はラテン語で「二番目」を意味する。あえて日本語に訳すなら「二郎」さん。ローマ人としては、ごくありふれた名前だ。でももしかしたら彼は、ガリア語で「二番目（「アロス」）」という名前を持つガリア人だった可能性がある。ラ＝グローフザンクの陶工たちの名前を検討すると、ガリアの人々が自分の名前の意味を、ラテン語訳して自分の名前としていたことを推測させる事例がいくつも見つかる。その推測をここにも適用すれば、彼はここラ＝グローフザンクで、自分の名前の意味をラテン語に訳し、「セクンドゥス」と名乗っていたことになる。こうした行動を促したのは利便性や慣習だろうか。もしかしたらその背後には、ローマ（イタリア）文化への憧れのような感情が潜んでいたのかもしれない。

おわりに　ラ＝グローフザンクに集う人々

二〇〇〇年前のミヨー市（コンダトマグス）。その地にあるラ＝グローフザンク遺跡にかつて暮らした陶工たちの集落には、地元のガリア人陶工やイタリアからやって来た陶工、ギリシア人陶工など、様々な出自の人々が集い、共同作業を行っていた。そこにはローマの言語であるラテン語や、まだ普通に用いられていたガリア語、その他、いろいろな地域からの商人たちが話す各種言語の飛び交う、多文化・多言語の混沌が存在していた。この混沌こそがおそらく、この地を「世界一」の陶器製造地へと押し上げた活力の、源泉の一つだったに違いない。

ここで作られていたのは、イタリアのアレッツォの町から導入された、ギリシア由来の技法を用いるテラ＝シギラタ。ギリシア・ローマ文化を象徴する品の一つだ。その赤い輝きは、新たにローマ帝国の領土に編入された人々の目に眩しく映っていたことだろう。ではガリアで製造された陶器と、イタリアやギリシアで作られた陶器とは区別されていたのだろうか。この点についての確証はないが、当時の人々の目にその違いは明らかだったかもしれない。先に掲げた、ラ＝グローフザンク産陶器の普及状況を示す地図を見ると、その分布が主にガリア、ゲルマニア（ドイツ西北部）、そしてブリタニアなど、ローマ帝国に遅い時代に編入された地方に偏っていることに気付かされるからだ。

すると、このような図式が浮かび上がる。ローマに征服され、ローマ帝国に新たに組み入れられた地方で、その地方の住民を含む職人たちの手で作られた地中海ローマ文明の利器テラ＝シギラタが、さらに遠方の新たな征服地へと輸出される。かの地では新たに、ローマへの好奇心、あるいはある種の憧れのような感情が喚起される。こうしてローマ文明は、帝国への新たな参加者によって言わば次々と消費され、また彼ら自らの手で再生産されながら遠くへ、さらに遠くへと拡大し、人々の心の中に「ローマ」を内面化させていく。その拡大のスピードは、軍事的征服のスピードよりもずっと遅いものであったが、それに伴う変化ははるかに本質的だった。とらえられたのは、人々の心だったのだから。

紀元後一世紀後半にローマ世界一を誇ったラ＝グローフザンクの製陶業は、二世紀に入る頃には下火へと向かう。製陶の中心はガリアの北部、さらにはゲルマニアなど、ローマ帝国のさらなる周縁地域へと移動していく。ローマ文明の利器を強く欲する人々の住む土地は、この地からはもうはるか彼方となっていたのだろう。それでもこの地の製陶業は地元向けに細々と続いたようだが、三世紀の終わり頃にいつしか、ラ＝グローフザンクの窯の火は消える。こうして、陶器製造センターとしてのこの地の歴史に幕が下りる。

いまのミヨー市は、「ミヨー橋」の完成によって逆に車がこの町を素通りするようになり、すっかり落ち着いた空気に包まれている。南へとバカンスに向かう車が町中にあふれることもなくなった。それでも町のあるアヴェロン県一帯は、極上のブルーチーズ（ロックフォールチーズ）の産地として知られており、世界中にはたくさんの愛好者がいる（ただし筆者はチーズが苦手で、少々苦労させられたが）。この落ち着いた町を訪れ、世界一の優美なミヨー橋を眺め、また二〇〇〇年前のローマ世界一の製陶業を支えた、この地の陶工街の喧噪や、盛んに火を吹き上げていた窯の様子に思いを馳せながら、チーズに舌鼓を打ってみるのはいかがだろうか。

〈アクセス〉

ミヨー市ラ＝グローフザンク遺跡（La Graufesenque, Millau）／フランス国鉄（ＳＮＣＦ）マルセイユ＝サン＝シャルル駅（Marseille Saint-Charles）からベジエ駅（Béziers）へ、約一時間四〇分。そこで乗り換えてミヨー駅へ、約二時間。またはマルセイユからモンペリエ＝サン＝ロック駅（Montpellier-Saint-Roch）へ、直通で約一時間五〇分。そこからバスでミヨー駅前バスターミナルへ、約一時間四〇分。駅から遺跡までは、徒歩で三〇分ほど。

第一〇章　アンダルシア遺跡紀行——地中海の息吹と都市文明の恩恵

本村凌二

はじめに

スペインの初秋、マドリッドから高速列車AVEに乗ってアンダルシアの州都セビリャに向かう。最初は薄茶けてくすんだ景色が連なるだけだったが、南下するにつれて緑に映える情景が車窓に拡がってくる。やはりイベリア半島の南部はそれなりに豊かな土地なのだ、とひしひしと感じる。フェニキア人が目をつけ、やがてローマ人が腰をすえて切り開いただけのことはある、と妙に納得するのだった。

そもそもイベリア半島はローマ人にはヒスパニアとよばれ、海外における最古の属州である。前二世紀初頭から二〇〇年にわたって覇権を築いてきたが、前一世紀の共和政末期の内乱は旧来の統治組織を揺り動かし、属州の再編を避けがたいものにしていた。

アウグストゥス帝（在位　前二七〜後一四年）は北部山岳のケルト系部族を平定しながら、半島全域を三つの属州に分割した。東北部のタラコネンシス、西部のルシタニア、南部のバエティカとして再編されている。前の二州は部族民の抵抗がつづき物情騒然としていたので、未だ軍事力を必要としていた。そこは皇帝の派遣する総督がおさめる皇帝直轄属州であった。これに比べて、南部地域のバエティカは平穏であり、元老院議員のなかから選出される知事がおさめる元老院管轄属州であった。

古代の属州バエティカは現在のアンダルシア地方とほぼ重なっており、早くから地中海の息吹と都市文明の恩恵にあずかっていた。本章ではこのアンダルシア地方の遺跡をとりあげ、それにルシタニアの州都メリダの遺跡を巡った旅の足跡が記されている。

セビリャ

セビリャ市街を貫いてガアダルキビル川が流れる。現在の街は中心部にスペイン最大規模を誇る大聖堂がどっしりと聳え立ち、七〇万人の住民が暮らす。古代名はヒスパリスとよばれ、かなり栄えた都市だった。そのわりにはセビリャ市内には古代の遺跡はほとんど残っていない。というよりも、そのまま住民の集落がつづいてきたので、市街地の地下には遺跡が折り重なる夢のように眠っているのだろう。

ところが、セビリャから北西に向かって一〇キロ（バスで二〇分）ほど行ってみよう。そこにはイタリカとよばれる古代都市があり、その遺跡が残っている。イタリカは丘上にあるので、そこからもガアダルキビル川を見下ろすことができる。

この古代遺跡で出土した遺物の多くは、セビリャの考古学博物館に展示されている。先に遺跡に行くか、それとも博物館で出土品を見るか、迷うところだが、まずはセビリャ市内の観光もかねて、考古学博物館を訪ねてみよう。

この博物館の一室には、とくに目を引く石板がちりばめられている。それらの石板には原寸大の足跡が刻印されている。型通りともいえるが、妙に現実に迫るものがあり、異様な感じがす

足跡を刻んだ請願銘板　セビリャ考古学博物館蔵

る。これらのほとんどがある女神をほのめかすという。古代には大文字しかなかったので、DOMINA REGIA、DOMINA QVRANIA、CAELESTIS PIA、NEMESISなどの神名が刻まれているが、同一の女神を指すらしい。

その女神といえば、ローマ人には、戦士の保護神にして、豊穣なる多産の守護神でもあり、世界の女将でもあり、それらを兼ねた気まぐれな女神ユノーであった。エトルリア人には女神ウニであり、カルタゴ人にとって女神タニトであり、フェニキア人には女神アシュタルテであり、バビロニア人には女神イシュタルであり、エジプト人には女神ハトホルであった。

この女神に奉納された石板にはしばしばV・S（Votum Soluit「誓いを果たした」）という文字が記されている。そこから請願のための碑であったことが知られる。これらの足跡はおそらく女神のものであり、請願者は女神の足元にキスをして祈願するという様式であったのだろう。

そもそもローマ人は外来の神々に敵対することなどしない。征服した領土の神々を受け入れ、守護神としてローマに来住してもらうことさえあるほどだ。そういう土壌があれば、神々は対立するよりも、互いに重なって溶け合うことになる。さまざまな名前でよばれるにしろ、心やさしい母のごとき女神こそが祈願に応じてくれそうだった。そこには多神教世界に生きた人々がまだ息づいているかのようである。

イタリカ

セビリャ近郊にあるイタリカの歴史は、前三世紀末にさかのぼる。のちに救国の英雄とよばれた大スキピオはカルタゴ軍との戦いのなかで負傷兵たちを収容したが、その軍事拠点に由来する。そこはガアダルキビル川の川岸にある小高い丘陵であり、地の利に恵まれていたようだ。その後もローマ人が入植し、住民も増加して、属州行政にあっても重要な都市になった。

この都市の名が高まったのは、ほかならない五賢帝のひとりトラヤヌス帝（在位　九八～一一七年）の生誕地であったからだ。なにしろイタリアを遠く離れた属州から初めて皇帝が出現したのだ。彼を継ぐハドリアヌス帝（在位　一一七～一三八年）も、その父がイタリカ出身であり、少年ハドリアヌスも一時ここに滞在したこともあるらしい。

ハドリアヌス帝の治世は二〇年におよぶ。だが、その半分は属州の視察旅行に費やされたという。おそらく一二三年にはイベリア半島南部を訪れている。それにもかかわらず、古代の史書には「彼は故地を訪れなかったが、そこには大きな名誉と贈り物を与えた」としか記述されていない。なぜ少年時代に滞在したことがあり、父親の故郷でもあるイタリカに足を運ばなかったのだろうか。なにか釈然としないものが残る。

ローマ時代のイベリア半島

ローマ都市ならいずれも同じように、イタリカも周りを城壁で囲まれていた。城壁内の広さはおよそ五二ヘクタールほどあったらしい。東西と南北に街路が走り、整然と碁盤目状をなす。街路のなかには道幅もあり柱廊（portico）も備わる大通りもある。

古代都市にあって、神殿はことさら重要な意味をもっていた。確実な考古学上の痕跡がないので、不明な部分も少なくない。だが、アポロ神殿があったとおぼしき場所、あるいは神々の彫像が残っていた地点ならある。また、城壁外に出てみれば、円形闘技場には報復の女神ネメシスへの奉納がみられ、劇場の柱廊にはエジプト伝来の慈愛の女神イシスを奉る礼拝堂が残っている。

それらの神殿の痕跡のなかでも、ひときわ目立つのがトラヤヌス神殿（Traianeum）である。街の中心部の高い地区にあり、その神殿を囲む広々とした空間は宗教行事のみならず公共生活にあっても核となる役割をもっていた。残念ながら、今日残るのは跡地だけであるが、それでも巨大な四角形の区域を見ることができる。縦八六メートル、横五六メートルの跡地は高い周壁で囲まれていたらしい。

公共施設としては、円形闘技場と劇場が注目される。まず城壁によりそって円形闘技場が迫ってくる。木造の仮設スタンドを合わせれば最大限で三万人以上を収容したらしいが、石造の常設スタンドは二万五〇〇〇人規模のものだった。イベリア半島では最大規模であり、もちろん帝国内にあっても大規模な部類になる。舞台は楕円形のアリーナ。それを三層の観客席で取り囲み、観客席の下には回廊状の通路が走っている。アリーナの下には地下施設があり、興行に使う動物や道具が収められていた。もちろん観客がなによりも待ち望む見世物は剣闘士同士が戦う流血の殺人競技であった。

劇場も古代都市の城壁外にあり、現在の市街地のなかにうずくまっている。半円形の観客席をもつ伝来の型の劇場であり、三〇〇〇人を収容できる規模だった。中心部もまたオーケストラとよばれる半円形の平場になっており、正面には舞台が設けられていた。舞台の背景には柱廊で囲まれた広場があり、そこでは演劇の合間に観客がスナック店でくつろぐのだった。

再び城壁内に戻ると、二つの公衆浴場が目に入る。今のところ、大浴場と小浴場とよばれている。ローマ人にとって公衆浴場は清潔で健康でいるためだけでなかった。そこは社交や憩いの空間としても大切な場所だった。談笑にいそしみながら情報を交換する人々がおり、それとともに、読書する人々、散歩する人々、運動する人々でも賑わっていた。それぞれに合わせて、図書室も遊歩道も運動場もそなわっていた。もちろん浴場であるから、熱湯風呂、温湯風呂、冷水風

「鳥の家」のモザイク画床面　1世紀。イタリカ

呂が設けられていた。

イタリカの遺跡でことさら人目をひくのが個人の住宅である。とくに富裕階層が暮らしていた邸宅には目を瞠らせるものがある。家らしい形状の遺構そのものが残存するわけではないが、土台の部分ならはっきりと残っている。そこから玄関に近い応接間や居間に取り囲まれた中庭の跡をしのぶことができる。これらの部屋の床面には美しいモザイク画が施されており、図像のモチーフにちなんで邸宅名がつけられている。三〇羽以上の鳥を描いたモザイク画のある「鳥の家」、惑星それぞれを示す七つの神々を描いた「惑星の家」、海洋神ネプチューンと漁獲の情景を描いた「ネプチューンの家」など、鮮明であるせいか離れがたくなるほど興味はつきない。

コルドバ

セビリャから東北へ高速列車ＡＶＥで四〇分ほどでコルドバに着く。今では住民三〇万人ほどの中規模の都市といえる。ここはローマ時代の属州バエティカの州都であった。ネロ帝の補佐役を務めたことのある哲学者セネカの出身地としても名高い。

今日ではコルドバの象徴の感があるのがメスキータである。八世紀末にイスラム教徒によって創建された大モスクであったが、一三世紀半ばにキリスト教徒がコルドバを奪回し、そこは教会堂《カテドラル》となった。交互に組み合わさるアーチと円柱のおりなす森が広がり、幻想的な陰影の光景のなかで目がくらみそうになる。だが、これは中世の遺産であり、そこから古代は一〇〇〇年ほどさかのぼらなければならない。

コルドバも古代都市の上にそのままその後の集落が重なって建てられている。そのために露出した遺跡はわずかしかない。それでも、城壁の一部が街の所々で掘り出されている。今日のテンディジャス広場の近くでは、公共集会場（basilica）と都市参事会議場（curia）が隣接する広場（forum）の断片らしきものがある。というのも、現今の建物の土台として豪華な大理石の階段が見出されるのだ。この近くには公衆浴場（thermae）もあったらしい。

また、考古学博物館の一階には先史時代からローマ時代にいたる彫像、石棺、鋳貨などが収蔵されている。さらに、この地下は古代都市の劇場跡になっているが、この劇場は一世紀に建造され、四世紀には使われなくなったらしい。

外に出ると、はっきりと姿を現す遺跡がある。まず、市庁舎の近くにある神殿を訪ねると、その建物の柱が林立しているのがわかる。とくに柱廊が三重になっているのが目をひく。いかなる神に奉献された神殿であるかは不明だという。この近くには城門があり、東に向かうアウグスタ街道の出入り口にあたる場所であったらしい。

南に向かう街道の城門を出ると、それとわかるローマ橋が目に入ってくる。ガアダルキビル川に架かる橋は全長三〇〇メートルもあり、そこにある支柱のうち一五本はローマ時代の石材であることが確認できるという。車は入れないので、ゆったり歩いて楽しむことができる。さらに遠くからながめれば、古代の風情を肌で感じることにもなるだろう。

ローマ橋とガアダルキビル川　コルドバ。筆者撮影

カディス

セビリャから列車で南へ二時間ほど行くとカディスに着く。距離のわりに時間がかかるのは、どうやら列車が遅いせいである。ジブラルタル海峡より西に来ているので、大西洋に突き出た半島の感があ る。このためか、港にはタイタニック級の大型旅客船が停泊していて、度肝をぬく。

この都市は古代にはガデス（Gades）とよばれた。文献伝承では、フェニキア人が前一一世紀に創設したという。だが、考古学の遺構から見れば、せいぜい前八世紀にさかのぼれるにすぎない。

古代のカディスは三つの島からなったという。ローマ時代の地誌によれば、この都市の人々はどこよりも数多く最も大型の商船をもっており、ほとんど海で暮らしていたらしい。しかも住民数では首都ローマ以外のどこにも劣らないほどだと記されている。かなりの大都市であったことは確かである。

残念ながら、遺跡らしい遺跡はほとんど残っていない。市街地の北西部にあるカレータ海岸の近くには、円形闘技場の形跡がわずかばかり残っているらしい。また、その海岸ではバッカス像も見つかっている。

ローマ時代の透明な容器　１世紀。カディス博物館蔵

それでも、博物館を訪ねれば、目玉となるフェニキア植民地時代の大理石の石棺を目にすることができる。男女一組の巨人のような石棺はすこぶる圧巻であり、前五世紀にさかのぼるという。また、ローマ時代の墓から出土した無色透明な水晶の容器は、澄みきったガラスのように繊細である。かりに現代の製品と偽っても誰も疑わないほどではないだろうか。

マラガ

マラガはセビリャの東南方にあり、列車に乗れば二時間ほどで着く。今日では国際色ゆたかなリゾート地である太陽海岸《コスタ・デル・ソル》の玄関口にあたる。また、スペインの誇る画家ピカソの生地でもあり、住民五〇万人をかかえる都市にはいつも観光客がたえない。

古代の都市名はマラカ（Malaca）とよばれ、前六世紀のフェニキア人の集落にさかのぼる。フェニキア人は北アフリカの海洋大国カルタゴの担い手としても覇権をにぎったが、その勢力の撤退後の前二〇六年から、マラカはローマの支配下に入った。ローマ都市になり、帝政期にはここでマラカ自治都市法（lex municipii Malacitani）が発布されている。その現物の碑文がマラガ考古学博物館に残っている。

古代都市の上にその後の集落も築かれた場所にはありがちなことだが、マラガもまたほとんど古代遺跡は残存しない。皮肉にも、ピカソ美術館の地下にはわずかな古代遺跡がそのまま展示されている。その建物の基底部分になっていたわけだ。

また、ローマ時代の砦の跡にイスラム支配期のアルカサバ（要塞）が築かれている。このアルカサバの入口の斜面に唯一のそれらしい古代遺跡が残っている。ローマ時代の劇場であり、半円形をなして階段状の座席が広がり、往時の観客がざわめく様がしのばれる。

このアルカサバの上にそびえる丘にはジブラルファロとよばれる城砦がある。古代遺跡ではないが、その頂上部に立つと、港湾都市マラガの市街地が一望のもとに見下ろされ、悠久の地中海の息吹に癒される気がするだろう。

メリダ

残念ながら、アンダルシア地方には、イタリカをのぞけば、規模の大きい古代遺跡は残っていない。しかし、セビリャからバスで三時間ほど北上すると、エストレマドゥーラ地方のメリダの古代遺跡に着く。

古代名エメリタ＝アウグスタ（Emerita Augusta）のエメリタは兵役を完遂した者たちを示唆する。そこから偲ばれるように、メリダの町は、前二五年、アウグストゥス帝によって退役兵の植民市として創設された。その後も発展し、イベリア半島西部にある属州ルシタニアの州都になり、軍事と行政においてことさら重要であった。また、碑文から住民は帝国各地からやって来た人々であったことがわかる。商業交易の盛んなコスモポリタン都市であった。幸いなことに、メリダにはそれなりに保存度のいい遺跡が残存する。ひとまず、それらを紹介しておこう。

長距離バスの発着所を降りて、まずグアディアナ川（古代名アナス川）にかかるルシタニア橋を渡る。むろん古代の属州名にちなんで命名されている。右手の川沿いに細長く一万二〇〇〇平方メートルほどのモレリア考古学地区が広がる。この地域には、古代から現代にいたるまで過去の建造物を利用しながら、人々が住んできた。ローマ人、西ゴート人、イスラム系の人々、さらに、中世、近代、現代と営々とつづいてきた。

ローマ時代の遺構といえば、創設期に建造された城壁の形跡があり、また歩行者用のアーケイドを備えた街路が四本も残っている。そこには少なくとも六区画があり、一三の住居跡を確認することができる。とはいえ、現代にいたる長い時の経過のなかでかなり変貌してしまったのだろう。かつての公共施設が個人住宅用に改造され、その形跡をたどれるものもある。ローマ期の住

円形劇場　6000人を収容する。メリダ。筆者撮影

居には商業活動を営むものが多く、街路沿いに作業場、商店、食堂などがあったらしい。

この考古学地区を突き抜けると、東方右手にグアディアナ川にかかるローマ橋が目に入る。ローマ植民市メリダの創設期に建造され、今なお歩行者専用の橋として使用されている。橋齢でもあるとすれば、驚くばかりだ。全長およそ八〇〇メートルはあり、一〇分ほど歩かなければならない。もちろん古代以後に改修された部分も少なくないが、大小六〇のアーチを備えた長大な橋には開いた口がふさがらない。遠くから全容をながめると、その迫力たるやローマ人の底力を見たかのような気になる。

この地区を出て南に行くと、イスラム系ムーア人が支配した時代のアルカサバ（要塞）が見えてくる。そもそもローマ橋を防御するために八三五年に建てられたものであり、この種の建造物としてはイベリア半島で最古であるという。

そこから東へ一〇分ほど歩くと、古代の劇場と円形闘技場が迫ってくる。そのたたずまいから、今なおローマ帝国の威容を偲ぶことができる。

メリダの劇場は地中海世界に広くみられる古典的な型のものであり、半円形の階段状の座席が連なり、その最前列の三列は貴賓席になっている。さらに最下部の大理石の床面はオーケストラとよばれ、合唱隊が集う場所であった。この観客席はおよそ六〇〇〇人を収容できるものであり、イタリカの劇場と比べても二倍の規模はある。観客席の前面には保存度のよい舞台があり、なによりも観る者をひきつける。舞台後方には二層をなすコリント様式の大理石の柱が絢爛たる建物のごとく配備されている。これらの柱の間には、大地母神ケレス（デメテル女神）、冥界の神プルトン（ハデス神）、再生の女神プロセルピナ（ペルセポネ女神）、あるいはローマの貴人や軍人などの彫像（複製）が置かれているが、本物はメリダの博物館に展示されている。

ところで、劇場であれば、演劇はもちろん、演奏会や朗読会にも使用されていた。ギリシア人には悲劇や喜劇はなじみ深いものであったが、ローマの庶民にはそれほど魅力がなかったらしい。だから、劇場の催しはどちらかというとお上品な出し物であり、圧倒的な多数の庶民はもっと華やかで騒々しい見世物を好んでいた。民衆を熱狂させた見世物というなら、なんといっても剣闘士競技と戦車競走であった。

そもそもパクス＝ローマーナ（ローマの平和）が花開く時代だった。それを象徴するのが「パンとサーカス」という表現である。諷刺詩人ユウェナリスの詩句に由来するものだが、パンが穀物を示し、サーカスは見世物を示唆した。というのも、サーカスは曲芸という今日の含みではなく、戦車競走の走路を意味する。このような大衆娯楽の舞台を取り囲んで民草が群れ集うのだ。

メリダの劇場の隣には、円形闘技場が横たわっている。楕円形をした闘技場の外周りに注目すれば、長軸が一二六メートル、短軸が一〇二メートルである。内側の舞台となるアリーナは長軸五四メートル、短軸四一メートルになる。ここでも三層の観客席があり、アリーナに近いほど身分の高い者が座る。おそらく一万五〇〇〇人ほどを収容できたという。イタリカの二万五〇〇〇人に比べれば、規模は小さかった。

だが、これは都市の住民規模をそのまま反映するわけではない。そのせいで、近隣にある小都市や村落の住民も数時間もかけて見物に来ていたのである。それを考慮すれば、メリダの近隣には小都市や村落がそれほどなかったのかもしれない。

さらにまた、アリーナの中ほどに目を向ければ、そこには窪地がある。往時には、その上は板張りされており、砂がまかれていたにちがいない。その地下空間には見世物に使う動物の檻や道具が収納されていたはずだ。この観客席の壁面に刻まれた碑文から、円形闘技場の開設は前八年だったことが知られる。ローマのコロッセオ（後八〇年に完成）に見られるように、後代の円形闘技場は大規模な地下施設を備えている。おそらくメリダの地下空間はその最初期のものだったのだろう。

さらに、大規模な娯楽施設が市街の東北部に位置する戦車競走場である。植民市メリダの創設後、一世紀初頭に開設されたらしい。細長い楕円形をなし、コース面は長さ四四〇メートル、幅一一五メートルになる。中心部が細長い台座で区切られ、彫像やオベリスク（古代エジプトの記念柱）で飾られており、周回走路（circus）になっている。この走路をおそらく三万人を収容する観客席がとり囲んでいた。ある報告によれば、階段状の一一列の座席があったという。その一部は今日でも目にすることができる。キリスト教の台頭とともに衰退が兆しはじめたが、六世紀までつづいていたらしい。そのことは往時の戦車御者の墓碑からも知られている。

戦車競走に熱狂する民衆の喧騒。その興奮する様相なら、壁画、彫像、陶器、モザイク画、工芸品などの図像から身に迫るほど伝わってくる。なかでも首都ローマの碑文に刻まれた戦車御者ディオクレスは特筆もの。この男は最大級の讃辞で喝采をあびていたらしい。彼は属州ルシタニアの出身者であり、その戦歴はメリダにはじまっている。四二歳で引退するまで四二五七戦一四六二勝を誇ったという。三戦すれば一勝したのだから、たいへんな人気者であった。

円形闘技場（上）と戦車競走場　メリダ。筆者撮影

ところで、都市の生活にとって、水を確保することはことさら重んじられた。そのために、ローマ人はなにはともあれ水源から水道橋を建設していた。それには二種類があり、雨水などの貯水槽から引かれる水道橋と泉や細流から引かれる水道橋があった。戦車競走

ミラグロス水道橋（上）とディアナ神殿（下）　メリダ。ともに筆者撮影

場の西北方にあるサン＝ラザロ水道橋は泉・細流系であり、驚くべきことに一部はその後の改築を加えて現在まで使用されている。市街地の西北端まで歩くと、そこにはミラグロス水道橋が残っている。この水道橋は貯水槽系であり、古代の遺構をそのまま伝えている。

ローマ都市の中心部をなすのが公共広場（forum）である。今では、わずかばかりの柱廊（portico）が修復された形で残存する。その周辺には、市場、バシリカ、公衆浴場、神殿が立ち並んでいた。これらのなかでも、ディアナ神殿は、発掘後の修復のために、かなり明確な原型をとどめている。この神殿はアウグストゥス帝治世の紀元前後に建てられたものであり、そこでは皇帝への祭礼が催されたらしい。また、近くにはトラヤヌス帝の凱旋門があり、そのアーチの下にある小道は今なお人も車も通ることができる。

人々の日常生活に興味があれば、メリダの東部にあるミトラの邸宅（Mithraeum）が心を躍らせる。ローマ帝政期に地中海世界の各地で崇められたミトラ神のモザイク画にちなんで名づけられた。このためミトラ神信仰の礼拝堂と結びつける解釈もあるが、通説では富裕者の邸宅と見なされている。玄関を通りぬけると、応接広間（atrium）があり、往時はそこに天窓から光がもれ射していた。この広間を数室がとり囲み、通路をくぐると明るい柱廊中庭（peristylium）が広がる。この柱廊沿いに食堂や寝室が連なっている。さらに右に折れて先に進むと、庭園を囲む柱廊中庭が広がる。そこもいくつもの部屋でとり囲まれていた。地下室も備わり、壁には窓もあることから夏期の寝室であったと想像される。

いずれにしろ、庶民の生活からかけ離れた富豪の邸宅であった。彼らの優雅な生活風景を垣間見れば息をのむ思いがする。ほかにも円形闘技場の近くにある邸宅も見ものである。また、おそらく往時は城壁外に位置しただろう集合墓所（columbarium）も残っている。

ところで、メリダで発掘された彫像、モザイク画、陶器、工芸品、鋳貨などの逸品は国立博物館（Museo Nacional de Arte Romano）に収容されている。モダンで華麗な博物館の建物とともに、ローマ文化の威容に圧倒されそうになる。それは筆舌に尽くしがたく、もはや現場にたたずむしかない。

〈アクセス〉

セビリャ／マドリッドから高速列車ＡＶＥで三時間。

イタリカ／セビリャから近郊バスで二〇分。
コルドバ／セビリャから高速列車AVEで四〇分。
カディス／セビリャから普通列車で二時間。
マラガ／セビリャから普通列車で二時間。
メリダ／セビリャから遠距離バスで三時間。

第一一章　エディンバラ――スコットランドにおけるローマ帝国

伊藤雅之

はじめに

温かな海の香り漂う地中海から遥か北、ドーバー海峡を越えたブリテン島。その大地の中程には、かつて島を南北に分断する、長大な城壁と堅固な砦から成る長城があった。島の東の端から西の端まで延々と走るその石壁は、現在では土台部分を残すのみというところがほとんどだが、その威容は今なお見る者を圧倒する。この城塞は、かつてブリテン島に征服者として乗り込んで島の多くの部分を支配下に置いた、古代ローマ人により築かれ、そして建設した時の皇帝の名を取って、「ハドリアヌス（在位 一一七～一三八年）の長城」と呼ばれている。当時のローマ人にとってそれは国境線であり、また防衛線でもあった。その南側は属州ブリタニアと呼ばれ、彼らローマ人の入植地だった。現在ロンドンやヨークと呼ばれている有名都市も、この時代にその原型が形作られた。一方で北側は、ローマ人の支配に従わず、ことによっては害をなす異民族の住む土地と見做されていた。

しかしローマ人は、最初から城壁より北を、自分たちの支配力を及ぼし得ない地域と考えていたわけではない。確かに、長城から眺める北の大地は、閑散とした風景が延々と続く世界であり、皆が皆そこからさらに進んでみたいと思わせるほどに豊かな景観では決してない。それでもローマ人がこの島を訪れた二〇〇〇年の昔においては、城壁の南の地域とて、事情はそれほど変わらなかった。実際、長城から見渡す限り、現在でも両者の見た目にそれほどの違いはない。そして何よりも重要なのは、城壁より北の地にも、実のところローマ人たちの活動の痕跡が数多く見つかっていることである。そこで本章では、こうしたローマ帝国の北限である、ハドリアヌスの長城をさらに超えた地域、すなわちスコットランドへと足を伸ばし、彼らローマ人とこの地の関わりを、現在のこの地の中心都市、エディンバラに拠点を置きながら、考えてみたい。

ローマ人のスコットランド進出とそこでの生活

エディンバラは、北海へとつながるフォース湾に面した都市で、ウォタディニ族と呼ばれる先住民が古代に形成した居住地を出発点に、中世から現代に至るまで、スコットランドの中心地として発展してきた。その旧市街の中央には、三方に断崖を持つ小高い丘に陣取り、かつてのスコットランド王国時代（一一～一八世紀）の香りを現代に伝える、エディンバラ城がある。またその周囲にも、歴史を感じさせる古めかしい石造りの建物が並び、間を走る石畳の道では、民族衣装であるキルトをまとった者たちがバグパイプを吹き鳴らしている。こうした趣ある街の一角に、周りの雰囲気とは一味違う、しかしそれでいながらその景観と上手い具合に調和している瀟洒な建物がある。スコットランド博物館である。ここには、数こそそれほど多くないものの、スコットランド各地で見つかっているローマ人の装飾品や宗教関連の道具、そして墓碑をはじめとした記念碑文などが展示されている。それは彼らローマ人の文化が、このスコットランドの地にも及んでいたことの証といえる。

ハドリアヌスの長城跡　柴田広志氏よりの提供

こうした展示物を見ていて気が付くのは、軍事関係の碑文が多いことである。古代ローマの言語であるラテン語で記された文章を理解するには、通常いくらかの訓練が必要だが、ここでは親切にも英訳が横に用意されている。それによると、これらの石には、死亡した兵士の経歴や、どの場所に何という部隊が駐留していたのかなどが刻まれているようだ。しかし重要なのは、見つかっているものの中でのこうした碑文の割合である。実のところ、かつてローマの領土だった地域でラテン語碑文が見つかることは、決して珍しいことではない。またその中で、軍隊に関わるものがそれなりに高い割合を占めることもよくあることといえる。問題は、スコットランドにおけるその比率が、他の地域と比べても随分と高いことである。それは、この地を訪れたローマ人の中で、軍隊が通常以上に大きな存在感を持っていたことを示唆するからである。また実際、現在見つかっている遺跡も、ローマ軍により要塞として建設されたものがほとんどである。このことは、古代ローマ人と当時のスコットランドの関わりを考える上で重要な要素となるかもしれない。そこでここからは、エディンバラ近郊において発見されている、ローマ軍の要塞跡地を見ていくこととしよう。

エディンバラ市の中心部にあるウェイバリー駅から旧市街を南東方向に突き抜け、そこからさらに同じ方向に、徒歩であれば二時間程度進んだところに、エルジノーと呼ばれる土地がある。周囲は総じて平坦で、すぐ南にノース＝エスクという小川がある。一見すると何の変哲もない田園地帯で、普通に歩いているだけでは、かつてこの地にローマの要塞があったとは分からない。実際、現地の人々にも、比較的最近になるまでその存在は忘れられていた。しかし一九七九年に撮影された航空写真は、うっすらとした建物の輪郭線をそこに映し出した。これを見た研究者たちはさっそく調査を行い、それにより、この地にかつてローマ軍の要塞があったことが明らかに

エルジノーにおける発掘前と後の航空写真
http://canmore.rcahms.gov.uk/en/site/53404/details/dere+street+border+newstead+elginhaugh/よりダウンロード

なった。

発掘報告によると、この要塞の規模は二ヘクタール強（南北約一〇〇メートル×東西二〇〇メートル程度）で、多くの部分が木造であった。またローマ軍の要塞は、しばしばトランプのカードの形に例えられるのであるが、このエルジノーで見つかった要塞も、基本部分はそれに準じた形をしていた。つまり、四角形をしていて上下方向、東西南北でいえば南北寄りの方向に、やや長くなっていたわけである。そして四辺のそれぞれの中央に門があり、そこから伸びた線が交わる四角形の中心部分に司令部があった。この形は、一晩ないしは数日で使い捨てられた野営地でも同様で、スタンダードな陣地なら、さらに防御用の柵や堀が設けられた。もっとも要塞の場合、高台や川沿いなど、地の利を活かせる場所に建設されることも多いため、このあたりはやや変則的だった。エルジノー要塞も、周囲より若干の標高差がある場所に建設され、傾斜の緩い東側には四重の堀が作られた一方で、川に向かって急な斜面がある南側では堀は見つかっていない。またこの要塞は建設から少し後に西側に拡張され、これにより、元は南北に縦長だった要塞は東西方向に長くなった。さらにこれとは別に、南の傾斜部には川の水を利用したと思しき浴場も建てられていた。

そして基地本体内部の構造からすると、この要塞には歩兵と騎兵を合わせて五〇〇名強が収容可能であったと思われる。気になるのはそこにいた兵士たちの生活ぶりであるが、この要塞跡からは、碑文や木簡文書のようなものが見つかっていないため、具体的にどのような人々がそこに詰めていたのかを探ることは難しい。ただ、どうやら彼らは、基本的に基地関係者以外とはあまり交流を持たないまま、黙々と軍務に勤しむ生活を送っていたらしい。出土物からは、彼らの周囲にローマの民間人がいた気配や、必要物資を現地の人間から調達したような痕跡がほとんど見出せないからである。例えば食料に関し、ローマ兵は小麦を主食とし、パンやパスタ、粥の形で食べていたが、周辺地域で栽培されていた穀物は専ら大麦で、小麦の割合は非常に低かったことが分かっている。肉類も食べられていたと考えられてはいるが、明確にそれと分かる骨は見つかっていない。また地中海世界の食生活には欠かせないワインとオリーブも、ここスコットランドでは調達しようがなかった。つまり基本的な生活物資は、後方からの輸送頼みだったわけである。日常的な陶器類に関しては、量産品と思しき出来栄えのものが多く、現地で調達したようであるが、この程度のものならば、ローマ軍はしばしば工房を建設して自給することができた。

とはいえ、周辺住民との交流が乏しかったからといって、兵士たちは別に、軍務一筋の生活を送っていたわけではない。エディンバラの博物館には、要塞から出土した、ローマの女神ミネルウァを象った品が展示されている。小ぶりながらなかなか緻密なその細工は、要塞での生活に、ローマ本国を思わせる宗教的、文化的な彩りが添えられていたことを示唆している。また前述のように、この要塞のすぐ外には、ローマ人の日常生活には欠かせない、浴場が設けられていた。こうした施設は他の要塞でもしばしば発見されていて、多くの場合、外壁は木造だったが、内部は石材で造られた、なかなかに本格的なものだった。エルジノーの兵士たちもこうした場において体を休め、その後に、これもしばしば要塞跡から見つかっている、ボードゲームなどをして、勤務外の時間を楽しんだのだろう。

問題は、この要塞がいつの時代に機能していたかである。実は古代の歴史家たちが残した史料によると、ローマ人は三度、スコットランドにおいて大規模な軍事作戦を行っている。一度目は紀元後一世紀の後半に、数名のブリタニア総督たちにより、ブリテン島中部の征服作戦から延長するような形で進められた。特に、七八年頃から八五年までその任にあったグナエウス＝ユリウス＝アグリコラは、フォース湾岸やさらにその北方にまで軍を進め、現地住民との戦闘で勝利を重ねたことで名高い。イギリスの小説家ローズマリー＝サトクリフの『第九軍団のワシ』や、同じくイギリスの映画『センチュリオン』に出てくる第九軍団ヒスパナも、このアグリコラの下で戦った。この時期の進攻作戦については、アグリコラの娘婿にして有名な歴史家でもあるタキトゥスが、『アグリコラ』という作品で詳しく語っている。これは彼が岳父の業績を称えるために著した伝記だが、現代では、当時のブリテン島の状況を考える際に、真っ先に目を通すべき史料となっている。二度目の作戦は、二世紀後半、前述の長城の建設者ハドリアヌスの次の代の皇帝、アントニヌス＝ピウス（在位　一三八〜一六一年）の時代に行われた。この時もローマ軍はフォース湾岸まで進出し、湾の西端と、島の反対側に広がるクライド湾の北端とに挟まれた地峡部に、アントニヌスの長城と呼ばれる、要塞と城壁から成る国境線を築いている。そして三度目の遠征は、三世紀の初頭、皇帝セプティミウス＝セウェルス（在位　一九三〜二一一年）自らの指揮により行われ、この時もローマ軍はフォース湾岸まで進んでいる。

エルジノーの要塞も、この三度の遠征のうちのいずれかの中で築かれたものと考えられるが、出土物の状況から、最初のものと見るのが一般的である。というのも例えば出土した木材は、年輪を他のサンプルと比較することで、切り出された大まかな年代を割り出せるのであるが、カーライルをはじめとした近隣の他の要塞で見つかっている木材を交えた調査から、エルジノーで見つかった材木の破片は、一世紀中、特に七〇年代以降に用いられたことが分かっている。また要塞の中央部においてまとまって発見された、当時の貨幣も重要な判断材料となっている。これはどうやら一種の貯金として地中に埋められたらしいのだが、そこに刻まれた発行年代を見ていくと、八〇年代半ば以降のものが一枚もないのである。これはその後の時代に発行された硬貨が流通するようになった時、この要塞が既に使われなくなっていたことを意味する。つまりエルジノー要塞は、前述のアグリコラらの下で、ローマ軍がブリテン島北部へと盛んに進撃を繰り返していたまさにその時期にのみ機能していたと見られるわけである。そしてタキトゥスによれば、アグリコラは任期の前半にフォース湾南岸までを制圧し、その後二年ほどかけて占領した地域内に要塞を建設して回り、その支配をより強固なものとしたという。実際、この時期にスコットランド南部に築かれた要塞はみな、より南方から引かれた街道沿いに、一日の行軍で移動可能な程度の間隔で配置されている。これはローマ軍が速やかな部隊の移動や連絡のためのシステム作りに、遠征半ばの段階で早くも乗り出していたことを意味する。エルジノー要塞も、遺物の状況とその位置からして、こうした戦略の中で築かれたのだろう。

なおその後のアグリコラはというと、占領地域の管理システムを確立すると、今度はさらに北方奥深く、フォース湾北岸へと軍を進めた。現地の諸部族はこれに危機感を募らせ、三万人もの連合軍を形成して彼を迎え撃った。しかし戦闘経験豊富なアグリコラにとって、こうしたにわか

1世紀のスコットランドにおけるローマ軍の主な要塞
松浦高志氏作成

仕立ての大軍などものの数ではなかった。戦闘はローマ軍の圧勝に終わり、スコットランドの制圧は、今や時間の問題と思われた。

ところが実際には、事態はそのようには推移しなかった。征服活動の中心となっていたアグリコラが総督としての任を解かれ、ローマ本国に帰還することとなったからである。また、後にハドリアヌスの長城やその支援基地が築かれる、カーライルやコーブリッジより北に建設された要塞も、遅くとも九〇年頃までに残らず廃棄され、エルジノーもおそらくこうした動きの中で機能を停止した。これらは相当に慌ただしく決められたことだったようだ。インチトゥヒルのように、明らかに建設途上で放棄されたものもあるからだ。

こうした状況は、タキトゥスなどが伝える一連のローマの勝利という情報が、誤っていたということを意味するのだろうか。どうもそうではないらしい。発見されている要塞跡に、外部からの攻撃により破壊された痕跡がないことからして、ローマ軍が劣勢であったとは考えにくいからである。原因はどうやら、この時期のローマ全体の軍事情勢の変化にあるようだ。というのもこの頃ローマは、属州モエシア（現在のセルビアからブルガリア方面）へ迫る外敵の脅威に急ぎ対処すべく、そこでの部隊強化に躍起になっていたからである。そして八六年には、ブリテン島からも大規模な部隊の引き抜きがあったことが確認されている。スコットランドの放棄は、おそらくこうした部隊の配置転換の中で決断された。縮小された戦力では、スコットランドはおろか、制圧して比較的日が浅い、より南の地域を維持することさえ危ういと判断されたのだろう。

最初のスコットランド進出の試みは、こうして、現地における作戦の状況とは無関係のところで頓挫した。しかしこれは、ローマがこの地を諦めたことを意味したわけではなかった。そのことは、エディンバラ近郊の他の要塞を見れば明らかになる。そこで今度は、視点をエルジノーから数キロ北東に動かしてみたい。するとやがて、フォース湾沿岸地域の中では比較的小高い丘と、その上に立つ教会が見えてくる。実はこの地にもまた、かつてローマ軍の要塞があった。エディンバラ近郊の第二の要塞、インヴェレスク要塞である。次節ではここを起点に、ローマのスコットランドへの再進出と、その結末を見てみよう。

ローマのスコットランド再進出

インヴェレスクの聖ミカエル教会とそこに付属した墓地は、周囲を一望でき、それでいて頂上部が相当な広さを持つ台地にある。エディンバラの中心部から閑静な住宅街を東に歩くこと二時間半程度のところにあるその丘陵の斜面は、近くの商業区へと続く東側を除けば比較的急である。また南側からはエスク川が、台地を西側に迂回し、あたかも天然の堀を作るように流れている。こうした防御に優れた地に、スコットランドを再び訪れたローマ人が要塞を築いたのは、出土した硬貨や遺物からすると、一四〇年頃、つまりはローマによる二度目のスコットランド遠征の時期のことだったようだ。そこでまずは、この第二回の遠征が、どのような状況において始まったのかという点を整理しておきたい。

第一回の遠征の後しばらくの間、ブリテン島北部については記録が少ないため、不鮮明な点が多い。それでも確かなのは、この二度目の遠征が行われるまでの間に、ブリテン島の中部において、冒頭で触れたハドリアヌスの長城が建設されたことである。問題はそのことが、ローマとブリテン島北部がどのような関係にあったことを意味するかという点であるが、比較的古い研究は、長城建設を、島北部の現地住民の攻勢を受けて、守りをより固めるためのものと見ていた。というのも、このハドリアヌスが皇帝に就任する頃になって、これもまた一度名前の出た、第九軍団ヒスパナのブリテン島における活動記録が途絶えてしまうからである。研究者の多くはこのことから、同軍団が問題の時期に島民の攻撃を受けて壊滅したのではないかと考え、この見方はサトクリフの小説などにも影響を与えた。しかしその後、ハドリアヌスの即位以降のローマの他の諸地域において、この第九軍団の関係者に言及した碑文が複数見つかったことを受けて、軍団の壊滅や、ブリテン島の住民による攻勢の強まりという見方は疑問視されるようになった。そしてこうした状況は、ローマのスコットランドへの二度目の遠征が、ブリテン島におけるローマの支配力が、アグリコラ時代から衰えるどころか、むしろ長城建設により島南部への統制をより強固なものとした中で、いわば満を持して始められたものであったことを示唆する。

　さて、そうした中で築かれたこのインヴェレスク要塞であるが、一六世紀頃から遺物の発見があったことにより、この地にローマの要塞があることは早くから予想されていた。しかしエルジノーの場合と同じく、この要塞跡も目立った遺構が露出しているわけではない。普通に教会の敷地やその周囲を歩き回っているだけでは、ここにそうした施設があったと気付くのは難しいかもしれない。それでも、調査により要塞の規模は分かっている。広さは二・七ヘクタール程度と、エルジノーよりやや大きい。内部の建物の機能は今でも判然としないものが多いため、収容人数や、どのような部隊が駐留していたのかはよく分からないが、二〇〇七年に発見された墓碑から、少なくとも騎兵部隊が配備されていたことは間違いない。また「第九コホルス（「大隊」と訳され、時代や部隊の種類により差はあるが定員は少なくとも四百数十名）」と記された碑文も見つかっていることも合わせると、この要塞にもエルジノーと同等か、それ以上の人数が詰めていたと想像される。

　その一方で、エルジノーの場合と異なりこのインヴェレスクでは、要塞に隣接した地域に、明らかに民間人の居住区域が広がっていた。また要塞がある丘を下った平地には、木造で楕円形をしていたと思われる建造物の跡も見つかっている。これはローマ人が居住空間を形成した場所に好んで建設した、円形闘技場の跡ではないかと考えられている。闘技場というと、ローマのコロッセウムのような巨大石造建築をイメージしたくなるかもしれない。しかし実は、紀元前一世紀においてさえ、それらはしばしば木造であり、紀元後になってからも、属州においては同じような事例がいくつも知られている。このインヴェレスクにおける遺構の調査はまだ終了していないため、今のところその本当の機能を断言できる状況にはない。しかしもし本当に闘技場であったとすれば、それはローマ世界の中で最も北の、そしてまた最も僻遠の地における事例となる。またそうであれば、民間人が周囲にいたことも含め、兵士たちにとってここでの勤務外の時間は、エルジノーに詰めた先輩たちのそれに比べ、随分と刺激に富んだものとなっていたことだろう。

もっとも、こうしたローマ最北の地におけるローマ的な生活空間は、一六〇年頃になると再びその姿を消す。そしてその際に、インヴェレスクの要塞もまた廃棄されたらしい。スコットランドへの再進出を行った前述の皇帝アントニヌス＝ピウスより後の時代の硬貨が、要塞跡からは一切発見されていないからである。同時代の周辺の要塞でも概ね事情は同様で、原因ははっきりしないが、ゲルマニア（現在のドイツ周辺）方面での軍事的緊張の高まりと、ローマ全域を襲った疫病により、新たな領域を確保するだけの余力がなくなったためと見るのが一般的である。つまり二度目のスコットランド制圧の試みも、現地の状況とは関わりのないところで断念されたわけである。しかし、ローマ人はスコットランドにおいて築いた要塞やそこでのローマ的な生活空間を、常にあっさりと放棄したわけではない。一度手放されたこうした生活空間が一定の年月を経て、再度使われるようになった場所もあるからである。エディンバラの近郊に築かれた第三の要塞クラモンドがその好例である。最後にこの要塞を眺め、この北の大地でのローマ人の活動をまとめてみたい。

エディンバラ市中心部から西北西に徒歩で二時間あまり。フォース湾に面した緩やかな傾斜を流れるアーモンド川ほとりまで足を進めると、住宅も疎らになり、代わって羊などを放した牧草地が視界の多くを占めるようになる。こうした風景の中、エディンバラの古めかしさとは別の意味での、年月を経ることで醸し出される風格を漂わせているのが、クラモンド教会である。現在の建物は古い部分でもせいぜい一五世紀のものであるが、教会そのものは七世紀に始まる。そして地元に伝わる話によれば、教会が建設される以前、この地にはスコットランドを征服しに来たローマ人や、それに続く者たちが度々砦を構えたという。実際、教会の敷地で行われた発掘調査は、かつてここにローマ軍の要塞があったことを明らかにした。その際に掘り出された要塞の石造りの土台部分は、現在でも目にすることができる。

この要塞もローマ軍の二度目のスコットランド進出が行われた一四〇年頃に建設され、その撤退により放棄された。しかし貨幣の出土状況や遺構の状態からすると、この地には再びローマ人が訪れたらしい。二世紀後半の数十年の間を空けて、三世紀初頭の硬貨や遺物が多数見つかっているからである。つまりローマによる三度目のスコットランドでの大規模な作戦が展開された時期に、この要塞は再度ローマ軍の拠点として利用されたわけである。現在残されている遺構も、この時に再建されたものの名残らしい。要塞の広さは二・五ヘクタール程度で、出土している碑文の情報も踏まえると、駐留していた人数は前二つの要塞と同じ程度らしい。ただしそこに詰めたのは生粋のローマ市民出身の兵士だけではなく、ローマに従うゲルマニアやガリア（現在のフランス周辺）の者もいたらしい。また要塞の立地にも大きな相違点がある。これまでの要塞は周囲より高地で、さらに川に面することで、見晴らしと守りを確保していたが、クラモンド要塞が

クラモンド要塞土台部と獅子像　いずれも筆者撮影

ある場所は特に丘陵部ではない。また堀も見つかっていないので防御力も相対的に低かった。これはこの要塞が持つ、これまでの二つのそれとは異なる機能によるものだろう。実はクラモンド要塞はすぐそばが海で、要塞に隣接して港が築かれていた。つまりローマ軍が後方から必要物資を前線の部隊に送る際の、現地における集積場として、この要塞は用いられていたわけである。

その一方で、要塞と港のすぐ近くのアーモンド川河口部からは、一九九七年に見事な石像が見つかっている。人間の頭部に、背後から襲いかかったライオンが、まさに噛みついたところという、かなりショッキングな情景を描いた作品、「クラモンドの獅子像」である。現在この像は、第一節で取り上げたスコットランド博物館に収められている。摩耗している部分が多く、今ではかつてのような芸術的な緻密さを堪能することはできない。しかし、場面の迫力や凄味は、なお十分に見る者を圧倒する。この像は一般に、クラモンドにおけるローマの要人の墓地に置かれたモニュメントの一種だったと考えられている。古代ローマ人はしばしば、自分の墓が後世の者の目を引くようにと様々な工夫を凝らした。通行人への挨拶や人生訓、あるいは墓荒らしへの脅し文句を刻んだ墓碑、あるいは墓に付属した像やオブジェなどがそれである。有名な事例としては、紀元前一世紀末のローマのとある政治家の墓がある。ローマ市の城壁のそばで、現在オスティエンセ駅がある辺りに建てられたその墓には、何と三〇メートルもの高さのピラミッドが築かれていた。これは現在でも目にすることができる。クラモンドの獅子像は、こうした例に比べればだいぶつつましやかであるが、それでもその大きさ（全長約一・五メートル）や迫力からして、十分に被葬者やその墓を目立たせたことだろう。

このように、いかにもローマ人的な足跡を残したクラモンドであったが、要塞として機能した期間はやはり短かった。二度目のスコットランド遠征期における稼働期間はインヴェレスクと同じく二〇年程度であったようだが、三度目のそれは五年に満たなかった。この遠征を指揮したのは、前節で述べたように時の皇帝セウェルスであったが、彼自身がブリテン島で世を去るや、すぐさま作戦が中止されたからである。これは遠征に随行していた後継者カラカラ（在位　二〇九〜二一七年）が、父親亡き後、同じく父帝に同行していた共同皇帝にしてライバルの弟ゲタとの政権争いに専念するため、帰国を急いだためとされている。彼は皇帝に就任するや、補償金を支払って交戦中の現地住民たちと和平を結び、それに伴ってハドリアヌスの長城より北の占領地も全て放棄した。そしてこれ以降、ローマ全体が長い政情不安と外敵の圧力に悩まされるようになり、五世紀初頭にブリテン島そのものが維持できなくなるまで、国境が動くことはなかった。

スコットランドは、こうして三度ローマの進出を受け、三度放棄された。ローマの総督や兵士たちは疑いなく相当な労力を費やして、ブリテン島南部のようにこの地にも根付こうとした。しかし帝国中枢の指導者たちは、ローマ全体を運営するための都合から、その試みを完遂できなかった。こうした意味で、エディンバラ近郊の三要塞をはじめとした各地の遺構は、ローマ人の、自分たちの住む土地を拡大しようという強い情熱と、その一方で、既にある広い帝国の維持や、より間近にある問題にも気を配らなければならないという、彼らのジレンマを象徴するものであったとも考えることができる。

〈要塞の跡へのアクセス〉

エルジノー（Elginhaugh）／ウェイバリー駅（Waverley station）バス停からサービス番号29番もしくはX29番Gorebridge/Mayfield行きのバスに乗車。Gilmertonにて下車しGilmerton通りを南東方向に進み、通りの名称がMelville通りへと変わる付近の左手に見える空き地の奥の木立に囲まれた斜面から先が跡地に該当。

インヴェレスク（Inveresk）／ウェイバリー駅バス停からサービス番号30番Musselburgh行きのバスに乗車し終点にて下車。停留所のあるNewbigging通りを南下し最初の十字路を左折した先にインヴェレスク教会がある。その敷地とそこに付属した共同墓地が跡地に該当。

クラモンド（Cramond）／ウェイバリー駅バス停からサービス番号41番Cramond行きのバスに乗車。終点間際のCramond Road Northにて下車。北上して、Cramond Glebe通りに入り、道なりにさらに一五〇メートルほど北進するとクラモンド教会敷地が右手に見えてくる。この教会とそれに付属した墓地、および北側に隣接した公園が跡地に該当。

第一二章　アテネ――路線バスで古代を巡る

橋本資久

はじめに

ローマが支配する前のギリシアは、古代アテネ国家を含め、「ポリス」と呼ばれる小国家が分立した時代だった。「ポリス」はしばしば「都市国家」と訳されるが、古代アテネ国家を「都市国家」と呼ぶことには注意が必要である。その支配圏はほぼ三角形のアッティカ半島全体を占めており、現代日本で言えば神奈川県ほどの広さがあるのだ。それに対して古代に市壁で囲まれていた中心部（本章では「中心市」と呼ぶ）は現代アテネ市の都心部にあたるごく狭い地域で、三〇分も歩けば横断できてしまう。その中心市にアクロポリスやアゴラなど有名な遺跡が集中しているのだから、観光にはたしかにうってつけである。しかし中心市だけを見て古代アテネ国家を理解することは難しい。古代アテネ国家の住民の大半は、広大な支配圏に分散して住んでいたと考えられているからだ。

アテネのアクロポリスから北東一七キロのところにあるペンテリコン山（一一〇九メートル）は古来より有名な大理石の産地である。前五世紀の歴史家トゥキュディデスは、アテネには石造建築物が多いため朽ちることなく長く残り、結果として後代の人々が古代アテネ国家の力を実際より過大に見積もってしまうのではないか、と言っている。彼の予言通りアテネには神殿や石碑が比較的多く残されているが、その中にはペンテリコン山の大理石が用いられているものも多い。純白で見た目が美しく、きめが細かいため微妙な美術表現や細かい刻字が可能だった。ラウレイオンで産出された銀が強力な海軍の原資となって軍事面で寄与したのに対し、ペンテリコン山で産出された大理石は、神殿を華やかに飾り立てる建材や民主政での情報公開のための石碑として古代アテネ国家の政治や文化を支え、さらに往時の繁栄をいまも伝えている。

　華麗な建築物が多く歴史上も名高いアテネは、古代の旅行者にとっても魅力的だった。古代民主政が崩壊した前四世紀末以降にアテネは政治・経済的に衰退していくが、前三世紀にヘラクレイデスという人が書いたギリシアの地誌や後二世紀の旅行作家パウサニアスが著した『ギリシア案内記』は、アテネについて多くの紙幅を割いている。アテネに関して古代世界で記されたこれらのガイドブックは、今日のものと同じ特徴をそなえている。古代アテネ国家の周縁部と中心市とに記述が偏っているのだ。それは大規模建造物の分布と一致するのである。

アテネと周辺地図

　我々日本人は中心市のアクロポリスと考古学博物館だけを見て別の観光地へ行ってしまうことも多い。そこで本章では、意外に知られていないと思われる遺跡にも触れながら、古代アテネ国家の歴史をなぞってみたい。

中心市の神殿――ヘファイストス神殿

ギリシアで最も有名な観光地であるアクロポリスは古代アテネの中心だったが、現代アテネ市でも都心部にある。この高さ一五〇メートルの岩山には、ペンテリコン山の大理石を用いてつくられ、ポリスの守護女神だったアテナに捧げられた神殿が三つ残っている。

処女神アテナ（アテナ＝パルテノス）を祀っていたパルテノン神殿は、前四四七～前四三二年に建設された長辺七〇メートル、短辺三一メートルという堂々たる神殿である。長辺に一七本、短辺に八本のドリス式の柱が立てられており、柱の高さは一〇メートルあまり、柱の直径は基部で二メートル近い。北側にはアテネの伝説上の王エレクテウスとポリス守護女神アテナ（アテナ＝ポリアス）を祀っていたエレクテイオン神殿がある。前四二一～前四〇六年に建造され、柱頭部がパルテノンとは異なりイオニア式になっている。四つの部屋を組み合わせた複雑な形の神殿で、カリュアティデスの柱（女人柱）が有名だが、神殿で現在見られるものは複製である。前四二七～前四二四年に建設された勝利女神アテナ（アテナ＝ニケ）を祀ったニケ神殿は、底面の長辺八メートル、短辺六メートル弱、柱の高さが四メートルと、神殿というよりは祠《ほこら》といった大きさである。

これら三神殿に限らず、古代アテネ国家の神殿は、前五世紀初頭のペルシア戦争で破壊されたあと、同世紀後半に再建されたものが多い。強大なペルシア帝国に対抗するために結成されたデロス同盟諸国から徴収した軍事費を、当時の指導者だったペリクレスが建築に流用したのである。建築費用の使途を当時のアテネ人たちが律儀に記した碑文が残っているおかげで、各神殿の建築年代はかなり正確にわかっている。碑文によると、パルテノン建設初年にはペンテリコン山から中心市までの大理石運搬路がつくられた。いまでもペンテリコン山に登ると、アテネ市に向かう白い石材運搬路が急斜面に残っているのを確認できる。

パルテノン神殿（上）とヘファイストス神殿（下）　筆者撮影

アクロポリスは、二〇世紀末から修復中である。パルテノン神殿には一〇年以上ずっとクレーンが置かれているし、ニケ神殿は修復が終わったのに別の工事のせいで近づくこともできない。少なからぬ観光客が複雑な思いを抱いてアクロポリスから下りていくのではないだろうか。北側に下りていったところは、地下鉄シンタグマ駅から隣のモナスティラキ駅まで続くアテネ市随一の繁華街だ。東京でいえば銀座といったところか。アクロポリスから一〇分も歩くと、古代への幻想は否応なく醒めてしまう。

そのモナスティラキ駅から歩いて五分ほどのところに、古代都市生活の中心となり、役所や市場が並んでいたアゴラの遺跡がある。多くの観光客はアクロポリスにもアゴラにも入ることができる共通チケットを買っているので、ついでだとばかり入っていく。

広大な遺跡の中に入っても残っているのは古代の建築物の基礎部分ばかりで、往時の姿を想像するのはなかなか難しい。しかし木立の間から遺跡の最西端にある小高いアゴラ丘（コロノス＝アゴライオス）が見えるところまでくると、我々はこの遺跡随一の名所を目にすることができる。この建物は破風直下の飾り板（メトープ）に伝説上のアテネ王テセウスが刻まれているのでテセイオン（テセウス神殿）と呼ばれてきたが、実は鍛冶の神ヘファイストスに捧げられた神殿である。長辺三八メートル、短辺一四メートル、柱の高さが六メートルという瀟洒な神殿だが、とにかく抜群に保存状態が良い。この神殿は我々がギリシアの神殿といわれて想像するような全周囲にわたって柱が並べられている周柱式神殿の、唯一のほぼ完全な現存例である。

他の神殿では残っていない周柱の内側の部屋（内陣）の壁面がほぼ完全に残っている。その壁に柱の影が映り込む昼下がりの様子は、何度見ても息を呑むほど美しい。よく見るとメトープの彫刻が東側の一〇枚ほどにしか刻まれていない。アゴラ中心部から見えるところだけに刻んだのだろう。この神殿は日本語の観光ガイドにももちろん載っているのだが、世界遺産のアクロポリス上にあるパルテノン神殿の陰に隠れていまひとつ知られていない。

ヘファイストス神殿は前四四九〜前四四四年にペンテリコン山の大理石を用いて建造されたが、古代の人々にとっては前五世紀に建設された数多くの神殿のひとつに過ぎなかった。ヘラクレイデスはこの神殿に一言も触れていないし、パウサニアスも話のついでに少し触れているだけである。彼らにとってはパルテノン神殿や、アクロポリスから東へ一〇分ほど歩いたところにある巨大なゼウス＝オリンピオス神殿のほうが魅力的だったのだ。

しかし現在では、パルテノンは屋根や壁が破壊されており、ゼウス＝オリンピオス神殿は東南の一角に柱を何本か残すだけだ。それに対しヘファイストス神殿は、古代の華やかな塗色が褪せまた屋根に一部落ちたところがあるとはいえ、建設当初の姿をほぼ保っている。古代の手工業者たちから崇敬を集めたであろうこの神殿は、現代都市アテネの都心に小さくとも堂々と立ち、古代アテネの経済的繁栄をいまも雄弁に伝えているのだ。

神話によると、アテナが武具を頼みにやって来たとき、ヘファイストスはこともあろうに突然欲情し彼女に関係を迫ったという。しかし生まれたときから甲冑を身にまとった戦の女神が相手である。結局想いを遂げることはできなかったそうだ。なんとも呆れた話ではある。しかしそのアテナが守護する町の真ん中にこの美しい神殿を三〇〇〇年近くも残してもらえたのだから、ヘファイストスも少しは満足しているのではないだろうか。

周縁部の神殿　――スニオン岬のポセイドン神殿

現在のギリシアで最も用いられる公共交通機関はバスである。古代アテネ国家の支配圏は、現在のアテネを中心とする中距離バスの営業範囲とほぼ重なる。周縁部にある遺跡には、終点近くまでバスに乗ると辿り着けるものもあるのだ。アテネ都心部に飽きたら訪れてみるのも悪くない。

アテネ市からアッティカ半島南端のスニオン岬行きバスに乗ると、二時間で終点に着く。多くの観光客のお目当ては、この岬に立つポセイドン神殿、より正確には夕刻のポセイドン神殿である。ここはロマンチックな夕暮を楽しむことができる観光スポットとしてあまりにも名高い。真夏のギリシアの日没は現地時間二一時ころだから、まだ明るい二〇時ころに到着すれば、一通り遺跡を見たあとにカフェの窓際の席につき、紺碧の空に映えていた白亜の神殿が徐々に影となり薄暮の中に溶けていくのを楽しむのに充分だ。

パウサニアスは長大な『ギリシア案内記』をスニオン岬の記述からはじめている。彼は岬に建つ神殿をアテナ神殿だと伝えているが、実はこれは海神ポセイドンに捧げられた神殿である。ギリシア本土の港を出た船にとって、このスニオン岬こそはアジアやアフリカへ向けて広がる大海原のはじまりだ。古代の海の男たちはこの岬の傍らを出ていくときに安全を祈願し、戻ってきたときに安全を感謝したくなったことだろう。ギリシア最古の文学作品のひとつとされる叙事詩

『オデュッセイア』でも「スニオンの聖なる岬」と詠まれているこの岬に、なんらかの神秘的な力を古代人たちが感じ、海神に捧げる神殿を建てたとしても不思議ではない。

　長辺三一メートル、短辺一三メートルあまりの神殿には屋根は残っていない。前四四四年ころの建設当初には長辺に一三本、短辺に六本あった高さ六メートルの柱も現在は半数ほどを数えるのみであり、内陣の壁もほとんど残っていない。平面プランが酷似していることから、第一節で触れたヘファイストス神殿と同じ建築家が設計したと考えられているが、建材はペンテリコン山ではなく地元スニオンで産出された大理石である。他の神殿の柱には通常二〇本の縦溝が刻まれているが、この神殿の柱には縦溝が一六本しか刻まれていない。海抜六〇メートルの断崖の上にある神殿を海面から見上げたときに、寸詰まりに見えないような効果を狙ったのだともいわれている。

ポセイドン神殿　筆者撮影

　ギリシア本土南東端に位置し、近傍にラウレイオン銀山があるスニオン岬は、戦略上の要地でもあった。ペロポネソス戦争末期の前四一三／四一二年に岬は要塞化され、さらに前三世紀に防備が強化された。この地で前三世紀末に至るまで古代アテネ国家とマケドニア王国の衝突が続いたのである。敵兵を寄せ付けぬよう築かれた城壁は健在で、いまでは料金を払わずに観光客が入らぬよう鉄壁の守備をほこっている。

堅牢な要塞で守られていた神殿は、柱ばかりとなったいまロマンチックなデートスポットとなった。そしてかつてむくつけき海の男たちに尊崇された海神は、今日では恋人たちの仲を深めるという新たな役目を日々引き受ける羽目になったのである。日没直後の最終バスでそそくさとアテネ市へ戻る観光客たちを見送って、海神の忙しい一日はようやく終わるのだ。

一般的に近代国家が国境という「線」によって区画されて画一的な支配をその中で及ぼし、その国境「線」によって隣国と接するのに対し、前近代の国では中心から周縁部に向かって同心円状に弱まっていく支配「圏」を形成し、その周縁部では、隣国の支配「圏」と重なりあう「辺境域」が形成された、とされる。ギリシアのポリスでは中心市に神殿があるいっぽうで、支配圏の周縁近くにも聖域や神殿があることが多い。そのため、ポリス生成期には「文明化」された地域はポリス中心市と各地に点在する聖域しかなく、その聖域をどのポリスが支配するかで各ポリスの支配圏が定まっていったという説がある。この説が正しいのか、そしてそのモデルが古代アテネ国家にも当てはまるのかは議論の余地があるけれども、アテネでも中心市のアクロポリスやアゴラに神殿が集中しているいっぽうで、支配圏の周縁にも大きな神殿があったことは確かである。前六世紀にアテネがエレウテライを支配する前には、大雑把にいえば三ヵ所の神殿——スニオン岬のポセイドン神殿、エレウシスのデメテル神殿、ラムヌスのネメシス神殿——を結んだ三角形が古代アテネの支配圏だった。中心市から遠く離れたところに大きな神殿があるという事実は、ポリスという古代国家が前八世紀頃にどのように形成されたのかを語っているのかもしれないのだ。

中心市の軍事施設 ―― 市壁

古代アテネに限らず、ポリスはもともとは共同防衛のための戦士共同体である。だから戦うことができる者が政治を主導した。ポリス形成期のアテネ軍の主力は騎兵だったので、馬を飼うことができる富裕者たちが実権を握っていた。ペルシア戦争のころには歩兵が主力となり、歩兵を構成する農民層が大きな政治的発言力をもった。前五世紀後半にスパルタと戦ったペロポネソス戦争のときには、海軍がアテネ軍の主力となっていたため軍船を漕ぐ下層民が政治を牛耳った。当然ながら、戦うことができない女性や子供は原則として政治に参加できなかった。

古代アテネはその成り立ちからして軍事都市なのだ。アクロポリスは古代には敵に攻め込まれたときに立て籠もる最後の砦だった。また中心市と外港ピレウスの周囲は市壁で囲まれ、さらにその中心市とピレウスの間も城壁で結ばれていた。ペロポネソス戦争でペリクレスは、敵国スパルタとの野戦を避けるため、アッティカ全土の住民を市壁内に避難させるという大規模な籠城戦を行ったと伝えられている。この籠城戦法のよりどころとなった市壁は、いまも見ることができる。

アクロポリスから北のオモニア広場に向かってまっすぐ伸びるアシナス通り沿いに、ギリシア国立銀行の建物がある。高床式になったこの建物の下をのぞきこむと、古代の中心市を囲む市壁の門とされる遺構がある。また、ゼウス＝オリンピオス神殿に行くことがあれば、ついでにその神殿南側の崖を下りてみると、後三世紀に中心市が拡張されたときにつくられた市壁の遺構を間近で見ることができる。

モナスティラキ駅から地下鉄で二〇分のところにあるピレウス市はペルシア戦争で名をあげた将軍テミストクレスが前四九三年に開いた港町で、現在ではエーゲ海クルーズの起点として有名だ。ここでも駅前からの循環路線バスに乗って海岸のバス停で下車すれば、前四世紀初頭に築かれた市壁を容易に見ることができる。

いずれも味気ない壁であり、わざわざ見にいくほどのことはない。町歩きのついでに時間があればちょっと見てみる程度でいいのだ。現代都市であるアテネやピレウスの地下に、戦士たちが闊歩した古代都市がいまも静かに眠っていることが実感できるだろう。

周縁部の軍事施設――エレウテライ要塞

要塞は軍事的必要を満たしさえすればいいから、神殿のように大理石を用いて美しく建設されることはほとんどない。巨大な石灰岩で石組みされ、無骨で粗野であり、他に魅力が無ければ一般の観光客には物足りないものだ。急峻な崖の上に前四世紀初頭に建てられたフュレ要塞から見るアテネ首都圏の遠景ははっとするほど美しいが、観光客が公共交通機関で行くのは難しい。アテネからバスで二時間のところにあるアイゴステナ要塞はポルト＝ゲルメノ海水浴場のすぐそばにあって風光明媚だが、一九八一年の地震で被害を受けて現在も修復中である。しかしアクセス、風景、そして保存状態のいずれも恵まれた要塞の遺跡がひとつある。

アテネ発エリトレス行のバスは、女神デメテルに捧げられた古代の神殿があるエレウシス（現代名エレフシナ）の町まで西へ走ってから進行方向を変え、国道三号線を北上していく。この道は古代アテネ国家西端のエレウシスと、古代アテネ国家の強力なライバルとして知られたテーベ（現代名シバイ）とを結ぶ道である。アテネから二時間弱で、終点少し手前のカザのバス停に着く。そこから案内板に従って一〇分ほど歩くと、道路のすぐ東にある小高い丘の上に立派な城壁が見えてくる。この遺跡は現在では考古学的知見などから、前四世紀前半に建設されたエレウテライ要塞の跡だとされている。

エレウテライ要塞の跡　筆者撮影

この遺跡には柵がなく、見物人は自由に出入りできる。要塞全体は東西方向が三〇〇メートル、南北方向が一二五メートルの長方形に近い形をしており、石灰岩でできた城壁の総延長は八六〇メートルに及ぶ。特に西側と北側の保存状態は抜群に良く、高さ四メートルないし六メートルの城壁がほぼ完全に残り、人が城壁の上に登ることとさえできる。北側の城壁にはほぼ三〇メートル毎に合計七つの四角い塔が設けられている。六メートル四方のこの塔はもともと三階建てで、特に保存状態の良い塔には弓兵用の銃眼や、弩を射るための溝がいまでも残っている。

パウサニアスによると、エレウテライ地域はもともとテーベを中心とするボイオティア地方に属していたが、あるとき（前六世紀末とされる）アテネの支配下へ移ったのだという。しかしアテネではなくテーベがこの要塞を建設して支配下に置いていたという説も最近では有力になってきている。六キロメートル南西にあるオイノエ要塞はアテネの支配下にあったから、エレウテライ要塞がアテネ支配下であろうとテーベ支配下であろうと、この地が古代ギリシアを代表する二つの大勢力がせめぎあう最前線であったことは間違いない。

遺跡から下を覗きこむと、キタイロン山脈の鞍部を縫うように北へ伸びる国道三号線を車が次々に抜けていくのが見える。現代の都市間交通路は、古代にはアテネとテーベを繋いだ要路だった。この要塞が古代には通商路でもありまた軍隊の侵入経路でもあったその峠道を監視するのに適した場所だったのは明らかである。

遺跡内にある木陰のベンチに座ってミネラルウォーターを呑みながら、のんびりと耳を澄ませると、遠くで鳥の啼く声が聞こえる。夏は太陽に灼かれ、冬は吹雪に凍えながら守備兵が任務にあたった要塞は、いまではほとんど観光客もこない廃墟となった。堂々たる城壁も、眼下に睨みを利かせた銃眼も、いまは空しく平和な田舎の風景に佇んでいる。

時代がくだりポリスが抗争するようになると、各ポリスはただ神域を管理するだけではなく、軍備を固めて自分たちの支配圏を維持しようとした。ペルシア戦争では、自国の領域への敵の侵入を阻止するという防衛策をアテネは必ずしも採らなかった。テミストクレスは中心市が一時ペルシア軍によって占領されたときですら、国土を喪っても市民さえ健在ならば立派な国だとうそぶいてみせたほどだ。しかし同じようにアテネ人たちが支配圏の防衛策を採らず、中心市に籠城することを選んだペロポネソス戦争では、支配圏奥深くに敵国スパルタによって要塞を築かれたことがアテネにとっての決定的敗因となった。さらに前四世紀になると投槍や弩をそなえた要塞の戦略的有効性がギリシア世界で広く認識されるようになった。アイネイアスという人が籠城戦についての著作をこの時期に残したのも、要塞に対する評価が高まったことと無縁ではないだろう。そしてアテネも支配圏の防衛を考えるようになり、要塞や塔を支配圏周縁部、特にアッティカ地方とボイオティア地方を画する山脈に沿って建設していった。オイノエ、パナクトン、フュレ、ラムヌスといった要塞群は、テーベなど北方からの軍事的侵入に効果的に対応しようと前四世紀にアテネ国家によって築かれたり強化されたりしたものであり、エレウテライもそのひとつだった可能性がある。これらの要塞の遺跡は、隣国メガラによって築かれたアイゴステナ要塞なども含め、前四世紀ギリシア世界での戦略の変化を静かに物語っているのだ。

ハドリアヌス図書館　筆者撮影

その後のアテネ

ポリスが分立していた古代ギリシアは、前四世紀後半に北方のマケドニアによって征服され、前二世紀にはさらに強大なローマの支配を受けることとなった。ギリシアの中心は商都コリントスへ移り、アテネは緩やかに衰退していく。進出してきたローマは、最初の頃はギリシア諸国間の争いにしばしば手を焼いた。前二世紀初頭にローマ人メテルスは、テーベがアテネなどと小競り合いを起こすたびに何度も仲裁する羽目になったことが知られている。前一世紀初頭にはローマ軍による破壊行為もあった。それでもギリシア世界に「ローマの平和」は確実に定着していった。ローマ帝国の「周縁」とは北方のライン川や、東方のユーフラテス川のことであり、アテネからは少なくとも軍事的な意味での「周縁」は消失する。アテネ周辺の要塞は無用の長物となり、多くはフュレやエレウテライのように放棄された。

古代アテネ国家が最盛期に打ち立てた名声とあとにのこされた数々の石造建築物とが、ローマ時代の人々の心を捉えて離さなかったのは確かである。パウサニアスが詳細な旅行案内を書いた後二世紀には、皇帝すらもアテネに魅せられた。五賢帝の一人、帝国中を巡察して回ったハドリアヌス帝（在位　一一七～一三八年）である。彼は未完成だったゼウス＝オリンピオス神殿の建設を再開させ、一二九年には自らその落成式に参加した。ローマ時代にはアゴラは東の方向へ拡大していたが、そこにハドリアヌスは現在でも遺構を見ることができる図書館をはじめとする建築物をつくった。ペンテリコン山の大理石も確かに用いられたが、遠く小アジアやアフリカから運んだ大理石が主として用いられ、しかもそれらはあくまで装飾用だった。ギリシア人よりも遥かに土木技術に優れたローマ人たちは、外見こそギリシア建築に似せたけれども実はコンクリートで図書館を建てたのだ。

もはやアテネは政治・文化の中心ではなくなっていた。その後アテネが繁栄を取り戻すのは、近代ギリシア王国の首都となった一八三四年以降のことである。

〈アクセス〉

ヘファイストス神殿（Temple of Hephaestus）／地下鉄1号線（Line1）または3号線（Line3）モナスティラキ駅（Monastiraki Station）から徒歩五分、アゴラ遺跡内。

スニオン岬（ポセイドン神殿）（Temple of Poseidon at Gape Sounion）／アテネからスニオン（Sounion）行きバスで終点下車。

エレウテライ（Eleutherai）／アテネからエリトレス（Erithres）行きバスでカザ（Kaza）下車。

第一三章 オリンピア――「オリンピック発祥の地」を超えて

宮崎 亮

はじめに

アテネから長距離バスに乗って西へ向かう。コリントス運河を越えてペロポネソス半島に入ると、バスはコリントス湾沿いのハイウェイを、対岸の堂々たるパルナッソスの山並みを遠望しながら、快調に飛ばしていく。ハイウェイを降りた後は南下してピルゴスの町へ。そこから今度は常緑樹の茂るゆるやかな丘陵地帯へ分け入り、点在する村々を抜けていくと、やがて小さな観光地風の町に到着する。オリンピア（古代名オリュンピア）だ。

今日オリンピアは「オリンピック発祥の地」ということになっている。確かに、現在行なわれている近代オリンピック大会は、古代オリンピック、すなわち前八世紀から後四世紀まで、一〇〇〇年以上にもわたってここオリンピアで行なわれた運動競技会の復活再生をうたい、一九世紀末に発足したものだ。古代とのつながりは今やお馴染みの式典演出で毎回示され、大会中燃え続ける聖火はオリンピアで採火されるし、開会式で各国選手団の先頭を切るのはギリシア選手団である。そもそも「オリンピック」という名称自体、オリンピアに由来する。

しかし、古代オリンピックを近代オリンピックのようなスポーツ競技会だと思ってオリンピア遺跡に足を運ぶと、いささか勝手が違うのに戸惑うことになるだろう。なるほど、遺跡の入り口近くには体育所《ギュムナシオン》や格闘技練習所《パライストラ》があり、そして何よりも、東の端にある開放感溢れる競技場（四万人以上収容できたと言われる）は、オリンピアが紛れもなく古代競技会の舞台であったことを実感させてくれる（オリンピア遺跡図参照）。しかし、遺跡内を少しぶらついてみれば、ヘラ神殿、ゼウス神殿など競技とは関係のなさそうな遺構の方が目抜きの位置を占めていることは明らかであり、とりわけ後者の存在感は圧倒的である。なぜこのような建築物が「アスリートの原点」とも言われる場所で幅を利かせているのか。ここには古代オリンピックと近代オリンピックとの決定的な違いが横たわっている。

　古代の競技会と現代のそれとのあいだにはいくつか超え難い溝が存在するが、さしあたって古代ギリシアでは競技会が宗教と一体になっていた事実を指摘しておこう。ギリシア人が体育や馬術あるいは音楽などのコンテストを行なう場合、必ず神々への動物供犠を伴ない、供犠なしにコンテストを行なうことはなかった。またコンテストを周期的に（隔年・四年に一度など）行なう場合には神域で開催される宗教祭典に組み込む形を取った（これを競技祭と呼ぶ）。つまり、コンテストの周期性は宗教行事の周期性によって保証されていた。実のところ、オリンピアはゼウス神を祭神とする神域であり、古代オリンピックとは体育と馬術のコンテストを組み込んで行なわれたゼウスのための競技祭（オ

エリス地方図　M.H. Hansen (ed.), *The Polis as an Urban Centre and as a Political Community (Acts of the Copenhagen Polis Centre, vol.4)*, Copenhagen, 1997, p.305.

リンピア祭）に他ならない。ギリシア世界ではこうした競技会付き宗教祭典が多数開催されており、オリンピア祭はその中でも最古のものとされる。

古代オリンピックがオリンピア祭という神事であり、神域を舞台としていたというのなら、遺跡に神殿などの宗教建築物が存在することも納得がいく。では舞台となるオリンピアとはどのような神域であったのか。わたしたちはオリンピアというとすぐにオリンピア祭と結びつけてしまう傾向があるが、オリンピアはオリンピア祭のためだけに存在していたわけではない。祭典はあくまで神域の行事の一つに過ぎない。オリンピアをオリンピア祭の舞台としてしか考えないのは、この神域についての理解を歪めることになるし、それは当然祭典についての理解も歪めることになる。本章では前五世紀ぐらいまでと帝政期のオリンピアに光を当てて、この古代ギリシアきっての大神域の特徴と歴史を少しばかり考えてみることにしたい。

国際神域の誕生

中世以降、オリンピアは異教の神域として放棄されたばかりか、地震で建物が倒壊し、全体が河川氾濫の土砂で埋もれたため、長らく所在不明の状態が続いていた。一七六六年に「発見」されたものの、本格的な発掘調査はそれからさらに一〇〇年以上を経た一八七五年になってからのことである。以来、オリンピアは再び地上にその姿を――幾分変わり果ててはいるが――現わし始めた。

発掘によって、オリンピアでの人間の活動は初期青銅器時代（前二〇〇〇年代）にまで遡ることが明らかにされたが、ゼウスの神域として用いられるようになったのは前一一世紀末頃からと見られ、神域の中枢にあたる神苑《アルティス》からは儀式用の陶器断片や神を表したと思しきテラコッタの男性小像の奉納品が出土している。ゼウスの神域は人跡稀な孤立した場所に設定されることが多く、実際当時のオリンピアは周りに集落のない、人口の疎らな辺境であった。ただし、南側のアルフェイオス川と西側のクラデオス川が合流する盆地にあるため、辺境とはいってもアクセスは比較的容易で、メッセニア地方やアルカディア地方といった、やや離れた地域の人びとが早くから奉納品を納めていたことが確認されている。メッセニアやアルカディアには中心となるような神域がまだなく、こうした地域の有力者たちは奉納品を納めたり他の有力者との会合のためにオリンピアまで出向いていたらしい。一方、後にこの神域を領することになる北のエリスの出足は遅く、前

上は青銅の小像の奉納品（前８世紀）　オリンピア考古学博物館
下右は青銅の鼎（一部復元）と左は鼎の脚部断片（推定全長約1.7メートル）　いずれも前８世紀。オリンピア考古学博物館

八世紀も終盤にならないと彼らのオリンピアでの活動は確認できない。

遺跡に付属するオリンピア考古学博物館には、今触れたテラコッタの小像なども含め、出土した前一〇世紀から前七世紀にかけての奉納品が、一室にまとめて展示されている。動物（牛、馬、鳥）や男女（神？）の小像、鼎《かなえ》（三脚釜）とその装飾部品、浮彫付きプレートなど、さまざまなものがあるが、青銅製のものが際立って多い（この点で各地の神域の博物館、たとえばアテネのアクロポリス博物館の同時代の出土品と比較してみるのも一興である）。とりわけオリンピアは青銅の鼎が多数出土していることで知られる。脚部や取っ手しか残っていないものも少なくないが、綿密な装飾が施され、しばしば実用性を無視した巨大なものも見つかっている。こうした鼎の多くは、ペロポネソス半島東部のアルゴリス地方や南部のラコニア地方といった遠隔の地で製作され、運ばれてきたと推定されている。

この時期、青銅はまだ稀少であり、それ故に富や地位を示すシンボルであった。青銅の奉納品が早くからオリンピアに置かれていたことは、ここでの奉納が、神々への尊崇の表明であると同時に自己顕示の側面を伴っていたことを示している。辺境に位置するが故にさまざまな地方の人びとが出入りするこの神域に、たとえば入念に装飾された青銅の大鼎を納めれば、奉納者は広い地域に向けて自分の存在を誇示できるし、それはまた奉納者の故郷での影響力が増すことにもつながる。さらに、別の有力者が対抗して別の豪華な品を納める動きも誘発するだろう。実際、前八世紀に入るとオリンピアの奉納品は質・量ともに著しく上昇している。数の増加に話を限れば、これは一部の有力者ばかりでなく、ごく普通の人たちによる奉納活動が活発になったことの現われである。しかし巨大で質の高いもの、遠隔地からのものも同時に増えている事実からは、有力者たちによる奉納合戦が激しさを増し、広い範囲から参入するようになった様子が見てとれる。

ところで、前八世紀の奉納品の増加と質の上昇はオリンピア特有の現象ではなく、他の神域でも確認されている。しかし、奉納品の数の多さと質の高さでオリンピアは――アポロン神の神託所のあったデルフォイと共に――群を抜いている。ここからこの辺境神域に寄せる人びとの関心の高さが浮かび上がってくるが、オリンピアが別格扱いされるようになったもう一つの要素を指摘しておこう。そう、前七七六年に第一回が開催されたと伝えられるオリンピア競技祭である。

既に触れたように祭神ゼウスのための祭儀活動は前一一世紀末頃からオリンピアで行なわれていた。そこに体育と馬術のコンテストがどのように関わっていったのか、前七七六年が本当に第一回の年なのか、競技祭誕生に関わるこうした問いにはっきり答えることは難しい。ただし、最初は局地的な集まりだった競技祭が前八世紀末には広く注目を集めるようになっていたことは間違いないようだ。現在の競技場の北側と南西部には、前八世紀の終わりぐらいから、ほんの短期間だけ利用するための井戸が掘られるようになり、その数は増加の傾向を示している。また前八世紀から前七世紀初めにかけての競技祭優勝者の出身地は、オリンピアの周辺から次第にペロポネソス半島の外側へと広がっている。競技祭が回を重ねるにつれ、選手としてであれ観客としてであれ、より多くの人がより遠隔の地から祭典を訪れるようになったことが窺われる。

この競技祭に参加するメリットはどこにあったのだろうか。前八世紀は「ポリス」と呼ばれる

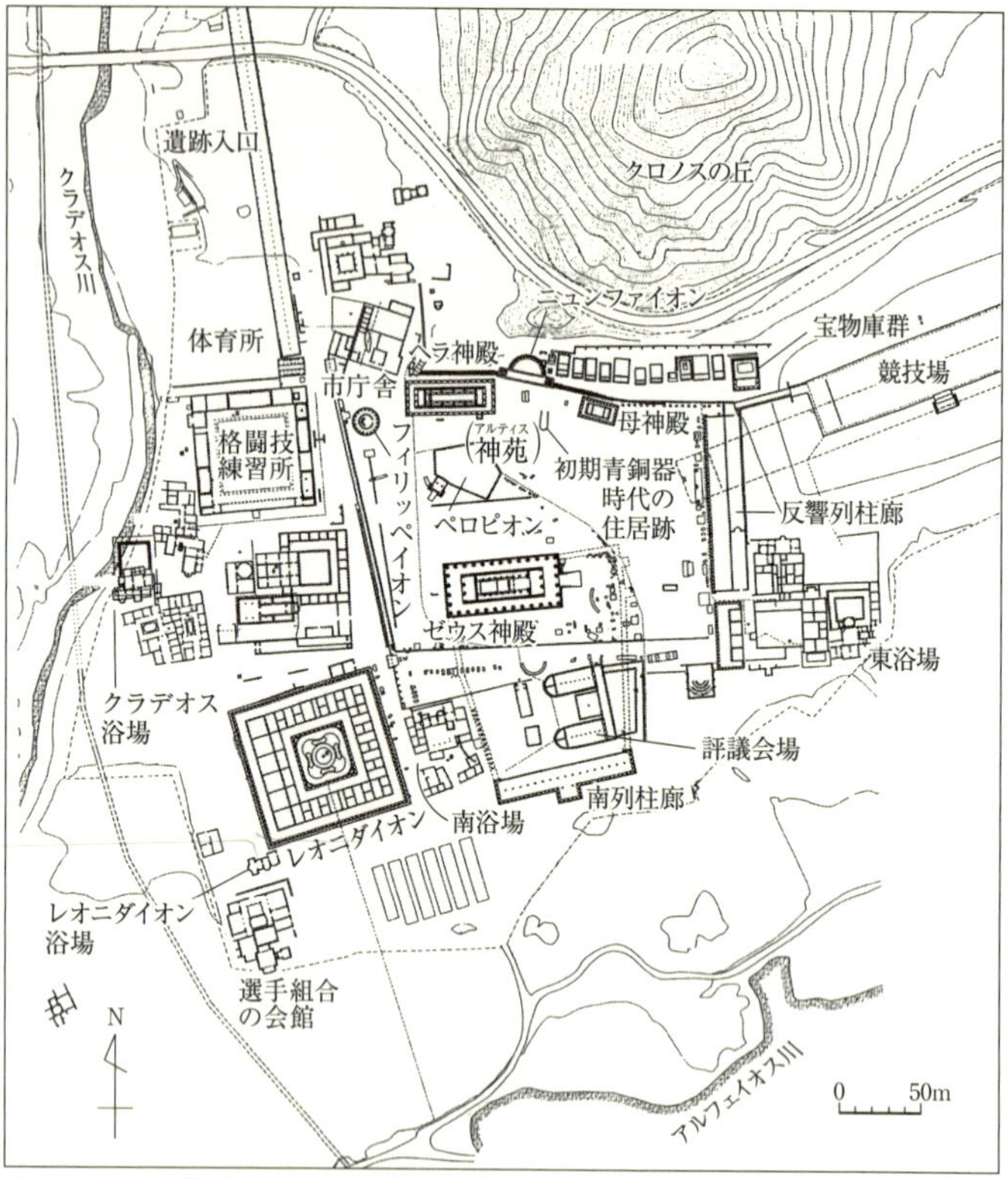

オリンピア遺跡図 H. Kyrieleis (ed.), *OLYMPIA 1875-2000. 125 Jahre Deutsche Ausgrabungen,* Mainz, 2002. Faltplan.

都市国家がギリシア世界に出現し始める時期に当たるが、当時のポリス内部では指導者たちの激しい主導権争いが演じられ、そうした争いを勝ち抜いていくために、彼らは自分の居住地域を超える評判・名声を必要としていた。初期のオリンピア祭に選手として参加した人びとはこうしたポリスの指導者層とほぼ重なる。競技祭で優勝できれば、立派な奉納品を納めた場合と同様、否、それ以上に地域を超える名声とそれに伴なう力を獲得できたのである。

奉納の場として、また競技祭の場として、オリンピアは名声を求める人びとに応えることで、ペロポネソス半島を中心にギリシア各地から参詣人を集める国際神域への歩みを開始した。やがて個人だけでなく、ギリシア本土はもとより、地中海各地（特に南イタリアやシチリアなど、本土以西）のポリスが自らの存在を訴える場として用いるようになる。たとえば、オリンピアからは兜や楯などの武具が大量に出土しているが（博物館に展示）、その多くは、戦さに勝ったポリスが戦勝を神に感謝するとともに勝利を喧伝する目的で奉納した戦利品である。またポリス間の協定を青銅板や石板に刻してここに提示することも行なわれた。どことどこのポリスが戦い、どちらが勝ったか、どことどこが同盟を結んだか、オリンピアはギリシア世界の「掲示板」の役割を果たすようになる。さらにギリシア本土以外のポリスにとっては、オリンピアは自らの「本籍証明」の場となっていた。遺跡北側の段丘上には奉納品を収蔵するための宝物庫と呼ばれる建物の基台が一一残っている。宝物庫の持ち主として名前の伝わる一〇のポリスのうち、八つまでが南イタリアやシチリア、アドリア海、北アフリカなど本土以外に建設されたポリスである。オリンピアは、彼らのようなギリシア＝エーゲ海世界を離れて地中海各地に植民したギリシア人に、自分たちがまぎれもなくギリシア世界の一員であると、内外に示す場を提供していた。オリンピアとのつながりを持つことがギリシア人であることの証であり、その意味でオリンピアは「ギリシア人」をつくり出す装置でもあった。

エリスとオリンピア

その歴史を通じ、オリンピアはあくまで一神域であり、自治を営む政治的なまとまりを形成することはなかった。この神域を長きにわたって支配・管理し、オリンピア祭を運営していたのは、エリスというポリスである。

エリスのホームグラウンドはペロポネソス半島西北の平野部《コイレ＝エリス》であり、その中心市域はオリンピアから直線距離にして北西三七キロほどのところにあった（エリス地方図参照）。「小国」と形容されることの多いエリスだが、後述の衛星国を含めると領域面積はアテネの領域アッティカより広い。また殺風景なアッティカとは対照的に、全体に緑の豊かな美しい田園風景が広がっている。

いつ、どのようにしてエリスがオリンピアを領有し、祭典も運営するようになったのか、はっきりしたことはわかっていない。後一世紀の地誌家ストラボンによれば、第一回から第二六回競技祭までの一〇〇年間、神域の守護者として祭典を主催したのはエリスだという。前述のように、祭典が前七七六年に始まったとすれば、エリスは既にその時点でオリンピアを領有していたことになるが、考古学調査によれば、エリス地方は前一二世紀に入ると急激に人口が減少し、集落が再び築かれるのは前八世紀後半である。またこの地域の人々がオリンピアで活動し始めるのは、出土品から前八世紀末頃と推定されており、従って、前七七六年に既にエリスがオリンピアを領有し、祭典を創始したことはありそうもない。

前八世紀になるとギリシア各地の神域では神殿の造営が始まり、それぞれの地方や共同体の結束を固める役割を果たしていくが、オリンピア最初の神殿は、前七世紀末に造営されたヘラ神殿まで待たなければならない。この遅れはオリンピアを確実に掌握する勢力がなかなか現われなかったことを推測させる。文献史料にも当時の不安定な状況が垣間見える。前五世紀の歴史家ヘロドトスは、アルゴリス地方の強国アルゴスの独裁者フェイドンがオリンピアに乗り込み、祭典を強引に主催した事件（おそらく前七世紀前半）を伝えているし、前記ストラボンなどによれば、オリンピア近郊に住むピサ人たち（彼らは神域は本来自分たちのものだと主張していた）がエリスとオリンピアをめぐって争い、何度か祭典を主催したという。先に触れた青銅の動物小像の大半は、ヘラ神殿とペロピオン（英雄ペロプスの塚）の下の地層から出土したのだが、これらは前七世紀半ばのある一時期に一括して埋められたものである。神域の新しい支配者が、支配の交代を印象づけるべく、古い奉納品をまとめて廃棄した可能性が指摘されている。

というわけで、前八世紀から前七世紀にかけて、オリンピアをめぐってさまざまな角逐のあったことが推測できるのだ

エリスの劇場跡　背後の丘はエリスのアクロポリス。筆者撮影

が、前六世紀前半にはエリスが最終的な確保に成功したらしい。以後、オリンピアは国際神域でありながら、エリスと一体化し、その国策の一翼を担なうことになった。エリスがオリンピアをどのように利用したのか、その様子を簡単に見ておこう。

ヘラ神殿のすぐ西北に遺構の残る市庁舎《プリュタネイオン》は、競技祭優勝者の饗応が行なわれたためか、「迎賓館」と訳されることが多いが、一般に「プリュタネイオン」とはポリスの最高役人の詰所であり、内部の公共のかまどではポリスの活力を象徴する火が絶えず燃えている。通常は中心市域に置かれる市庁舎が設置されたことで、オリンピアはエリスというポリス共同体の団結の核を形成することになった（これは、オリンピアの領有者は誰かについての、強烈なメッセージにもなっている）。またオリンピアはエリスの対外関係の要でもあった。前六世紀以降、エリスはアルフェイオス川南のトリフュリア地方やアルカディア地方西部の小ポリスと個別に同盟を結び、これらを衛星国ないし事実上の従属国としてコントロールしていく（エリス地方図参照）。この種の同盟協定に関連する青銅板が何枚かオリンピアから出土しているが、協定に違反した場合にはオリンピアのゼウス神に罰金を納めることが義務づけられ、衛星国同士のトラブルについてもオリンピア在住のエリス人神職者の関与している例がある。エリスは衛星国のネットワークをオリンピアを使って束ねていた。

神域を領有したエリスは当然オリンピア祭の運営も握った。遺跡南側の、前六世紀後半に建てられた評議会場《ブレウテリオン》は祭典運営の拠点であったと考えられているが、神域の独占支配は祭典にも影響を与えることになった。オリンピア祭前にエリスがギリシア各地に使節を派遣して布告した「オリンピック休戦」には、エリスとオリンピアに対する軍事行動およびエリスによる軍事行動の禁止が盛り込まれていたが、前四二〇年のオリンピア祭では、エリスがこの規定を利用し敵対国を祭典から閉め出した事件が起こっている。当時、衛星国の一つをめぐってスパルタと対立していたエリスは「休戦」違反を理由にスパルタの祭典参加を許さなかった。「休戦」に違反したか否かを判定するのは神域の領有者であってみれば、オリンピア祭もエリスの政治外交と無縁ではなかった。

オリンピア遺跡を歩いていると建築石材に大理石ではなく石灰岩、それも貝殻などの見える粗悪な石を多用していることに気づく。ゼウス神殿のような最も重要な建築物でさえ、前五世紀の創建時の大理石利用は、名高い破風彫刻（博物館に展示）などの彫刻群と瓦に限られ、他の部分には地元の多孔質の石灰岩が使われた。エリス領内にはアテネのペンテリコン山（第一二章参照）のような良質の大理石の産地がなかったためだが、やはり良質の石材に乏しかったデルフォイがしばしば大理石を輸入しているのを見ると、同じく大神域のオリンピアが石の輸入に消極的なのは奇妙に思われる。しかし、ここに現われているのは、オリンピアとデルフォイの神域としてのあり方の違いである。複数のポリスが共同で管理したデルフ

ゼウス神殿の石柱胴石　筆者撮影

ォイとは異なり、オリンピアはエリスの領有する神域であった。他所の石にまかせてはならぬ。粗悪な石の利用にはエリスの人びとのオリンピアへのこだわりが感じられる。

帝政期の神域と祭典

前五世紀末以降、オリンピアとエリスを取り巻く情勢は平穏無事とはいかなかった。エリスは何度か外敵の侵攻を被り、一時的にせよオリンピアを手放すはめに陥った（前三六五〜前三六三年）。ギリシア世界自体、前三三八年にマケドニア王フィリッポス二世が覇権を握ってからは（ヘラ神殿西のフィリッペイオンはフィリッポス一族の記念堂）、ポリスを超える大国が主導権を握るようになり、やがて前二世紀半ばには「西方の暗雲」ローマに呑み込まれていく。強力な支配者を戴くようになった時代のオリンピアについて、帝政初期（後一〜二世紀）に焦点を当ててみよう。

帝政の開始に先立つ時期、オリンピアは厳しい状況にあった。ゼウス神殿など重要建築物は地震で大きな被害を受けたのに、修復できずに放置されたままだったし、祭典も参加者が局地的にしか集まらず低調であったらしい。初代皇帝アウグストゥス（在位　前二七〜後一四年）はオリンピア支援に乗り出し、娘婿アグリッパを通じてゼウス神殿の再建に尽力した他、建築が中断していた反響列柱廊も完成させる。オリンピアを活性化させ、共和政末期のローマの内乱の舞台となって疲弊したギリシア世界の復興につなげようとしたのである。帝政初期には次期皇帝と目される者たちがオリンピア祭の戦車競走に参加し優勝しているが、これも当時の帝室のオリンピア重視の現われである。ネロ帝（在位　五四～六八年）のように、自分のオリンピア訪問にあわせて祭典の開催を遅らせたのみならず「別荘」を造らせ、彫刻作品をローマに持ち去った者もいたが、ギリシア文化の擁護者として振る舞うことは、アウグストゥス以降の帝室の基本方針であった。

母神殿《メトロイオン》　右奥にヘラ神殿、中央奥にゼウス神殿が見える

エリスとオリンピアの方も早くから皇帝の権威と支配を受け入れている。元来は「神々の母」レアを祀っていた母神殿《メトロイオン》は、エリスによってアウグストゥスに捧げられ、内室にはアウグストゥスの巨像を始めとして皇帝とその家族の肖像彫刻が置かれ（博物館に展示）、祭壇では皇帝のための供犠式が行なわれるようになった。またローマ風の浴場施設（テルマエ・ロマエ！）がいくつも造られるなど、文化的な影響も受け始めている。浴場に見られるレンガ積みの建築様式はイタリアの様式で、他の施設にも用いられ（選手組合の会館、神苑《アルティス》の囲壁沿いの水道橋の脚部など）、オリンピアの外観を変えていく。

しかし、帝政期のオリンピアはもはやかつてのオリンピアではなかった。戦利品や戦勝記念碑、国際協定を記した石碑は置かれなくなって久しく、その他の奉納品あるいは功績を称える顕彰碑についても、オリンピア祭優勝を記念したものを除くと、エリスをはじめとするペロポネソス半島の都市《ポリス》や有力者に関係するものにほぼ限られる。ギリシア世界がローマの支配に組み込まれ、ローマとの関係が重要になるにつれて、地中海各地のギリシア人が広くギリシア世界に向けて何かを喧伝する場の必要は薄れていったのであり、その分、オリンピアはペロポネソス半島の地方神域としての性格を強めていった。

帝国のギリシア政策の重点も二世紀になると次第にオリンピアの東に移動していく。ハドリアヌス帝（在位　一一七～一三八年）は、アテネを拠点にギリシア本土や小アジア、東地中海の都市をメンバーとする「パンヘレニオン（「全ギリシア」の意味）」という組織を結成し（一三一／一三二年）、皇帝礼拝を取り入れたパンヘレニア祭（全ギリシア祭）という競技祭も設けている。しかし、エリスもオリンピアもパンヘレニオンに加わることはなく、アテネや小アジアの都市とローマ皇帝が結びつきを強めていく動きからは取り残されていった。ハドリアヌスはギリシアびいきで知られ、三度もギリシアを訪れているが、オリンピアに足を踏み入れることはついになかったようである。

ではオリンピア祭も地方祭典化し、重要性を減じていったのだろうか。そうはならなかったのである。祭典の方は、帝政期に入ると再び地中海各地から参加者を集めて昔日の繁栄を取り戻し、最高の競技祭としての地位を保ち続けていく。祭典は神域に依存しない独自の生命力を持ち始めていたのだ。この生命力を生み出したものは何か。

帝政期、ローマの支配下に置かれたギリシア人たちは、何を自らのアイデンティティの拠り所としていたのか。それはオリンピア祭を始めとする競技祭であった。つまり、競技祭を開催し、これに参加することを通じて、彼らは自分たちがギリシアの歴史と文化の伝統に連なっており、ローマに支配される以前の、過去の栄光のギリシア人――たとえば、前五世紀にペルシア戦争でペルシアの大軍を撃退した人びと――の末裔であることを確認していたのである。ギリシア人が体育競技を全裸で行なうという、他民族には見られない特殊な慣習を持っていたことも、競技祭にそうした意味合いを持たせることになった。

その結果、ギリシア本土と小アジアではおびただしい数の競技祭が開催され、それぞれ賞品やコンテスト種目などの独自性を競い合った。こうした中、オリンピア祭は保守的な姿勢を崩さず、賞品は優勝者にオリーブの葉冠だけ、新たなコンテスト種目が追加されることもほとんどなく、古めかしい印象を与えていた。しかし、オリンピア祭のこの古めかしさは、最古の競技祭ということとも相俟って、過去のギリシアとの確かなつながりを保証し、参加する人びとに大きな誇りと満足感を与えることになった。この点では他のどんな競技祭も太刀打ちできなかったのである。

当時の著述家も過去のギリシアとの媒介点という観点からオリンピアを重視している。二世紀の紀行家パウサニアスによる『ギリシア案内記』中のオリンピアの記述は、ギリシアがローマに支配される以前の建物や彫像に集中し、ローマ風の建築や彫像には素っ気ない態度を取っている。二世紀半ばにアテネの大富豪ヘロデス＝アッティコスの資金で大理石をふんだんに用いて造成され、ヘロデスの一族とアントニヌス＝ピウス帝（在位　一三八〜一六一年）の一族の像（博物館に展示）が飾られていた壮麗な給水施設ニュンファイオンに至っては片言の言及もない。さらにこの著作のオリンピア（エリス）の扱いは、分量においても位置づけにおいても特別である。全一〇巻のうち二巻分が、それも著作全体の真ん中（第五・六巻）に置かれているのだ。ここにはアテネを中心にパンヘレニオンを通してつくり出された「ギリシア」とは異なる、いにしえのオリンピアを柱とする「ギリシア」が模索されている。アイデンティティの拠り所を過去に求めた当時のギリシア人にとってオリンピアは要の場所として位置づけられたのである。

　オリンピアはゼウスの神域として一五〇〇年近い歴史を持っている。その間、人びとのこの神域に対する接し方は、時代により状況により、当然のことながら多様に変化した。右に紹介してきたのはそのごく一端に過ぎない。オリンピアを訪れたなら、「古代オリンピック」の様子を想像し楽しむのもよいだろう。しかしもう一歩踏み込んで、オリンピアがどのような神域だったのか、その点にも注意を向けてみるならば、「古代オリンピック」についても一層深い理解が得られることだろう。

〈アクセス〉

オリンピア遺跡／アテネ市内のキフィスウ・バスターミナル（Kifissou Terminal）からオリンピア直行の長距離バスに乗り、ピルゴス（Pyrgos）を経由してオリンピア下車。遺跡の入り口はオリンピアのメインストリート南端から徒歩で五分〜一〇分程度。

第一四章

サモトラケ――マケドニアとローマの野望

澤田典子

はじめに

エーゲ海の北東部、ギリシア領海ぎりぎりの海上に浮かぶサモトラケ島。東西に山脈が連なり、標高一六一一メートルのフェンガリ山が、そのほぼ中央に雄大にそびえている。ホメロスの叙事詩『イリアス』には、海神ポセイドンがこの山の緑豊かな頂からトロイア戦争を見物した、と詠われる。対岸のトラキアから約四〇キロ、現代のフェリーでも二時間かかるこの僻遠の島は、古代には熱狂的な秘儀《ミュステリア》で名を馳せた「神秘の島」である。マケドニア王フィリッポス二世（在位　前三六〇／三五九〜前三三六年）とオリュンピアスが出会って恋に落ちたと伝えられる島、ルーヴル美術館の至宝「サモトラケのニケ」が発見された島としても名高い。

瑞々しい緑に覆われた島の北側の斜面には、秘儀が営まれていた「偉大なる神々の神域」が、フェンガリ山を背にしてひろがっている。この神域で信仰された「偉大なる神々《メガロイ＝テオイ》」は、小アジアのフリュギア地方で古くから崇拝されていた豊穣の神カベイロスだったらしい（ただし、サモトラケとカベイロスの関係を疑問視する見解も根強い）。カベイロス信仰は、ギリシア世界で広く見られたディオニュソス信仰と同様に、集団的な乱舞や狂宴、陶酔を特徴とする。レムノス島やトロアス地方などのエーゲ海北部がその信仰の中心地であり、ギリシア本土では唯一ボイオティア地方で確認されている。

ギリシア世界の秘儀といえば、穀物の女神デメテルを祀るエレウシスの秘儀がよく知られている。アテネ近郊の神域エレウシスで営まれた秘儀は、前六世紀末頃にアテネの国家祭儀に組み込まれ、その後のアテネの国力伸張にともなって大きな発展を遂げた。サモトラケの秘儀も、前五世紀になるとギリシア北部を中心に多くの入信者を集め、エレウシスに次ぐ名声を誇ったという。エレウシスの秘儀と同じく、入信者には死後の安寧が約束されたらしい。古典期におけるサモトラケの秘儀の隆盛については、同時代の歴史家ヘロドトスや喜劇詩人アリストファネスも言及しているが、秘儀の内容の詳細は、残念ながらほとんどわかっていない。入信者は秘儀の内容を口外することを固く禁じられていたため、秘儀や入信手続きの実態については史料に残っていないのである。

フェンガリ山

　エレウシスの秘儀がアテネの国家祭儀となってめざましい発展を遂げ、その神域も繁栄を極めたのと同様に、サモトラケにも、フィリッポス二世の治世に大きな転機が訪れる。以後、サモトラケの神域は、マケドニア王家とその後のヘレニズム諸王朝の手厚い庇護《ひご》のもとで飛躍的な発展を見せることになった。ヘレニズム時代を通じて、プトレマイオス朝エジプトやアンティゴノス朝マケドニアによって数々の美しい大理石の建造物が奉献さ

ヒエロン　後３世紀に大幅に改修された神殿。現在、５本のドリス式円柱が復元されている。筆者撮影

れ、「偉大なる神々の神域」はみごとに飾られていった。

前三世紀後半にギリシア世界への進出を開始したローマも、早くからサモトラケに関心を寄せていたようで、第二次ポエニ戦争で活躍し、「ローマの剣」と呼ばれた名将マルケルスは、前二一二年にシュラクサイを征服したのち、その戦利品をサモトラケの神域に奉納したという。サモトラケがローマの支配下に入ってからは、その秘儀はローマ人の間でも流行し、神域はローマの庇護のもとで繁栄を謳歌した。ローマ建国叙事詩に詠われる英雄アエネアスは、トロイア陥落の際に生き延びたトロイア王家の一員とされるが、そのトロイア王家の始祖で、アエネアスの遠い先祖にあたるダルダノスがかつてサモトラケに住んでいたという伝説も、前二世紀頃からローマに定着していった。前一世紀には、カエサルの義父の執政官ピソがサモトラケの秘儀に入信したと伝えられる。ギリシア文化の熱狂的な愛好家であり、エレウシスの秘儀に入信したハドリアヌス帝も、サモトラケの神域を訪れたという。ローマ帝政期には、秘儀の入信儀式が執り行われた重要な建物と考えられているアナクトロンとヒエロンが、大々的に再建・改修されたことも知られている。しかし後四世紀末、テオドシウス帝によってキリスト教以外の異教が全面的に禁止されるに及んで、そうした長い伝統を誇った秘儀にもついに終止符が打たれ、サモトラケは歴史の表舞台から姿を消すことになった。

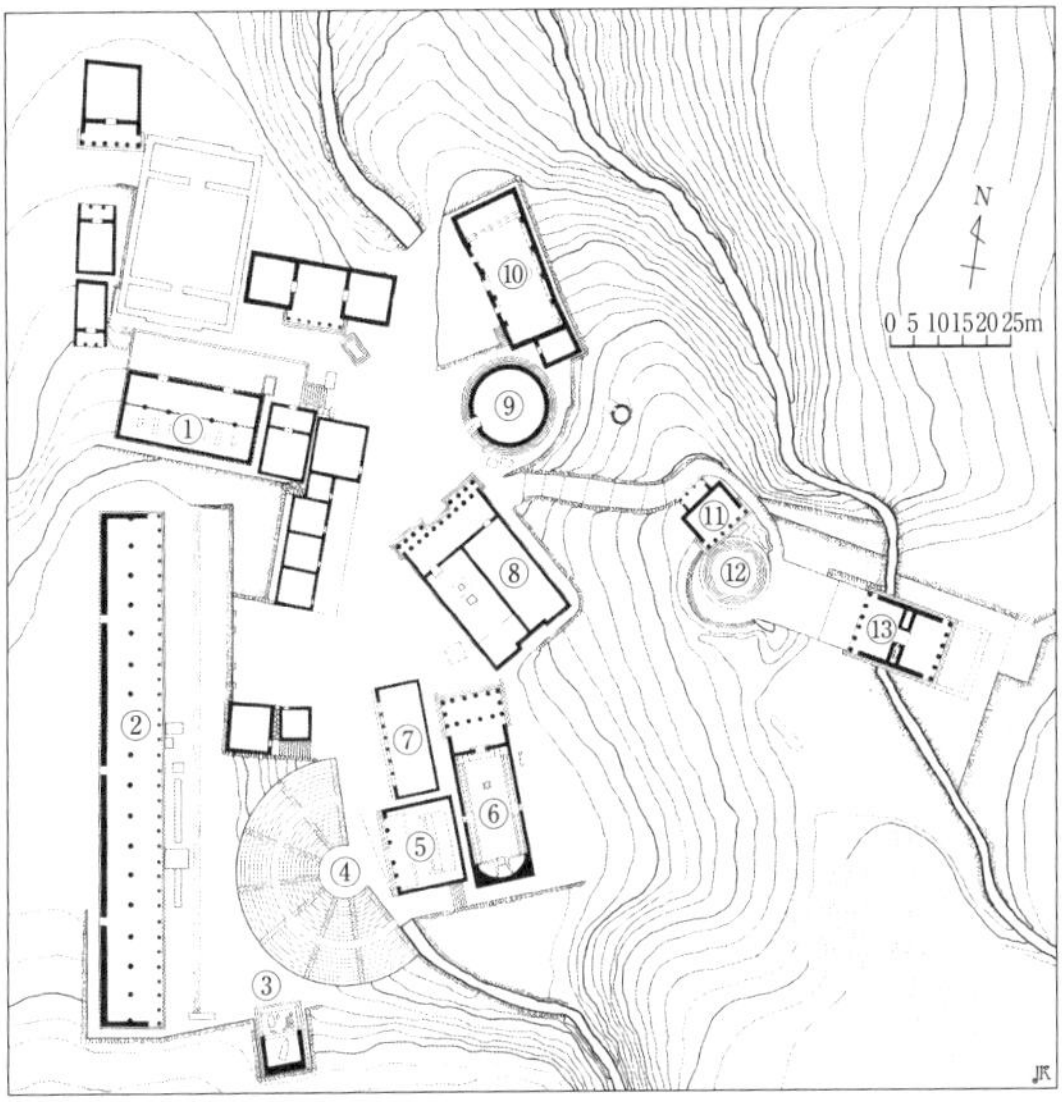

①ネオリオン　②ストア　③ニケのモニュメント　④劇場　⑤祭壇の間
⑥ヒエロン　⑦奉納品堂　⑧歌う踊り子たちの聖所　⑨アルシノエイオン
⑩アナクトロン　⑪フィリッポス三世とアレクサンドロス四世の奉納堂
⑫円形遺構　⑬プトレマイオン

偉大なる神々の神域（2002年の遺跡図）

O. Palagia & B.D. Wescoat eds., *Samothracian Connections: Essays in Honor of James R. McCredie*, Oxford 2010.

その後、ビザンツ、ヴェネツィア、ジェノヴァによる支配を経て一四五七年にオスマン帝国領となったサモトラケが再び人々の注目を集め始めるのは、ようやく一九世紀になってのことである。この時期、ロマン主義の隆盛とともに、サモトラケの秘儀は古代ギリシアへの憧れをつのらせるヨーロッパの知識人たちの関心をかき立てた。ドイツの哲学者シェリングは一八一五年に『サモトラケの神々について』と題する講演を行い、ドイツの文豪ゲーテの『ファウスト』第二部（一八三三年）にも、サモトラケの秘儀が詠われている。

そして、「ギリシアの大発掘時代」と言われる一九世紀後半、一八六三年の「サモトラケのニケ」の劇的な発見が大きな契機となり、フランス（一八六六年）やオーストリア（一八七三、一八七五年）によって、「偉大なる神々の神域」に発掘の鍬が入れられた。二〇世紀になると、スウェーデン隊の発掘（一九二三～一九二五年）を経て、いよいよ一九三八年から、アメリカのニューヨーク大学のチームによる本格的な発掘調査が始まることになった。

第二次世界大戦期の一時的な中断を除いて現在に至るまで精力的に続けられているアメリカの発掘調査を牽引したのは、サモトラケ発掘にライフワークとして取り組み、この地にその半生を捧げた三人の考古学者である。初代ディレクターとして多大な成果をあげたカール＝レーマン（一八九四～一九六〇年）。のちに夫となる彼の発掘チームにニューヨーク大学の大学院生として当初から加わり、彼の死後は二代目のディレクターを務めたフィリス＝レーマン（一九一二～二〇〇四年）。そして、三代目のディレクターとなり、一九六六年から二〇〇八年まで実に四〇年以上にわたって発掘を指揮したジェームス＝マクレディ（一九三五年～　）である。とりわけ、マクレディのもとでの発掘調査によって数々の遺構があらたに発見され、「偉大なる神々の神域」の遺跡図は、かつてとはかなり様変わりしたものに書き換えられている。こうして、古代世界に広くその名を轟かせた「偉大なる神々の神域」の全貌が、いよいよ明らかになりつつある。

本章では、そうした「偉大なる神々の神域」を彩るフィリッポス二世とオリュンピアスの出会いの逸話と、かつて神域を飾っていた名高い「サモトラケのニケ」を軸に、この美しい「神秘の島」に投影されたマケドニアとローマの野望に光を当ててみることにしたい。

マケドニアの野望

伝えられるところでは、フィリッポス二世がサモトラケ島でオリュンピアスとともに秘儀に入信したとき、彼自身はまだ若年《メイラキオン》で、彼女には両親がなかったが、この娘に恋をして、その兄アリュバスを説得して婚約した。（プルタルコス『アレクサンドロス伝』二章二節）

アレクサンドロス大王（在位　前三三六～前三二三年）の両親であるマケドニアのフィリッポス二世とエピルス地方のモロッソイ王国の王女オリュンピアスは、サモトラケの秘儀で出会い、恋に落ちた――。これは、ローマ時代の伝記作家プルタルコスが『アレクサンドロス伝』の冒頭で伝えているエピソードであり、サモトラケにまつわる最も名高い故事である。

この有名な逸話の信憑性については、古くから様々に論じられてきた。サモトラケの「偉大なる神々の神域」がフィリッポスの治世以来めざましい発展を遂げ、マケドニア王家アルゲアダイゆかりの重要な聖地として整備されていったことはよく知られている。そうした大々的な発展は、サモトラケが二人の出会いの場だったからこそ、としてプルタルコスの伝えるエピソードをほぼ全面的に受け入れる見解から、サモトラケの神域の威信を高めるために二人の出会いの逸話がのちに創作されたと見て、これを完全なフィクションとする見解まで、諸説入り乱れている。近年は、秘儀入信の際に二人が偶然に出会って恋に落ちたというロマンティックなラブストーリーを鵜呑みにする研究者はほとんどいないが、サモトラケという場の設定自体はフィクションではなく、サモトラケが二人の結婚に何らかの関わりを持っていたことを認める見解が大勢を占めている。

では、サモトラケは、二人の結婚にどう関わっていたのだろうか。サモトラケでいつ何があり、そしてそれは、どのような意味を持っていたのか。これを考えるためには、まず、フィリッポスとオリュンピアスの結婚が当時のマケドニアとモロッソイにとってすこぶる重要な反イリリア同盟だったことを、あらためて念頭に置かなければならない。

バルカン半島の北西部に住むイリリア人は、好戦的な部族として恐れられており、マケドニアもモロッソイも、前五世紀以来、国境を接するイリリア人の侵入にたえず脅かされていた。フィリッポスの父アミュンタス三世（在位　前三九三／三九二～前三七〇／三六九年）は、即位後まもなくイリリア人の攻撃を受けて一時的に王国を追われており、その後はイリリアの血を引く王女エウリュディケとの政略結婚と、イリリアへの貢租の支払いを通じて、王国の独立をかろうじて守り抜いた。フィリッポスの長兄アレクサンドロス二世（在位　前三七〇／三六九～前三六八年）は、イリリアに貢租を支払うという父の宥和政策を継続したが、次兄ペルディッカス三世（在位　前三六五～前三六〇／三五九年）は、前三六〇／三五九年にイリリアに決戦を挑み、戦死を遂げている。四〇〇〇人以上の戦死者を出したと伝えられるこの対イリリア戦は、マケドニアにとって未曾有の大敗北となり、兄の後を承けて二三歳のフィリッポスが即位したときのマケドニアは、文字通り存亡の危機に瀕していた。そうしたなかでフィリッポスは、買収工作や婚姻外交などの機略を駆使して内外の脅威を巧みに回避し、直ちに軍隊の育成に取りかかる。そして前三五八年にはイリリアとの戦いに大勝利をおさめ、ギリシア征服の好スタートを切ることになるのである。

問題のフィリッポスとオリュンピアスの結婚は、前三五六年七月に第一子となるアレクサンドロス大王が誕生していることから、その前年の前三五七年と見るのが通説である。そして、プルタルコスの伝えるサモトラケでの「出会い」と「婚約」も、それとほぼ同時期だったと考える研究者が多い。しかし、マケドニアがモロッソイとの反イリリア同盟の締結を切望していたのは、イリリアが大きな脅威だった時期、すなわち前三五八年のイリリアに対する勝利以前のことだろう。さらに、プルタルコスがフィリッポスを「若年《メイラキオン》（通常二一歳以下の若者をさす）」と呼んでいることも考慮に入れると、二人の「婚約」による反イリリア同盟の締結は、フィリッポスがまだ未成年だった、兄ペルディッカス三世の治世のことである可能性が高い。

従来、フィリッポスの父や兄たちが王位にあった前四世紀前半はマケドニアの低迷期・混乱期と考えられてきたが、近年は、ペルディッカス三世の治世にはかなりの経済的な復興が見られたことが貨幣史料から確かめられている。ペルディッカス三世は、テーベに人質として送られていた弟フィリッポスを即位後直ちに呼び戻し、彼に領土を与えて軍事改革に着手させた。前三六〇／三五九年のイリリアとの会戦は、敗北に終わったものの、それまで貢租を払い続けるという宥和政策をとらざるをえなかったマケドニアがイリリアに決戦を挑むだけの力を蓄えていたことの証でもある。こうしたペルディッカス三世の治世は、その後のフィリッポスによるギリシア征服の基盤が築かれた時期であり、マケドニアの対外政策がそれまでの守勢から攻勢へと大きな転換を遂げたターニングポイントだったと評することができる。フィリッポスとオリュンピアスの「婚約」による反イリリア同盟の締結も、そうしたペルディッカス三世の野心の一環だったのだろう。

二人のサモトラケでの「婚約」がペルディッカス三世の治世であるとすれば、なぜサモトラケだったのかも自ずと納得がいく。マケドニアからもモロッソイからも遠く離れたサモトラケは、それまでの両国には縁のうすい土地である。そうしたサモトラケをあえて同盟締結の場に選んだのは、何よりも、大敵イリリアの目をごまかす必要があったからだろう。前三五八年の対イリリア戦の勝利以後であれば、もはやイリリアの目を気にする必要はないが、前三六〇年代にあっては、同盟画策の動きをなんとしてもイリリアに察知されてはならなかったのである。サモトラケは、ヘレニズム時代にもアンティゴノス朝マケドニアの秘密の会議が開かれたことが知られているように、密約にはうってつけの場所だった。さらに、ペルディッカス三世はイリリアの血を引く母エウリュディケの目をもあざむかなければならなかった、と指摘する研究者もいる。僻遠の島サモトラケにおいて秘儀にかこつけて結ばれた反イリリア同盟は、大敵イリリアだけでなく身内をもあざむかんとする、まさにマケドニア王国の命運をかけた極秘中の極秘の作戦だったのかもしれない。

結局、対イリリア戦の惨敗で幕を閉じたペルディッカス三世の治世には、この反イリリア同盟の締結に込められたマケドニアの野望が実現を見ることはなかった。しかし、前三五八年のイリリアに対する大勝利をもって、マケドニアの対外的拡大が初めて現実的なものとなり、ペルディッカス三世の治世に蒔かれた種はみごとに芽吹いて花開くことになる。反イリリア同盟の締結の場となったサモトラケは、そうしたマケドニアの対外的拡大という野望が最初に形をなした場であり、だからこそ、その野望を実現に導いたフィリッポスの治世以来、「偉大なる神々の神域」は王家アルゲアダイゆかりの聖地として大々的に整備されていったと見ることもできるだろう。

その「偉大なる神々の神域」のほぼ中央に、「歌う踊り子たちの聖所」と呼ばれる遺構がある。前四世紀第三四半期に年代づけられるこの遺構は、現在は礎石しか残っていないが、神域における最大かつ最古の大理石製建造物であり、フィリッポスが寄進したことが確実視されている建物である。

それにしても、発掘の進展によってその規模や形状がこれほど異なるものとして解明された遺構も珍しいだろう。かつては、コの字型のイオニア式プロピュロン（門）が北東角に張り出した、屋根のない長方形の建物とされ、レーマン夫妻によって「テメノス」と名付けられていたが、一九九〇年代のマクレディの発掘調査により、建物の規模も構造も全く異なるものであることが判明した。現在は、北西側にイオニア式柱廊をともなう、屋根に覆われた大型の建物（約三四×二三メートル）とされ、名称も「歌う踊り子たちの聖所」にあらためられている。さらに、その新しい呼称の由来となった「歌う踊り子たち」のレリーフは、以前はプロピュロンのフリー

「歌う踊り子たちの聖所」の想像復元図（上）と「歌う踊り子たち」のレリーフ（下）

ズだけを装飾していたと考えられていたが、現在は、建物全体を取り囲む全長約一一五メートルもの長大な作品だったことがわかっている。

近年は、この建物こそが、秘儀の入信儀式が執り行われたテレステリオン（秘儀堂）だったという説が提唱され、反響を呼んでいる。いずれにしても、神域の中心というその位置、遺構の規模、大理石による建築、みごとなレリーフなどから、極めて重要な建物だったことは確かである。この「歌う踊り子たちの聖所」こそ、マケドニアの野望と威信を象徴する建物であり、神域における以後の華々しい建築活動の皮切りとなった建造物なのである。

そののち、王家アルゲアダイとの絆を盛んに喧伝したヘレニズム君主たちは、アルゲアダイゆかりの聖地サモトラケを、数々の美しい大理石の建造物で飾り立てた。斜面を巧みに利用しておびただしい遺構が所狭しと並ぶ神域の遺跡では、サモトラケから遠く離れたプトレマイオス朝エジプトが前三世紀前半に寄進した建造物が目を引く。プトレマイオス二世（在位　前二八五～前二四六年）が神域の主門として建造したモニュメンタルなプロピュロン「プトレマイオン」や、彼の妃アルシノエ二世が奉献した円形堂「アルシノエイオン」は、神域におけるとりわけ印象的な遺構である。

前三世紀半ば以降は、かわって、アンティゴノス朝マケドニアによる建造物が増えていく。軍船の展示ホール「ネオリオン」は、アンティゴノス＝ゴナタス（在位　前二七七頃～前二三九年）がプトレマイオス朝に対する海戦の勝利を記念して寄進したものと見る説が有力である。ネオリオンのすぐ南の長大なストア（列柱館）の正面では、フィリッポス五世（在位　前二二一～前一七九年）の巨大なブロンズ像の円柱状の台座が発見されている（像は現存せず）。

アンティゴノス朝はその後、第三次マケドニア戦争（前一七一～前一六八年）でローマの軍門に降るが、戦いに敗れた最後の王ペルセウス（在位　前一七九～前一六八年）は、逃避行の末にサモトラケに逃れ、この地でローマ軍に捕えられたという。かつてサモトラケで初めて形をなしたマケドニアの野望は、そのサモトラケで、最終的に潰えることになったのである。

「サモトラケのニケ」

「サモトラケ」という名前をとりわけ世に広く知らしめているのは、やはりなんと言っても、「ミロのヴィーナス」と並んでルーヴル美術館の至宝となっている「サモトラケのニケ」だろう。

頭部と両腕が失われたこのパロス島産白大理石のニケ（勝利の女神）像は、等身をはるかに超える高さ二・七五メートルもの彫像で、今まさに船の舳先に舞い降りて羽ばたきの翼をおさめようとするかのような姿で立っている。古代には「偉大なる神々の神域」の最高所に海を見下ろすように据えられていたニケ像は、一八六三年、考古学愛好家だったアドリアノープル（現エディルネ、トルコ共和国）のフランス副領事シャルル＝シャンポワゾによって発見された。翌年パリに運ばれたニケは、その後あらたに見つかった像の断片や船首をかたどった台座とともに修復され、一八八四年からルーヴル美術館の「ダリュの階段踊り場」に据え置かれて、訪れる人々の目を圧倒している。

ヘレニズム彫刻の傑作としてあまりにも名高いこのニケ像は、碑文や彫刻家の署名もなく、古典史料にも全く触れられていないため、いつ誰が奉納したのかをめぐって、一九世紀以来、膨大な議論がある。これは、多くの美術史家や歴史家を長年悩ませてきた難問であり、像の発見から一世紀半経った現在も、論争の決着はついていない。

いったい、誰がいつ、何のために、この美しいニケ像を「神秘の島」に奉納したのだろうか。

像が発見されてまもない一九世紀後半には、船首に舞い降りるニケというモティーフは海戦の勝利を記念したものであること、そして、ニケのポーズがアレクサンドロス大王死後の後継者戦争期に活躍したデメトリオス＝ポリオルケテスの貨幣の意匠に似ていることから、彼がキプロス島のサラミス沖の海戦（前三〇六年）でプトレマイオス一世の海軍に大勝したことを記念して奉納したという説が有力だった。

その後、一九三〇年代になると、像の台座はロドス島のリンドス近郊で採石されたラルトス石と呼ばれる青灰色大理石で作られていることが判明する。さらに、台座にかたどられている船はヘレニズム時代のロドスがとりわけ好んだトリヘミオリア船という軽装備船であることも指摘され（ただし、テトレレス船という重装備船と見る見解もある）、ニケ像とロドスのつながりが注目されるようになった。また、ニケの力強くひろげた大きな翼、そのダイナミックな体軀や姿勢などが、有名なペルガモンの大祭壇の基壇を飾る「ギガントマキア＝フリーズ」のなかの女神像（アテナとニケ）と驚くほど似通っていることから、ニケ像はペルガモンの大祭壇とほぼ同時代、すなわち前一九〇～前一八〇年頃の作品であるという説が有力視されるようになる。こうして、

「サモトラケのニケ」　パリ、ルーヴル美術館蔵

「サモトラケのニケ」は、シリア戦争（前一九一～前一八八年）においてローマ側にくみしてセレウコス朝シリアと対戦したロドスが、前一九〇年のシデ沖の海戦もしくはミオンネソス沖の海戦でセレウコス朝の艦隊を打ち破ったことを記念して奉納したものであるという見方が、ほぼ通説の地位を占めることになったのである。

その後も、アンティゴノス朝マケドニアのアンティゴノス＝ゴナタスもしくはフィリッポス五世、ペルガモン王国、サモトラケの人々などを奉納主とする説が唱えられたものの、いずれもこれといった決め手はなく、ロドス説が圧倒的に優勢だった。しかし近年は、この長年の通説を疑問視する見解も目立つようになっている。

ロドス説の主要な根拠とされていたのは、台座がロドス産のラルトス石でできており、ロドス人になじみ深いトリヘミオリア船の舳先をかたどっていることであるが、これは、ニケ像がロドスの彫刻家の作だったことを示唆するにすぎず、ロドスが奉納したということを必ずしも示すものではない。前三世紀末からの約一〇〇年間は、ロドスの彫刻家の活動が最も活発だった時期であり、彼らは国外でも盛んに作品を制作していた。従って、外国の奉納主からニケ像の注文を受けたロドスの彫刻家が、使い慣れたラルトス石を用いてなじみ深いトリヘミオリア船の舳先をかたどった台座を制作したということも、十分に考えられるのである。さらに、ニケ像との類似が指摘されているペルガモンの大祭壇の年代も、近年は、前二世紀第二四半期に引き下げられている。とすると、ロドスが前一九〇年の戦勝を記念して奉納したというのは、年代的にも合わないことになってしまう。

「サモトラケのニケ」の奉納主と奉納時期をめぐる論点は極めて多岐にわたるが、やはり、なぜ、サモトラケに奉納されたのかをまず考えるべきだろう。「偉大なる神々の神域」の最高所に堂々と打ち立てられたニケ像には、相応の政治的意味があるはずである。

サモトラケにニケ像を奉納する積極的な理由があったのは誰か。ロドスには、わざわざサモトラケに戦勝モニュメントを奉納する必然性はうすい。ロドスとサモトラケには、これといったつながりは認められない。確かに、フィリッポス五世の治世の前半にはロドスとマケドニアは対立関係にあったが、第二次マケドニア戦争（前二〇〇〜前一九七年）でローマに敗れてからのマケドニアはローマ側につき、シリア戦争においても、ロドスと同じローマ陣営にくみしている。そのシリア戦争における戦勝モニュメントを、ロドスが長年のマケドニアゆかりの聖地サモトラケにこれ見よがしに打ち立てたというのは、いささか腑に落ちない。

サモトラケとの絆を考えれば、アンティゴノス朝による奉納と見るのがやはり自然であり、ペルガモンの大祭壇との年代的一致も考慮に入れるなら、奉納主として最もふさわしいのは最後の王ペルセウスだろう。彼の治世にはマケドニアとロドスは友好関係にあったことが知られているので、ロドスの彫刻家が雇われたというのも筋が通る。

第二次マケドニア戦争に敗れて以降、軍備を大幅に制限されたフィリッポス五世は、対外的な進出を控えて国力の充実に努めていたが、そんな父にかわって前一七九年に即位したペルセウスは、軍事力の増強をはかり、積極的な対外進出策を推し進めた。第三次マケドニア戦争勃発直前のマケドニアは、アレクサンドロス大王の遠征軍をも上回る大規模な軍勢を擁していたという。そうしたマケドニアの軍事的復興のデモンストレーションとして、ペルセウスは、かつて父フィリッポス五世が建立した自らの巨大な像をも見下ろす神域の最高所に、ニケ像を誇らしげに打ち立てたのかもしれない。サモトラケに勝利の女神像を奉納したのがペルセウスだったなら、彼がそのサモトラケでローマ軍に捕えられたのは、まさに皮肉としか言いようがない。

このように、ペルセウスがニケ像を奉納したというのはまことに魅力的な仮説だが、そのペルセウスを降したローマこそが奉納主だったと見る新しい説もある。サモトラケでペルセウスを捕えたことを記念して、ローマがこの地に勝利の女神像を建立した、という解釈である。

最後の戦いとなった前一六八年のピュドナの決戦で、百戦錬磨の将軍アエミリウス＝パウルスが率いるローマ軍に敗れたペルセウスは、マケドニアの都ペラからアンフィポリス、ガレプソスを経て、最終的にサモトラケの神域に逃げ込んだ。ローマ艦隊はサモトラケを海上から封鎖し、ペルセウスはついに投降を余儀なくされる。パウルスの膝にすがって命乞いをしたというペルセウスは、その後ローマに連行され、パウルスの凱旋式でローマ市中を引き回されたと伝えられている。

このパウルスは、第三次マケドニア戦争を制した直後に、ギリシア中部の神域デルフォイに自身の像を建立したことでも知られる。前一六七年にデルフォイを訪れた彼は、「敗者は勝者に場所を譲るべきである」と言い放ち、ペルセウスが自らの黄金像を建立するために用意していた柱状の大理石の台座に、自身の像を据えるよう命じたという。デルフォイのアポロン神殿のそばに建てられたそのパウルスの像は現存していないが、台座の大理石柱の四面を飾っていたレリーフの一部が残っており、現在はデルフォイ考古学博物館の一室に展示されている。

マケドニアの栄光を喧伝することになるはずのペルセウスの黄金像にかわって、全ギリシア的な聖地デルフォイの神域の心臓部に堂々と打ち立てられたパウルスの像は、今やローマがマケドニアを降してギリシア世界の覇者となったことをまざまざと見せつけるモニュメントだった。長年のマケドニアの聖地であるサモトラケの「偉大なる神々の神域」の最高所に、歴代のマケドニア王たちが奉納した像や建物を見下ろすかのように輝かしくそびえ立つ勝利の女神像も、同様に、このサモトラケの地でついにマケドニアにとどめをさしたことを告げる、ローマの高らかな勝利宣言だったと見ることもできるだろう。

同時代の歴史家ポリュビオスは、第三次マケドニア戦争でのローマの勝利こそが、地中海世界におけるローマの支配を確立させ、ローマをまさに「帝国」へと導いた記念すべき勝利である、と繰り返し述べている。あの美しい「サモトラケのニケ」は、そうした「帝国」の確立を象徴する最初のモニュメントであり、フィリッポス二世による「歌う踊り子たちの聖所」の寄進以来大きな繁栄を誇った「マケドニアの神域」は、このニケ像の建立をもって終焉を迎え、「ローマの神域」へと変貌していったのかもしれない。

〈アクセス〉

サモトラケ「偉大なる神々の神域」(Samothraki, Hieron ton Megalon Theon)／サオスフェリー(Saos Ferries)でアレクサンドルポリ(Alexandroupoli)から約二時間でサモトラケ島唯一の港カマリオティッサ(Kamariotissa)下船。コミュニティバスでカマリオティッサから八分でパレオポリス(Paleopolis)下車。徒歩数分。

第一五章　ゴルテュンとクノッソス
——ポリスから属州の都、コロニアへ

岡田泰介

はじめに

アテネからオリンピック航空の定期便で飛ぶこと一時間弱、クレタのイラクリオン空港に降り立つ。クレタの玄関口であり、島で最大の都市として三〇万人近い人口を擁するイラクリオンは、一六世紀スペインを代表する画家エル＝グレコ（スペイン語で「ギリシア人」の意味、本名はドメニコス＝テオトコプロス）や、近代ギリシア最大の小説家カザンザキスの故郷でもある。

エーゲ海南端に位置するクレタ島は、南北は狭く東西に長く伸びた、細長い島である。島の中心を高く険しい山脈が背骨のように東西に走っているため、この屏風のような山々にさえぎられて南北方向の行き来は容易でないが、唯一、イラクリオンのある島の中央部でだけ山がとぎれ、開けた土地が南北に広がっている。古代のクレタを代表する二大都市、クノッソスとゴルテュンは、いずれもこの地域で生まれ、栄えた。クノッソスは、壮大な「宮殿」で有名なギリシア先史文明の一つミノア文明の中心地の流れをくむ由緒ある都市《まち》、一方のゴルテュンは初期鉄器時代（暗黒時代）に起源を持つ新興の都市《まち》である。

母方からクレタ人の血を引く、ローマ時代の地理学者ストラボンによれば、クノッソスはクレタ随一の都市、ゴルテュンはそれに次ぐ都市であり、両市が手を結べばその他すべての島民を支配することができたが、ひとたび反目するならば、全島を二分する争いをまきおこしたという。

およその年代	時代区分	関連事項
紀元前		
2000	中期青銅器時代	クノッソスなどの宮殿がつくられる
1200	初期鉄器時代	アイオス＝ヨアンニス丘の集落成立
700		ポリス・クノッソスの成立
600		ポリス・ゴルテュンの成立
323	ヘレニズム時代	アレクサンドロス大王死去
67	ローマ時代	ローマがクレタを征服
紀元後		
324	ビザンツ時代	
824-961		アラビア人の支配
1204	ヴェネツィア時代	
1669	オスマン帝国時代	

クレタ史略年表

クノッソスとゴルテュンの遺跡

　イラクリオンの港近くにあるバスターミナルA発のバスでおよそ三〇分、クノッソスの遺跡は、ケラトス川と、古代のアクロポリスであるモナステリアコ＝ケファリの丘にはさまれた河谷に広がっている。遺跡のなかで圧倒的な存在感を示しているのは、なんといっても、クレタ最大の規模を誇る中期青銅器時代の「宮殿」、いわゆる「迷宮《ラビリントス》」で、これはローマ時代の貨幣の意匠にも使われたクノッソスのシンボルである。

　クノッソス遺跡には、イラクリオンの名士ミノス＝カロケリノスが一八七八年に調査の鍬を入れており、トロイアとミケーネの遺跡の調査で名を上げたドイツのハインリヒ＝シュリーマンも注目していたが、結局、クノッソス発掘者としての栄誉はイギリス人アーサー＝エヴァンズのものになった。彼の指揮のもと一九〇〇年から一九〇六年にかけておこなわれた調査によって、「宮殿」を中心とする青銅器時代の遺跡の全貌が姿をあらわした。その成果は、エヴァンズの手になる浩瀚《こうかん》な発掘報告書『ミノスの宮殿』全四巻に結実している。

　このように華々しいミノア時代の陰に隠れて、ギリシア・ローマ時代のクノッソスのイメージは、いたって地味でめだたない。それは、大都市イラクリオンに近いせいで、ヴェネツィア・オスマン帝国時代を通じて大量の石材が持ち去られた結果、地表に残っていたギリシア・ローマ時代の遺構があらかた破壊されてしまっており、そのうえ、この時代に関する調査そのものもあまり進んでいないため、当時の都市《まち》の様子がよくわからないからだ。わかっているのは、都市《まち》が「宮殿」の北西方面に広がっていたらしいということぐらいである。

　イラクリオンのバスターミナルBから、フェストス「宮殿」方面へ、埃っぽい道路をバスにゆられることおよそ一時間、「ゴルティス」と言われて降りてみると、ローマ時代の音楽堂《オディオン》や教会のある一帯だけが柵で囲われ、こぢんまりと公園化されているけれども、実際の遺跡の範囲はず

遺跡図１　クノッソス　Myers, W. J., Myers, E. E. et al., eds. (1992). *The Aerial Atlas of Ancient Crete*. Berkeley-Los Angeles, Figure 17.1より作成

っと広く、そのほとんどはオリーブ畑のなかに埋もれるように散らばっている。音楽堂の背後にそびえるアイオス＝ヨアンニスの丘に登れば、クレタ南岸に広がる豊かなメサラ平野が一望できる。クノッソスとは対照的にゴルテュンでは、青銅器時代の痕跡が乏しいかわりに、比較的保存状態のよいギリシア・ローマ時代の遺構が数多く残っていて、都市《まち》のありさまも、かなりよくわかっている。

一九世紀末、ゴルテュン遺跡を最初に調査したのは、近世の旅行者たちの記録をたよりにこの場所にたどりついたイタリアの考古学者・碑文学者フェデリコ＝ハルブヘルで、彼は、まもなくここで、前五世紀の法を刻んだ有名な「ゴルテュン法典」碑文の主要部分を発見することになる。第二次世界大戦をはさんで、その後もイタリア隊が中心となって調査が進められ、初期鉄器時代からビザンツ時代にいたる遺跡の全容があきらかになりつつある。

ポリスの成立

「宮殿」に象徴される先史時代の文明が滅んだあと、歴史時代のクレタ史の主役となったのは、ギリシア本土と同様、ポリスである。本土に比べて小さなポリスが群立したのが、クレタの特徴とされる。そのなかで、クノッソスとゴルテュンは例外的に大きなポリスだったが、そのなりたちは対照的である。クノッソスでは、「宮殿」を中心とする青銅器時代の都市的センターを受け継ぐかたちで、大きな断絶もなく、ポリスが成立した。これは、ポリスのでき方としては珍し

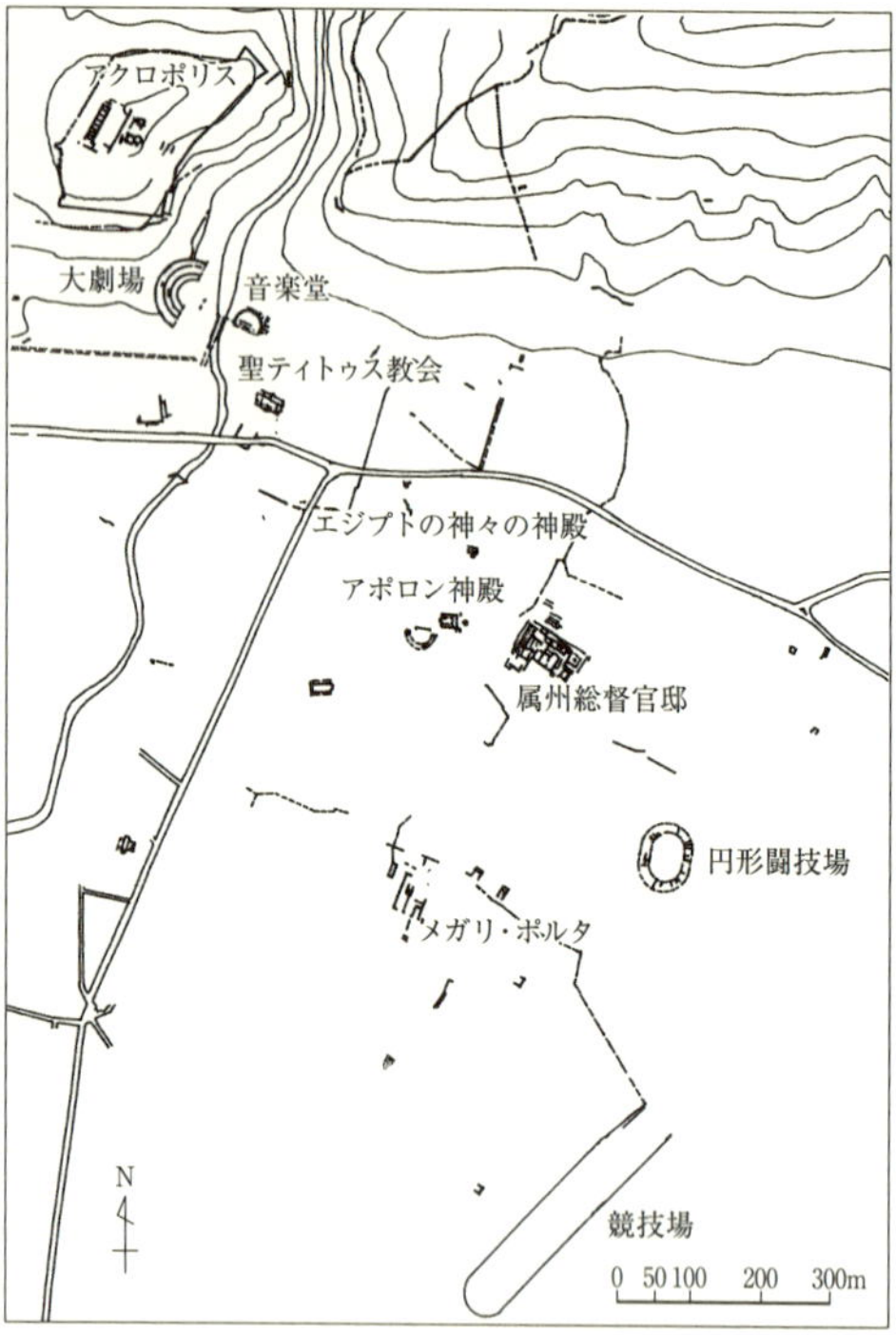

遺跡図２　ゴルテュン　Myers, W. J., Myers, E. E. et al., eds. (1992). *The Aerial Atlas of Ancient Crete*. Berkeley-Los Angeles, Figure 12.1より作成

く、クノッソス以外にはあまり例がない。一方、ゴルテュンでは、初期鉄器時代の終わりごろ、幾つかの集落が寄り集まってポリスが生まれたらしい。このような、いわゆる「集住《シュノイキスモス》」によるポリス形成は、アテネにもみられる、ひとつの典型的なパターンといえる。

青銅器時代の末期に、宮殿の炎上に象徴されるような破壊と混乱が広がったギリシア本土と違って、クノッソスはそのような断絶を経ることなく初期鉄器時代にすべり込んだようで、住民はちりぢりになることもなく、青銅器時代の「宮殿」の近くに住み続けた。そのことは、考古学的にも証明できる。彼らは、青銅器時代と同様、居住区から離れた郊外に墓域をいとなんだ。初期鉄器時代も終わりに近い前八世紀になると、居住区は北西方向へ大きく広がった。これは人口の増加を思わせることから、クノッソスのポリスはそのころに生まれたのではないかと考えられている。

このように、ミノア時代までさかのぼる古い歴史を誇るクノッソスに対して、都市《まち》としてのゴルテュンの歴史は、いまのところ、青銅器時代の末期、前一二世紀のはじめごろまでしかさかのぼれない。そのころ、のちにゴルテュンのアクロポリスとなるアイオス＝ヨアンニスの丘の上に、最初の集落が生まれた。この集落は、前一二世紀から前一〇世紀ごろに、城壁で囲まれたらしい。前九世紀から前八世紀にかけて、ほぼ現在のかたちになったとされるホメロスの叙事詩『イリアス』のなかで、ゴルテュンにつけられた「城壁堅固な」という枕詞は、成立後まもないアイオス＝ヨアンニス丘の集落の記憶をとどめたものかもしれない。前八世紀には、隣接する二つの丘の上にも集落ができた。

前七〇〇年ごろから、三つの丘の集落の住民たちは、いっせいに平野へ降りて新しい集落をつくりはじめたらしい。最初の集落のあったアイオス＝ヨアンニスの丘の麓、いまは音楽堂のあるあたりを中心として、ポリス・ゴルテュンが生まれたのは、前七世紀の末ごろのことだったようである。このポリスは、その後メサラ平野を中心に着々と勢力を広げ、クノッソスの最大のライバルとして台頭してくることになる。

クレタの覇権をめぐって

ギリシア世界がペルシア戦争やペロポネソス戦争といった大動乱を経験していた前六世紀～前五世紀にかけてのクレタの状況は、史料が乏しいせいで、ほとんど何もわからない。前四世紀の半ばになって、ようやく、クレタ諸市の動向をかなり詳しく追うことができるようになる。以後、ローマに征服される前一世紀までのクレタ史は、島の覇権をめぐってせめぎあうクノッソスとゴルテュンのライバル関係を縦糸、その他の有力諸市とマケドニアやローマなど諸外国の動向を横糸として、織りなされていく。

前四世紀から前三世紀中ごろにかけては、クノッソスが優勢だった。前三世紀中ごろの碑文を見ると、ゴルテュンの同盟市は近隣の五市にすぎないのに、クノッソスの同盟市は二〇市にのぼり、それも島全体にわたっている。前二二一年ごろ、ゴルテュンに内乱がおこったことも、クノッソスに対する立場を弱めた。形勢が逆転してくるのは、前三世紀末のことだったらしい。ちょうどそのころ、クレタ諸市は、諸外国との関係を共同で調整することを主な目的として、連邦《コイノン》というゆるやかな同盟組織をつくった。ゴルテュンはこの連邦の主導権を握り、それを足がかりとしてクレタ全土に影響力を広げていった。

こうして、前二世紀前半になると、こんどは、ゴルテュンがクノッソスに対して優位に立つようになったらしい。押され気味のクノッソスは、たびたび外国に調停を依頼している。前一八四年、ゴルテュンが、クノッソスをはさんで東西に位置するリュットスとラウコスの二市と結んでクノッソス領の一部を奪ったとき、クノッソスは、ローマの介入をたのんで、奪われた領土をからくも取り戻すことができた。このころからローマが、クノッソスとゴルテュンおよび各々の同盟諸市の紛争に、調停者という役回りで、次第に深く関与するようになってくる。おりしも、マケドニアのフィリッポス五世とセレウコス朝のアンティオコス三世があいついでローマとの戦いに敗れ、東地中海世界をローマの影が広く濃く覆いつつあった。

西方からの嵐

クレタへのローマの介入は、はじめのうちこそ、クレタ諸市間の紛争の調停という体裁をとっていたが、前一世紀になると、ローマは、第三者的な調停者の仮面をかなぐり捨て、いよいよクレタ征服の意図を剝き出しにしはじめる。前七四年、ちょうど火ぶたが切られたばかりの、ポントス王ミトリダテス六世との戦争（第三次ミトリダテス戦争）にからんで、ローマは、クレタ諸市が傭兵や海賊活動を通じてミトリダテスを支援していると言いたて、マルクス＝アントニウスの率いる艦隊をクレタへさし向ける。このアントニウスは、第二次三頭政治家の一人としてオクタウィアヌスと天下を争ったアントニウスの父親である。

しかし、アントニウスの艦隊は、クレタ北西部キュドニアの沖合で、クノッソス人ラステネスの率いるクレタ艦隊に敗北してしまう。捕虜となったローマ兵は帆柱に吊され、「クレティクス（クレタ征服者）」という皮肉な渾名をつけられたアントニウスも死んだ。

ローマの報復を恐れたクレタ人の連邦は、ただちに釈明の使節団をローマへ送る。元老院は、いったんは釈明を受け容れるが、クレタ人に好意的な元老院決議は護民官レントゥルス＝スピンテルの拒否権《ウェトー》によって葬り去られ、あらためて最後通告とも言うべき過酷な決議がなされる。この決議は、アントニウスを破った将軍ラステネスの身柄、軍船全部とローマ人捕虜の引き渡しに加え、人質三〇〇人を差し出し、四〇〇〇〇タラントンという法外な賠償金を支払うことを要求するもので、クレタ人を挑発する意図はあきらかだった。

クレタでは、ラステネスの一派が慎重派を抑えて、この要求を拒絶する。中立または親ローマ的な態度をとったゴルテュンとポリュレニアの二市を除く、大半の諸市は、おそらくクノッソスが主導する連邦のもとに結束し、ローマ軍の侵攻に備える。それに対してローマは、前六九年、カエキリウス＝メテルスの指揮下に、三個軍団をクレタへ侵攻させる。

クレタ西端のポリュレニアに上陸したメテルスは、まずキュドニアを攻め、守将のパナレスは一身の安全とひきかえに市を明け渡す。ラステネスはクノッソスへ退き、ここにたて籠もって抵抗したが力尽き、屋敷に火をかけて脱出する。

メテルスは剣と炎でクレタ各地を劫掠し、捕虜に対する扱いも苛烈を極めたので、捕らえられるよりは自ら死を選ぶ者も多かったという。そこで、クレタ人は、より寛大な処遇を求め、当時、海賊討伐のために強大な権限を与えられていたポンペイウスに降伏を申し出る。クレタにいたポンペイウスの副官オクタウィウスが、これを仲介したらしい。ポンペイウスの部下コルネリウス＝シセンナも、軍隊とともにギリシアからクレタへ来航し、ポンペイウスに降伏した諸市に危害を加えぬようメテルスを制止するが、メテルスは無視してエレウテルナ市を攻略、あまつさえオクタウィウスが滞在していたラッパ市まで攻め落とし、オクタウィウス配下のキリキア人たちを処刑してしまう。

ここにいたって、オクタウィウスはシセンナがギリシアから連れてきた兵を率いてメテルスと戦うが敗れ、クレタ東部の要衝ヒエラピュトゥナをローマ軍から奪ったアリスティオンという者を援けて抵抗を続けるものの、支えきれずに海上へ逃れたところ、嵐に遭って軍の大半を喪ってしまう。こうして、前六七年、あしかけ三年におよんだクレタ人の抵抗は潰えた。クレタ全島はローマの軍門に降り、メテルスは凱旋式を挙行、アントニウスと違って言葉通りの意味で「クレティクス」と称えられた。

メテルスによって征服されローマの版図に組み込まれたクレタ島は、内乱に勝利したオクタウィアヌスによって、前二七年か前二四年に、リビア北東部キレナイカ地方と併せて一つの属州とされた。以後、後三世紀にディオクレティアヌス帝（在位　二八四〜三〇五年）がクレタを小アジア北西部のミュシアと統合するまで、この体制が続くことになる。

ゴルテュンはポリスから属州の都《みやこ》へ

クレタ・キレナイカ属州の州都には、一貫して親ローマ的な姿勢を保ってきたゴルテュンが選ばれた。ローマ時代の痕跡に乏しいクノッソスとは対照的に、ゴルテュンでは、属州総督官邸《プラエトリウム》をはじめ、音楽堂、劇場、円形闘技場、公衆浴場、神殿、水道施設などの遺構が数多く残り、属州の首都にふさわしい威容を誇っている。

これらの遺構には、前一世紀から後一世紀にさかのぼるものが少なくない。皇帝礼拝が導入された形跡もある。そのことは、ゴルテュンにおける「ローマ化」が早くから進んだことをうかが

アクロポリスから音楽堂（手前）と聖ティトゥス教会（右上）を望む　筆者撮影（2005年）

わせる。多数出土している碑文をみると、役人など公務で滞在している者以外にも、少なからぬローマ人、イタリア人が、家族をともなってゴルテュンに住んでいたことがわかる。ゴルテュンの「ローマ化」がこれほど進んだのは、もともと親ローマ的な傾向の強かったゴルテュン人の側に、それを積極的に受容しようという機運があったからだろう。

ローマ時代のゴルテュンの中心をなすフォルム（公共広場）は、同じような役割を担っていたギリシア時代のアゴラを受け継いで、アクロポリスの東側、バスから降り立つとまず目に入る遺跡公園のあたりに位置していた。フォルムの面影をこんにちに伝えるのは、すでに何度か言及した音楽堂である。いま目にすることができる建物は、前一世紀の建物が地震で倒れたあと、後二世紀に再建されたもので、その壁面には「ゴルテュン法典」がはめ込まれている。まるで犂で引いた畑の畝のように左右交互に記す「牛耕式《ブーストロフェードン》」という古い書式で刻まれたこの碑文は、前五世紀のポリス・ゴルテュンの法を記録したもので、現存する前古典期《アルカイック》の法のなかでもっとも長く、内容的にも豊かで、古代ギリシア研究の最重要史料の一つとして名高い。もとは、音楽堂の場所かその近くにあった建物の、弧を描いた壁面に掲げられていたらしい。

音楽堂から南のほうへふり返ると、聖ティトゥス教会が見える。パウロによってクレタへの布教を委ねられた聖ティトゥスにちなむこの教会は、クレタでもっともよく保存されている初期キリスト教会であり、そのバシリカは後六世紀初頭、ユスティニアヌス帝（在位　五二七～五六五年）の時代に建てられた。バシリカというのは、もとは裁判や集会、商取引などに使われたローマの公共建築のことで、基本的には長方形をしており、柱廊をめぐらせた広間を持っていることが多い。この建築様式は、後四世紀にキリスト教が公認されると、教会建築に応用された。

聖ティトゥス教会　筆者撮影（2005年）

フォルムの西に目を向けると、アクロポリスの東の斜面に、大劇場の遺構がある。いまでは、劇場とフォルムはミトロポリアノス川の河床によって隔てられているが、ローマ時代にはこの川は暗渠になっていて、フォルムと劇場を自由に行き来することができた。

遺跡公園からバス道へ戻り、東へ二〇〇メートルほど進むと、ローマ時代の水道が道路を南北に横切っている。標識にしたがって右折し、小径を進むと、水道の先端に給水場《ニュンファイオン》が見え、その隣には、州都にふさわしく、属州総督官邸がある。後二世紀の建物が地震で損傷したあと、四世紀に規模を拡大して再建された。この建物は、ビザンツ時代からアラビア時代にかけては修道院として利用されていたが、ヴェネツィアの支配時代になると使われなくなった。

　属州総督官邸の西側へ小径を回り込んでいくと、まず小劇場が、次いでアポロン神殿が見えてくる。ゴルテュンの守護神であるアポロン＝ピュティオスを祀ったこの神殿は、前七世紀末に建立されて以来、ギリシア・ローマ時代のゴルテュンでもっとも重要な祭祀センターとしての役割を担ってきただけでなく、公的な碑文が掲示され市民の閲覧に供される場所でもあった。神殿は後二世紀にキリスト教会に改装され、フォルムの聖ティトゥス教会が建設される六世紀まで、ゴルテュンのキリスト教信仰の中心となった。併設の小劇場では、アポロンの祭儀にともなう歌舞演劇が上演されたのだろう。

アポロン＝ピュティオス神殿　筆者撮影（2005年）

アポロン神殿からバス道の方向へ戻ると、イシスとセラピスをはじめとするエジプトの神々を祀った、後一世紀から二世紀にかけての神殿がある。

属州総督官邸の南東一五〇メートルほどのところには、後二世紀後半の円形闘技場があり、そのさらに南には競技場《スタディオン》の痕跡がかすかに残っている。円形闘技場の西には、こんにちメガリ＝ポルタと呼ばれているローマ時代の壁がみられる。その高さは、ところによっては七メートルにも達する。この未調査の遺構は、後二世紀の公共浴場と考えられている。

クノッソスはポリスからコロニアへ

クレタ軍の司令官ラステネスの出身地であり、メテルスの侵攻に激しく抵抗したクノッソスは、ローマ支配下で、当然ながらゴルテュンよりも不利なスタートを切ることになった。クノッソスは領土の一部を南イタリアの都市カプアに割譲させられただけでなく、市自体がローマのコロニアとされたのである。

前三六年、アントニウスとの決戦を目前にひかえていたオクタウィアヌスは、麾下の兵士をなだめるため、彼らにカプアの土地をあてがい、カプアに対しては、おそらく前三一年のアクティウム海戦によってアントニウスに対する勝利を確実にしたあと、代替地としてクノッソス領の一部を与えた。その数年後の前二七年、コロニア＝ユリア＝ノビリスが建設され、クノッソスは属州クレタ・キレナイカ唯一のコロニアとなった。

コロニアとなったにもかかわらず、ここクノッソスでは、急速に「ローマ化」したゴルテュンとは対照的に、少なくとも後一世紀後半まで一世紀以上のあいだ、ローマ以前とさほど変わらない暮らしがいとなまれていたらしい。カプアに土地を割譲したといっても実際にカプア人が移住してきたわけではなく、土地そのものはそれまで通り地元民が耕作して、地代を支払ったのである。コロニアの遺跡のうちこれまでに調査された部分は限られているものの、どの調査ポイントでも、ローマ以前の住居や街路が、後一世紀の中ごろまでそのまま使われている。遺物などの物質文化の面でも、ヘレニズム末期とローマ初期のあいだには、ほとんど違いがない。「宮殿」を見下ろすギプサデスの丘に前八世紀に建立された古いデメテル神殿も、ひき続き人々の信仰を集めていた。

たしかに、コロニアの行政機構はローマ式であり、イタリア風のモザイクや輸入陶器はイタリアからの入植者やローマ人の役人がいたことをうかがわせるけれども、碑文からわかる限り、コロニアが建設されて間もないころでさえ、ラテン語は公的な分野でしか使われておらず、日常言語はあいかわらずギリシア語だった。あまつさえ、後一世紀を過ぎると、ラテン語はますます使われなくなっていく。

ゴルテュンとは対照的に、ローマ時代のクノッソスの様相はあまりよくわかっていない。当時の遺構はほとんど調査されておらず、地上に残っている部分は石材の採取のためにひどく破壊されてしまっている。それでも、こうした手薄な調査からでさえ、後一世紀後半から二世紀にかけて、ようやく本格的な「ローマ化」の段階に入ったクノッソスの繁栄ぶりがうかびあがってくる。

「宮殿」から北西へ五〇〇メートルほど、アクロポリスの東麓に、ローマ時代のフォルムを見下ろすように建っているのが、通称「ディオニュソスのウィラ」である。これは、クノッソスでもっとも保存状態のよいローマ時代の遺構で、建物の最終段階では、周柱式のホールの南北と西側を一連の部屋が取り囲む構造になっている。建設年代は、後一世紀から二世紀にわたる。遺構の呼び名は、ディオニュソス祭儀をモチーフとする壮麗なモザイクに由来している。

ディオニュソスのウィラ（2000年）Coldstream, J. N.（2003）. "Early Greek occupation under the Roman Villa Dionysos." *Annual of the British School at Athens* 98, Pl.15（a）

第二次世界大戦に先立つ一九三五年から一九三七年にかけておこなわれた調査のデータは戦争中に喪われ、戦後の一九五七〜五八年に実施された発掘の結果も、長らく公表されないままだった。包括的な発掘報告書の刊行と遺構の一般公開の準備がようやくはじまったのは、一九九〇年代のことである。

この遺構は住宅街の北の端に位置し、すぐ北東にはフォルム、北西には劇場をひかえている。私人の邸宅であった可能性もすてきれないけれども、立地と規模からして、何らかの公的な機能を持つ施設だった可能性が高い。モザイクのテーマであるぶどう酒の神ディオニュソス、アンフォ

クノッソス全景　ギプサデスの丘から「宮殿」とイラクリオン方面を望む。筆者撮影（2005年）

ラ（ぶどう酒やオリーブ油の格納に使われた大型の壺）の破片が出土していること、クノッソスがローマ時代にはぶどう酒の産地として知られていたこと、などをヒントに、この建物をぶどう酒業者の組合会館とみる説もある。

「ディオニュソスのウィラ」が改修された後二世紀ごろのクノッソスは、ことさら活況を呈していたらしく、住宅街をはさんで「ウィラ」の南にある通称「未調査の邸宅」地区にも、美しい壁画で飾られた、二世紀の「ダイヤモンド＝フレスコの家」がある。「ディオニュソスのウィラ」も「ダイヤモンド＝フレスコの家」も、おそらく地震によって、二〇〇年ころに倒壊した。

「ディオニュソスのウィラ」の北東、おそらくローマ時代のフォルムだった地区には、縦一〇五メートル、横三二メートルの巨大なバシリカの遺構がある。これは、「ディオニュソスのウィラ」を別にすれば、ローマ時代のクノッソスでもっとも大規模な遺構だが、一九三七年におこなわれた調査は粗雑で年代措定の手がかりすら得られず、その後の激しい石材流用のため、現在ではドームの断片が幾つか残るだけの、見る影もないありさまになってしまった。わずかに一六世紀の旅行者が残した平面図が、往年のバシリカの威容をいまに伝えている。この遺構の年代と機能はともに不明だが、後一世紀末に市公会堂として建設されたのではないかという説がある。

最近まで、ギリシア・ローマ時代のクノッソスに関する調査は、もっぱら青銅器時代の遺跡の調査の副産物としておこなわれてきたため、青銅器時代の遺跡の乏しい「宮殿」の北側、ギリシア・ローマ時代の都市《まち》の中心部があったとおぼしき地区の発掘は、緒に就いたばかりである。「宮殿」の背後にあるギプサデスの丘から見わたすと濃い緑の海のように広大なオリーブ畑の下に、「クレタ随一」とうたわれたポリス・クノッソスと、コロニア＝ユリア＝ノビリスの都市《まち》がいまも眠っているのである。

〈アクセス〉

クノッソス／イラクリオンのバスターミナルAより直通バス。

ゴルテュン／イラクリオンのバスターミナルBよりフェストス方面行きバス、「ゴルティス」下車。

第一六章

ディデュマ——神の声を聞く地、聞かせる地

佐藤　昇

はじめに

天空にゼウス、海原にポセイドン。泉ではニンフたちが笑顔を咲かせ、洞穴では牧神パンが自慢の笛を奏でる。山、川、辻、竈《かまど》、そこかしこにさまざまな神々がいる。幾柱もの神々、半神のすぐ傍で、古代ギリシア・ローマの人々は暮らしていた。とはいうものの、神々の世界は彼らにとっても「異界」であり、神々との交信には一定の作法が必要だった。牛や豚、羊など、それぞれの神格に相応《ふさわ》しい動物を犠牲に捧げ、神のご加護を祈念する儀礼、「供犠」はその最たるものである。誓いや呪いの言葉を口にするのも、もちろん神々に思いを伝える作法の一つだろう。そして、道に迷い、途方に暮れ、将来に不安を感じたとき、あるいは立ちはだかる難題を前に決断を迫られたとき、彼らは神のお告げを聞く術、いわば神々からの「情報メディア術」も承知していた。とりわけ古代ギリシア世界には、名高い託宣所がいくつかあり、人々は折に触れて聖地を訪れ、神意を伺い、自らの指針にしようとしていた。

神託といえば、ギリシア中北部フォキス地方に位置するデルフォイ（現デルフィ）が名高い。急峻な山の斜面に広がるこの聖域で、神アポロンが、ピュティアと呼ばれる巫女の口唇を通して神意を伝えたという。この神託に、古代人はいかに魅せられていたことか。百聞は一見に如かず。それを知るには、現場に足を運ぶのが何よりだ。アテネからはレンタカーか、長距離バスを利用することになる。休憩を挟んで三時間ほどもすると、待ち焦がれた古代のパノラマが目の前に広がっている。だが、ここで焦りは禁物。神域（遺跡）に駆け込まず、はやる気持ちを抑えながら、まずは、隣接する考古学博物館を訪ねよう。きらびやかな、壮麗な、豪華な遺物の数々。これらを脳裏にしっかりと焼き付けて、その新鮮なイメージが頭からこぼれないようにしながら小径を戻り、再び神域（遺跡）の入り口へ。係員に入場券を見せた後は、曲がりくねる参道を、アポロン神殿目指して、落ち着いて上っていく。参道周辺はおよそ礎石ばかりだが、それでもなお、宝物庫、列柱、記念碑、彫像が、右に左に、聖域中、所狭しと並んでいた様子が十分に想像できるはずだ。ギリシア・ローマ世界ばかりか、周辺各地から見事な奉納品が寄せられていた。

デルフォイのアポロン神殿　神託所として随一の名声を誇った。筆者撮影

実のところ、古代ギリシア世界には他にいくつも名高い託宣所がある。たとえば、アッティカ半島北部に位置する、半神アンフィアラオスの聖域、オロポス。ここでは夢を通じて神託が下されていた。アッティカから北西のボイオティア地方に目を移すと、レバデイア（現レヴァディア）にある半神トロフォニオスの神域も託宣所として名を馳せた。後二世紀に『ギリシア案内記』を記したパウサニアスが紹介している。さらに北西、エピルス地方には、ギリシア最古の大叙事詩にも謳われた、ゼウスの神域ドドナ

ボイオティア地方のレバデイア（上）　豊かな水が湧き出る。周囲は岩肌が露出した、切り立った山に囲まれる。筆者撮影
北西ギリシアに位置するドドナ遺跡とトマロス山（下）　筆者撮影

（またはドドネ）がある。風が奏でるオーク（なら）の葉の音で、神意が伝えられたとされる。東に目を転じると、小アジア地方（ほぼ現在のトルコ共和国にあたる）にも、クラロスのアポロン神域、ダフネのアポロン神域など、名声を博した託宣所はいくつもあるが、中でもディデュマ（現ディディム。古代にはブランキダイとも呼ばれた）は、歴史も古く、今なお往時の繁栄をありありと感じさせてくれる。

遺跡

ディデュマは、現在のトルコ共和国中西部、かつて「イオニア地方」と呼ばれた地域に位置する。アポロンの聖域は、穏やかなエーゲ海を望む、なだらかな丘陵地帯の中に広がっている。ディデュマへの道すがら、海岸線を滑る車から陽光きらめく夏のエーゲ海を目にすれば、古代への情熱も相俟って、気分も一段と高揚するというもの。ところが、やや内陸に入り、神殿に向かうにつれて、いささか不思議な感じを覚え

ディデュマのアポロン神殿全景（上）　筆者撮影
ディデュマ遺跡の入り口に置かれたゴルゴン像（下）　筆者撮影

る。味気ない。景観としては何だか物足りない、そんな印象を受ける。高名な古代ギリシアの託宣所は、しばしば景観そのものが、聖なる力を湧出しているかのごとく、何かを感じさせるものなのだけれど。山深く、峻厳な、岩肌も露なパルナッソス山。デルフォイのアポロン神域はその切り立った山肌に広がり、泰然とした山々に囲まれる。レバデイアのトロフォニオンもまた急峻な、切り立った山々が目の前まで迫っている。加えて、ここには今なお溢れんばかりの水流が湧き出ている。乾いたギリシアの地では、聖性を感じずにはいられない。ドドナのゼウス神域もまた、ピンドス山系に連なる雄大なトマロス山を正面に見据える。

ディデュマでは、現在、景観そのものから聖性を感じることは難しい。もちろん古代と現代の景観が同じ筈はない。実際、今となっては見る影もないものの、かつては神苑がつややかな緑を育んでいた。じりじり照りつける太陽の下、神域まで乾いた土と灌木ばかりの参道が続くとすれば、光線を和らげる深い緑に包まれた神域は、ときに安らぎを与え、ときに人を寄せ付けぬ、聖なるオーラを放っていたのかもしれない。残念ながら、この感覚を再現することは、もはやかなわない。しかし、この地では現代の我々も往時の「力」を間違いなく感じることができる。今なお威風堂々とその姿を見せる、白亜の巨大神殿のなせる業だ。ローマ帝政前期に活躍した著作家ディオ＝カッシウスは、皇帝カリグラ（在位　三七〜四一年）が、この世にも壮麗な巨大神殿をなんとか我がものにしようと一計を案じたと伝える。故事の真偽は定かでなく、巨大建築狂の皇帝にはおあつらえ向きの作り話なのかもしれない。とはいえ、当時、神殿の偉容こそが人々に強烈な魅力を放っていたことには疑いを容れない。

視覚的に最も把握しやすいのは、高さだろうか。神殿東側、正面の階段を上ると、右手に二本、左手に一本、今なお巨大な柱が聳え立つ。本来神殿を囲むように並んでいたはずが、僅かばかり残っているものだから、遠くから離れて見ると、鈍重さは微塵もない。スマートな柱身に、流麗に彫り込まれたイオニア風の細工がなせる業かもしれない（ただし左手の柱には本来あるべき溝が彫り込まれていない）。しかしながら傍まで近寄り、台座から青天を仰げば、白い柱頭は遥か彼方。高さ約二〇メートルだという。ビルならば七階建てほど。それより上は失われ、今では最上部がどれほどまで伸びていたのか、明らかにすることはかなわない。遺跡入り口に放置された渋い表情のゴルゴン像も、かつては柱の上から睨みをきかせていたはずである。広さはどうだろう。長方形の基壇最下部で計ると、長辺はおよそ一一八メートル、短辺が六〇メートルほどになる。サッカーの国際大会が開かれるグラウンドと、ちょうど同じような広さだ。古代の世界七不思議に数えられた、エフェソスにあるアルテミス女神の神殿にほんの僅か及ばない。しかも階段状にせり上がった基壇の最上段、列柱が四周に巡らされた段の広さでいえば、これをも凌ぐというから、古代ギリシア・ローマ人にすれば、世界でも一、二を争う巨大神殿ということになっただろう。実際、ローマ時代に地理書を著したストラボンは、巨大神殿ひしめくイオニアの地でも、ディデュマのアポロン神殿こそ最大なりと記している。実のところ、あまりの巨大さ故か、神殿はついぞ完成を見ることはなく、ストラボンも、パウサニアスも、屋根なしの未完成品と伝えている。それでもなお、この巨大神殿は同時代人の心を鷲摑みにしていたのだ。

遺跡を出てほんの少し進むと、囲いの向こうに古代の参道が見える。往時、この道は、北方の

ミレトスのストア（列柱廊）　筆者撮影

古代都市ミレトス（現ミレト）まで続いていた。かつてディデュマを含め、辺り一帯を領有していた一大港湾都市である。別の言い方をすれば、ディデュマはミレトスの「周辺聖域」だったということになる。参道は、実に全長一六キロにも及ぶ。かつて、神官たちはこの参道を練り歩き、各所に設えられた祭祀所で動物を屠《ほふ》り、犠牲に捧げながら、あるいは歌声でアポロンを讃えながら、ディデュマの神殿まで、毎年恒例の巡礼祭をとり行っていた。ただし、一般の参拝者となると話は別だ。神殿から三キロほどのところに港があり、海路でここまで辿り着けば、神殿までは僅かな坂道を上るばかりだった。

　参道からディデュマの聖域に入る辺りには、アポロンの姉に当たるアルテミス女神の神域が広がる。この他にもゼウスなど、幾柱かの神々に対して聖域、祭壇が捧げられていた。また、巨大なアポロン神殿のすぐ隣には、競技場《スタディオン》が建設されており、さらに二〇一一年の発掘調査によって、ローマ帝政前期、おそらくハドリアヌス帝（在位　一一七〜一三八年）の頃に建設されたとみられる劇場跡が確認された。往時には、力と業、そして歌舞音曲の技芸を競う一大祭典が催され、人々を楽しませていた。賑々しかった様子が思い描かれる。近年、ディデュマ・ミレトス関連の発掘報告は充実度を増しており、今後の展開に期待をふくらませずにはいられない。

アポロンの神託

古代の人々は、ディデュマを訪ね、いかにしてアポロンの神託を伺ったのだろうか。僅かばかり残された、ごく断片的な情報をつなぎ合わせ、類似の例から推察し、幾分かの想像力で補うと、およそこんな様子が描き出せる。

神殿正面の階段は一三段。これを上り、基壇最上部を二重に取り巻く柱の列を通り抜けると、そこに「十二柱の間」が現れる。四列三段、計一二本の柱が並ぶことから付けられた通称である。参拝者はそこで、不安気に、あるいは自信たっぷりに神の託宣を待っている。はたまた、待っているのは某国君主の遣いの者で、託宣の結果にはさらさら関心がなかったかもしれない。彼らは皆、おそらく神殿外側にある祭壇で、すでにアポロン神への供犠を済ませている。伺うべき案件も予め係の者に伝えてあるはずだ。

「十二柱の間」から内側は、「禁域《アデュトン》」である。限られた人間しか足を踏み入れることが許されない空間だった。実際、「十二柱の間」を直進すると重厚な壁にぶつかる。壁の中央には巨大な窓のような開口部があるものの、床面より一・一五メートルのところから始まるため、よじ登りでもしない限りここから前に進むことはできない。進入路ではあり得ない。「十二柱の間」の奥、両脇に目を向けると、人一人がようやく通れるほどの薄暗いトンネルが見える。神職にある者だけがここを通過できたのだろう。彼らもまた必要な儀礼を行い、準備を整えた上で、このトンネルをくぐり、神殿中央部の禁域へと下っていった。禁域は、神殿の基壇最上部からすると五メートルほども低く、さらに四周には壁が巡らされていた。外界からの視線はほぼ遮られていただろう。「十二柱の間」の開口部からも中が覗けたかどうか分からない。儀礼中は、なにかしら幕でも張ってあったのかもしれない。

禁域最奥部には大理石製の比較的小規模な社殿《ナイスコス》（一四・二×八・五メートル）が設えられ、そこに青銅製のアポロン神像が据えられていた（残念ながら現在は社殿の礎石が残るばかり）。紀元前六世紀に活躍した名工カナコスの作とされている。禁域内には月桂樹の神苑があり、社殿の外には泉が湧き出ていた。どうやらこの泉こそ、深淵なる力の源と信じられていたようだ。

巫女《プロフェティス》は、沐浴、三日間の断食、その他の儀礼を通じ、神を迎える仕度を周到に整える。やがてアポロンを讃える歌声が響き、犠牲獣の香りと香油の燻煙が漂う中で、清冽なる泉にその足を浸し、あるいは裳裾を濡らせ、神感を得たという。やがてトランス状態にある巫女の唇から溢れ出した神の言葉は、宮司《プロフェテス》らにより六脚韻詩《ヘクサメトロス》と呼ばれる由緒正しい韻文に整えられる。

宮司は禁域東側の大階段を上り、「十二柱の間」から、「十二柱の間」で待つ参拝者たちに神意を告げた。アポロンの託宣は、神託記録所で書き写され、文書として参拝者たちに渡された。参拝者はときに、自ら得た託宣を石碑に刻み、ディデュマの神域やミレトス市、あるいは自らが所属する都市に設置した。

神託の内容はさまざまだ。残存する碑文では宗教儀礼に関するものが目につく。ある碑文に刻まれた神託は、海神にして地震の神、ポセイドンに犠牲を捧げるよう指示している。ポセイドンには「アスファレオス」の別名が添えられていて、安全を司る力が強調されている。航海の無事を祈るにしては、いささか仰々しい。震災に困惑したミレトス市民が、神助にすがろうとしていたのかもしれない。別の碑文では、既婚女性がアテナ女神に神官として仕えても良いものかどうか、託宣が下されている。既婚女性は、処女神アテナよりも、愛の女神アフロディテにこそふさわしいからだ。政治色の強いものもある。クレタ島の傭兵団を同胞市民として受け入れるか否か、ミレトス市民団が神託を伺っている。およそ日常生活に関わるようなものは見当たらない。もちろん碑文から分かることなど、ごく一部に過ぎない。お金をかけて碑に刻むほどではない、些細な神託も少なくなかったのかもしれない。あるいは世に聞こえし神託所ディデュマのこと、くだらない案件にいちいち付き合ってはいられなかったのかもしれない。もっとも、同じく高名なドドナの神託所からは、例外的なことではあるが、ごく日常的な案件を刻んだ鉛の板がいくつも出土している。商売は成功するだろうか。収穫はどうか。今の妻から男の子が生まれるだろうか。ディデュマの場合も、こうした案件がなかったとは言い

禁域（アデュトン）への通路　筆者撮影

禁域（アデュトン） 正面に見えるのが大階段と二柱の間。四周を高い壁が蔽う。筆者撮影

切れない。

　では、いかなる人々がディデュマまで足を運び、あるいは遣いを寄越して、神意を伺ったのだろう。古代の文献を繙き、一覧にすれば、デルフォイにこそ劣るものの、古代ギリシア・ローマ世界各地の有名人がずらりと並ぶ。前六世紀半ばまで栄華を極めた大国リディアの王、クロイソス。東方遠征の途上にあった古代随一の英傑、マケドニア王のアレクサンドロス（在位　前三三六～前三二三年）。大王亡き後、東方へレニズム世界を支配したセレウコス朝の王たち。キリスト教徒の大迫害で知られるローマ皇帝ディオクレティアヌス（在位　二八四～三〇五年）。そうそうたる顔ぶれだ。しかし、碑文に残された託宣を見る限り、そのほとんどはミレトス市民、もしくはミレトスを離れ、彼方に新しく都市を建設した人々。あるいはせいぜい近隣の都市代表ばかりである。初めに記したように、ギリシア世界には沢山の神託所があった。簡単な案件ならば、近場で済ませればそれまでだ。よほどの有力者か、あるいはこの地域に所縁がなければ、ディデュマの神託を利用することなど稀だったのかもしれない。しかしそうだとすると、ギ

リシア・ローマ世界の各地から、勢力の大小を問わず、大勢の人々が来訪していたデルフォイとは、際立って対照的だったことになる。もちろん、ディデュマは名声の点でデルフォイにいささか遅れをとっていた。地の利でも、ギリシア世界の中心に位置するデルフォイに軍配が上がる。しかし、歴史的背景が影を落としていたことも見逃すことはできない。

歴史と神話伝承

イオニア系のギリシア人が小アジア西岸に入植した（この地が「イオニア地方」と呼ばれたのはそのためだ）のは、紀元前一一世紀頃。さらにディデュマに最初期の神殿が建設されたのは、前八世紀頃とされる。託宣の地としてギリシア世界にその名が響き渡るのは、これ以降ということになる。しかし神託儀礼の起源となると、議論は百出。伝承によれば、イオニア人の植民以前にも遡《さかのぼ》るというが、前八世紀以前の出土遺物も乏しく、否定的な研究者も少なくない。しかし近年、ここはそもそも、先住民カリア人の聖域だったとする見解が提示されている。カリア人とは、イオニア系ギリシア人の入植以前から、小アジア中西部沿岸地域に暮らしていた人々である。彼らの使うカリア語に「ブランキダイ（ディデュマの別名）のアポロン」という表現があったため、ここでアポロン信仰が始まったのも、そして託宣を告げる宗教儀礼が始まったのも、ギリシア人到来以前のことになるというのだ。もっとも、仮にこの説が正しいとして、その頃に我々がイメージするような神託があったかどうか、判断は難しいところである。

ディデュマについて最も早く記しているのは、知られている限り、歴史家ヘロドトス（前五世紀）である。それによれば、すでにディデュマの神託は前古典期（およそ前八世紀末〜前六世紀）に、デルフォイ、ドドナなどと並び、東地中海世界でも指折りの名声を得ていた。やがて転機が訪れる。前四九九年、前世紀来アケメネス朝ペルシアの支配下にあったイオニア地方のギリシア人が、叛乱の狼煙《のろし》を上げたのだ。世に言う「イオニア叛乱」、ペルシア戦争の発端である。ギリシアの兵を導き、中核となったのは他ならぬミレトスだった。足並み揃わぬギリシア方は、前四九四年、ペルシアの軍門に降る。時のペルシア王ダレイオス一世は、ミレトスを劫略し、ミレトス人捕虜、とりわけ女性や子供を、ペルシア領内、ティグリス、ユーフラテス川の河口付近に強制移住させたという。ディデュマもまた災禍を逃れることはなく、宝物は略奪され、神殿は炎上した。別伝もあるが、いずれにせよ、ディデュマはペルシア戦争を機に神託所としての機能を喪った。カナコス作のアポロン像も奪われたという。ミレトス市自体は存続し、さらに戦後にはペルシアの軛《くびき》からも解放されることになるが、ディデュマのアポロンは沈黙を守ったまま。やがてミレトス市も再びペルシア服属を余儀なくされてしまう。

ディデュマがアポロンの声を失ってから、およそ一世紀半。マケドニア王アレクサンドロスの東方遠征が、神の言葉を取り戻した。前三三四年、グラニコス河畔における大王の勝利は、ミレトスをはじめとするイオニア地方のギリシア都市をペルシア支配の桎梏《しっこく》から解き放った。ヘレニズム時代の幕開けに、彼らは民主政ポリスとして再出発することになった。やがて前三三一年、進軍を続けていた大王の下に、ミレトスから神託が届けられた。「汝こそ大神ゼウスの御子なり」。遠征に参加していたカリステネスの『従軍記』はそう伝える。涸れていたディデュマの泉から、再び聖なる水が湧き出し始めたのだという。伝説にどこまで真実の種があるものか、判断は難しい。確実なのは、大王の死後、東方ギリシア世界に覇を唱えたセレウコス王家が、ディデュマ再興に精力を注いだということである。先に話した巨大神殿は、この頃から建設が始められた（旧神殿も決して小さいものではなかったのだけれど）。

デルフォイとの違いに気づかれただろうか。周辺聖域であったディデュマの命運が所属都市ミレトスに、そしてこれを支援・支配する君主国の動静に、いかに左右されていたことか。前古典期、古典期に繁栄を謳歌し続けたデルフォイは、どのポリスにも所属することなく、いずれの大勢力からも一定度の距離を置いていた。ギリシア世界の諸ポリス、諸君主がこぞって神託伺いに来訪し、奉納品を捧げたのも、そうした背景があったからに相違ない。片やディデュマは、衰退も、復興も、その命運は所属都市、支配君主とともにあった。

実をいうと、先に説明した一連の神託儀礼は、おそらくこの復興期に創られたものと考えられている。ごく僅かに残る碑文の断片から推測すると、ペルシア劫略以前、ディデュマの神託は、六脚韻詩ではなく、散文、つまり普通の文体で告げられていたらしい。また神の言葉を巫女が口にし、男性の宮司が伝えるという手順も、新機軸だった可能性が考えられる。どうやら、神託所の復興に当たり、神託の座としては随一の聖地、デルフォイを手本に、託宣授与の形式までもが改変されたようなのだ。いわば「創られた伝統」である。他方で、とある古代の著作家は、神託を伝える業が、既に託宣所創設の頃に、デルフォイからディデュマへと伝えられていたと記している。しかし、これは同時代の証言ではない。後代にそうした伝説が流布するようになったのは、むしろ、この復興期の儀礼再編と関わりがあるのかもしれない。

またヘレニズム時代ももう少し進んだ、前二〇〇年頃のこと。とある碑文に、ディデュマこそゼウスとレトが枕を交わした地なり、という神話が刻まれた。アポロン、そしてアルテミスを母神レトがその身に宿したのが、この場所だというのである。ディデュマで開催される競技祭を、古代地中海世界でも格別の「冠大会」とし、各国に参加を呼びかける碑文に、この神話が刻まれている。以前には耳にしたことがない伝承だ。この少し前、隣国マグネシアが自国の競技祭を「冠大会」にしようと、各地に使節を派遣している。こちらでは、女神アルテミスの顕現を相手国説得の材料にしている。近隣の有力都市間で、なにかしら競い合いがあったのだろうか。他方、ディデュマがアポロン神の「誕生」にまつわる神話を語ったところには、神託で揺るぎなき地位を保つアポロンの聖域デルフォイ、アポロン誕生の地として名高い聖地デロスとの対抗意識も見え隠れする。

さらに時代も進み、ギリシア世界がローマ帝国の一部に組み入れられると、ディデュマで崇拝される神々の列に、ローマ皇帝が加えられる。とりわけハドリアヌス帝は、ゼウスと同格に扱われ、「創建者《オイキステス》」の称号まで添えられた。世界を統べるローマ皇帝に対する礼拝、皇帝礼拝と言えばそれまでかもしれない。だが、皇帝ごとの扱いに違いがあるのも確かである。小アジア諸都市やアテネなど、ギリシア世界の都市、神殿の復興に一方ならぬ貢献をした大パトロン、ハドリアヌスへの感謝、そしてさらなる貢献への期待を込めた「贈り物」と見ることもできる。

伝統が創り出され、神話が紡ぎ出され、祀るべき神が増殖する。しばしば固定的なものと捉えられがちな宗教儀礼、神話なども、その歴史を眺めれば、時代とともに脈打ち、変転していたことが分かる。例外的事象では決してない。こうした事象の背景に、どんな世界が広がっていたのだろう。神々と聖域に溢れるギリシア・ローマ世界。繁栄を続ける聖地もある一方、劫略により、あるいは不人気で、聖域が廃れ、儀礼が忘れ去られることも珍しくない。実際、ディデュマも「沈黙の一世紀半」を経験し、それ以外にも幾度となく危機に見舞われた。中断しては繰り返される復興。多大なる労力と莫大な資金が投下されたに違いない。聖域やこれを領する都市が、ヘレニズム君主、ローマ皇帝と良好な関係を築けたのなら、手厚い財政的支援も期待できただろう。むろん祭祀の維持を考えるなら、住民の支持、継続的参拝者も欠かせない。「祭祀マーケット」で周辺地域、他の聖域と競合関係にあれば、聖域の魅力、「商品価値」を高めることも有効だっただろう。参拝者の足が向けば、街も潤い、神殿の装いも一層整えられる。ヘレニズム時代、セレウコス王がミレトス市の列柱廊《ストア》（商店街になるのだろう）を整備し、そこから得られる収入をディデュマの神殿建築に当てるよう指示したのも頷ける。高名な聖地に倣った「伝統的な儀礼」を産み出し、新たな神話で格付けを図った、数々の試みも、そうした状況を下敷きにしてみると、ある種、したたかでしなやかなサバイバル戦術のように思われてくる。見事な彫刻装飾に彩られ、悠然と聳える白亜の巨大神殿は、今や神の声を伝えることこそないものの、かつてのサバイバル経験を、そして神々に溢れた世界の変転を、今の我々に伝えている。

〈アクセス〉

ディデュマ（Didyma）・ディディム（Didym）／クシャダス（Kuşadası）を拠点とする場合、バスでセケ（Söke）まで移動し、ディディム行きのバスに乗り換え、一時間ほど。または海浜リゾート地ディディム・アルトゥンクム（Altınkum）を宿泊地とする場合、神殿まではバスで数分（海岸から約四キロなので、宿の位置により徒歩も可）。

ミレトス（Miletus）・ミレト（Milet）／現在、公共交通機関のみでミレトス遺跡を訪ねることは難しい。拠点の街からタクシーを利用するか、もしくはミレトス、ディデュマとプリエネ（Priene）遺跡をセットにした現地ツアーに参加すると効率が良い。さもなければ、セケ・ディディム間を結ぶバスルート上にあるアッキョイ村（Akköy）までバスで移動し、そこからタクシーを利用。

第一七章　アンティオキア——忘れられた都市を探して

田中　創

はじめに

しばしば永遠の都と形容される都市ローマ。しかし、ローマ帝国が存続していく中で、都市ローマは永遠に中心であり続けることはできなかった。とりわけ、四世紀以降、ローマからコンスタンティノープルへ政治的中心が移ったことは極めて有名である。それは、古典古代の異教的ローマからキリスト教ローマ帝国への変化を象徴する出来事とされ、しばしばコンスタンティノープルは「第二のローマ」とも呼ばれるほどである。

そのコンスタンティノープルだった町は今でもイスタンブールという名前で、トルコ最大の都市として繁栄している。今ではすっかりイスラーム圏の現代都市という相貌を呈しているが、それでも注意深く目を凝らして見れば、この町がかつて帝国の中心地だったことが偲ばれる場所がある。宮廷と密接に結びついた大教会だったアヤ＝ソフィアはもとより、「地下宮殿（エレバタン）」と呼ばれる、皇帝ユスティニアヌスの時代に作られた貯水槽、あるいは「ウァレンスの水道橋」といった建築の威容とその巨大さを目の当たりにすれば、この地に住んだ人々の生活を支えるために大規模な資力と技術力が投じられたことが想像されるのである。

では、帝国の軸足がこの東方の都市に移りはじめた頃、人々はローマ世界をどのように捉えていたのだろうか。それを見るために、四～五世紀頃に作られたポイティンガー図と呼ばれるローマ帝国の地図に目を向けてみよう。双六盤のようにデフォルメされた形で描かれた帝国がそこには広がっているが、その中で格別の扱いを受けている大都市が三つある。それらは都市を象徴する女神の姿で表現され、双六盤のような世界の中で唯一ともいえる「軸」を提供している。その三大都市が、ローマ、コンスタンティノープル、そしてアンティオキアである。しかし、よく見てみると、これらの都市の表現にも少し違いが見られる。椅子に座り、堂々たる姿で女王のように君臨する首都ローマの女神に対し、新都コンスタンティノープルの女神は半島の片隅に座り、町のシンボルであったコンスタンティヌス像を載せた柱（ちなみにこの柱の一部は現在でもイスタンブールのチェンベルリタシュに聳え立っている）を

ウァレンスの水道橋（上）　イスタンブール。筆者撮影
ポイティンガー図（下）　部分。左よりローマ、コンスタンティノープル、アンティオキア

指差している。しかし、その貧相な姿からはまだローマに匹敵するほどの威厳ある姿は見られない。

それに対し、アンティオキアの女神はローマにも見劣りしない尊厳ある姿を示し、地図の中でもひときわ異彩を放っている。実のところ、私たちに馴染みの薄いこの都市の歴史を追うことで、ローマ帝国東部の重要性が見えてくる。本章では今から約二〇〇〇年前のこの町の姿を追っていく小旅行に出てみよう。

夢の跡

トルコ、ハタイ県アンタキヤ。この町がアンティオキア市の今の姿である。トルコ南東部に位置し、シリア国境に近いこの町は、一般的なトルコの都市とは、その趣を異にする。トルコ人の割合が少なく、住民の多数をアラビア語話者が占めているからである。宗教的にもアラウィー派イスラム教徒、スンニ派イスラム教徒、マロン派キリスト教徒、シリア＝カトリック、シリア正教徒などのコミュニティを多数抱えた複雑な構成をしている。

アンタキヤの町自体は人口約二〇万。ちょっと路地裏に入ると粗末な家々も散見され、さほどの大都市には見えないが、かなりの数字である。かつてアンティオキアを研究したある碩学は、もし何も知らずにこの町に来たら、ここに壮大な都があったとはとても想像できないと述べた。この町の人口が急速に増加していることも考慮に入れるなら、この言葉にはなおのこと頷かされる。町の中心部にある橋の橋脚を除けば、目に見えてそれと分かるようなローマ遺跡は街中には一切ないのだから。

ここが大都市であったことを伝える数少ない遺構は、町から少し外れたところにある。観光名所として知られる聖ペテロの洞窟教会から少しばかり歩いて、アンタキヤの町をなぞるようにしてそそり立つシルピウス山の峡谷に入っていくと、それは見える。「鉄の門」と呼び慣らわされているその遺構は、古代アンティオキア市を囲っていた市壁の一部である。かつては町全体を取り巻いていた壮大な市壁も、現存しているのは僅かな部分だけ。かつて誇ったその威容は、近代に描かれたスケッチとこれらの僅かな遺構からしか想像することができない。しかし、そこからは、イスタンブールに残る「テオドシウスの城壁」に勝るとも劣らない規模であった様子が窺える。

アンタキヤの市壁遺構「鉄の門」　筆者撮影

この市壁は外敵に備えてのものであったが、ローマ支配下にあったアンティオキアにとっての外敵とは、東に控えるパルティア王国、そして後にはササン朝ペルシア帝国であった。この町の歴史を語るとき、ローマが最も手を焼いた、これら東の大国のことに触れないわけにはいかない。ここで、ローマ帝国の東方戦線にとくに目を配りながら、この都市の重要性を概観していこう。

東方戦線の中で

アンティオキアの起源は前三〇〇年にセレウコス一世によって建設された植民市時代に遡《さかのぼ》る。アレクサンドロス大王の死後、覇権をめぐって争いあった将軍の一人セレウコスは、シリアの地に、アンティオキアをはじめとする一連の植民市群を建設した。この地域は、東はユーフラテス川の渡河点に近く、メソポタミア地方へのアクセスに優れ、西は陸路を使って小アジアに、海路を使って地中海沿岸地域にも通じている。さらには、南は巨大な富を抱えるエジプトにもつながっている。このような地理的条件から、この地域は絶好の交易拠点となる性格を潜在的に持っていたのである。ただし、それは後に述べるような港湾施設の維持、そして交易を可能とするような政治的安定を必要とするものであった。

セレウコス朝の勢力が弱まり、政治的・軍事的混乱がもたらされると、パルティア王国などの近隣諸国がこの地に食指を伸ばしてきた。その中で最終的にこの地域を勢力下におさめたのは共和政末期のローマであった。しかし、ローマの政治家ポンペイウスの東方遠征によって属州シリアとしてローマに編入された後も、ローマ政界の有力者間抗争に巻き込まれて、この地の政治的混乱は続いた。アンティオキア市は、カエサルがポンペイウスを破るといち早く前者の庇護を求め、カエサル暗殺後も、オクタウィアヌス（後のアウグストゥス）が覇権を確立するまでは、数々のローマの政治家に次々と鞍替えした。市の歴史観を反映する暦についても、元来セレウコス暦を用いていたにもかかわらず、ローマ領に組み込まれれば、ポンペイウスのシリア征服を紀元としたポンペイウス暦を使い、カエサルが内戦に勝てば、彼の勝利を紀元としたカエサル暦を使い、アウグストゥスのもとでは彼がアントニウスを破ったアクティウムの戦いを紀元とした暦を用いた。無節操といえばそれまでだが、支配者の前にしたたかに生きようとする都市の知恵がそこに読み取れるかもしれない（暦についてはバビロンを扱った一九章も参照）。

ローマ支配下のシリアでとりわけ目を引くのが、その軍事力である。シリア属州には当初三個軍団が配備され、まもなく四個軍団に増強された。これは一人の属州総督が指揮下に置く軍団の数としては、広い帝国の中でも群を抜いていた。それゆえ、帝位継承問題が生じると、シリアの属州総督はこの軍事力を背景に有力な皇帝候補となった。この軍事力は同時に、経済交流を可能にする「平和」をもたらし、アンティオキアはまたたく間に内戦の混乱から立ち直り、交易の利益と有力者たちからの投資の恩恵に与ることになった。

当初ローマ帝国は協力的な近隣の王侯たちを東方戦線防衛の片腕としていたが、政情不穏なユダヤ人たちへの対抗、王位継承をめぐって不穏化する現地の情勢もあり、ローマは次第に東方各地を属州に編成し、自らの直接的な軍事支配下に置くようになっていく。それは現地の治安維持のためでもあるが、何より東に控えるパルティア王国に対抗する目的があっただろう。

イラン系遊牧民たちによって築かれたパルティア王国は馬術に優れ、騎乗状態から弓を射る戦法はローマ軍にとって脅威だった。共和政期には、三頭政治家のクラッススも、クレオパトラと協力して東方の軍事秩序を保っていたアントニウスも、この敵に苦杯をなめさせられている。カエサルのパルティア遠征計画は彼が暗殺されたことで頓挫したし、アウグストゥスと彼の後継帝たちは外交交渉を東方政策の中心に据えた。

この状況を大きく変えることになったのがウェスパシアヌス帝（在位　六九〜七九年）である。彼は東方に多数存在していた藩属国を属州として帝国に編入し、ユーフラテス川沿いの防衛網とその後方の道路網を整備した。メソポタミア地方深くまでの大遠征を敢行し、ローマ帝国の最大領土を現出したトラヤヌス帝（在位　九八〜一一七年）が利用したのはまさにこの軍事網であり、その遠征の後方拠点となったのが、ほかならぬアンティオキアであった。

後方基地としてアンティオキアが整備された形跡は、その姉妹都市といってもよいセレウキア（＝ピエリア）にも現れている。オロンテス川が地中海に流れ込む河口付近に築かれたセレウキアは、まもなくアンティオキアの繁栄を受けて、いわばその外港としての役割を果たすようになっていった。ちょうどローマ市にとってのオスティアのような存在と言える。町の港湾施設には多くの船舶が寄港し、安定的な食糧供給を確保できるよう、諸皇帝により整備の手が加わった。

セレウキアの周辺は、浅瀬が続く海岸部のすぐ後ろに峻厳な山が聳え立つという地形であるのに加え、西風が強く吹き付けるため、自然の状態では安全に船を停泊させておける場所が少ないという欠陥を抱えていた。安全な港を作るためには、強風から船を守る防御施設が必要だった。加えて、港には土砂が堆積しやすかったため、水深を確保するための浚渫《しゅんせつ》作業や、土砂が溜まらないようにするための工夫も欠かせなかった。つまり、ここに港、それも軍事遠征を支えるような大規模なものを作るためには、自然を克服するための相当な技術と資力を必要としたのである。四世紀のアンティオキア市の弁論家はこの港の様子を次のように描写している。

その港はセレウキア人のものと思われているかもしれません。しかし帝がその港の補修を行ったのは彼らのためではありません。確かにその港はセレウキアに掘削されましたが、それは私たちの町（＝アンティオキア）のために掘削されたのであり、岩塊から作られたものなので、それに費やされた黄金の量といったら、パクトロス河がクロイソスの蔵にもたらしたこともないほどの量でした。こうして、あらゆる商船があらゆるところからやってきて、あらゆる土地の品を運んできます。すなわち、アフリカやヨーロッパやアジアや島や大陸の品を。そして、商機に敏であるがゆえに、商人たちはその目をこの地へと向け、各地の最も素晴らしいものの中でもとりわけ素晴らしいものがこの地に運ばれてくるのです。こうして、私たちは商売を通じてあらゆる土地の果実を享受します。（リバニオス『第一一番弁論』二六三〜二六四節）

古代リディア王国の王で、大富豪として有名だったクロイソスの富をも凌ぐ大金を費やして作った港とは一体どんなものであったのだろうか。我々は今でもその名残を見ることができる。

アンタキヤの南西にあるサーマンダーの町はずれ、「ティトゥスのトンネル」という名前で伝

ティトゥスのトンネル　筆者撮影

わっているローマ帝政期の遺跡がある。これはトンネルと呼びならわされているが、実際は、雨のときなどに港の周辺の山々から流れ落ちてくる水を北側に逸らして、港への土砂の堆積を少なくするために掘削された水路であった。今では雨期を除いてほとんど水が流れていないが、水がないだけに却って事業の規模が容易に想像できる。切り通しのようになって延々と走るトンネルの高さといったら、近代のビルも顔負けのものなのだから。よく目を凝らせば、側壁の所々に掘削作業にあたった軍団兵たちの作業を記録した碑文を見つけることもできる。トンネルの周辺には近隣の農夫たちが今でも利用している簡単な灌漑施設があるが、その規模の差たるや歴然としており、太古の技術水準の高さに感動を覚えずにはいられない。このような施設に支えられたセレウキアの港は、エジプトなどから運ばれてきた穀物を受け入れ、それをアンティオキアへ輸送し、軍隊と大都市の胃袋を支えていたのである。

リゾートと神秘

トラヤヌスがパルティア遠征の帰路に病没すると、その養子のハドリアヌスが皇帝となる（在位　一一七〜一三八年）。彼はアンティオキアに残って、トラヤヌスの遠征を後方支援していた。その彼の即位にまつわる変わった逸話が伝わっている。

アンティオキアの南七キロほどのところにダフネという杜があった。ハドリアヌスは、そこにある「カスタリアの泉」で将来皇帝になるという神託を告げられたのであるが、予言が現実になると、他の者が同じように帝位を占うことを恐れて、泉を封鎖させたというのである。これが史実であるかは不明であるが、ダフネにあるアポロン神殿はセレウコス朝時代に遡る由緒があり、有名であった。そもそもヘレニズム時代にはアンティオキアは、世界各地にある同名の都市と区別するために「ダフネの側のアンティオキア」と呼ばれていたほどである。

しかし、このダフネが何よりも有名となったのはその豊かな水と緑であった。日差しが強い夏には、アンティオキアの人々はこの地の別荘を訪れ、木陰と泉水の涼を楽しんだし、少なくとも二本の水道橋がその泉水をアンティオキア市に運んでいた。市民たちは、皇帝や帝国の高官を招くときに、何よりもダフネの景勝美を誇り、そこを一度訪れるよう勧めた。二〇〇〇年たった今でも、観光ガイドは必ずアンティオキアと併せて景勝地ハルビエに立ち寄るよう勧めるが、このハルビエこそ何を隠そうダフネの現代の姿である。残念ながら発掘された劇場などの古代遺跡は埋め直されていて、今では見ることができない。しかし現在でも、水のもたらす涼風と木漏れ日の揺らぎの中に、神託が下されるような霊妙さを感じ取れるだろう。もっとも、バーベキューの香りやはしゃぎまわる子供たちや売り子の呼び声に気圧されなければの話だけれども。

ここではギリシアの神々だけが崇められていたのではない。むしろ、宗教的多様性こそがその特徴と言える。ダフネで神託を下したのはアポロン神であったが、他にもユダヤ教の礼拝所があった。旧約聖書外典の『マカバイ記』には異教礼拝を拒否して処刑されたエレアザルと七人兄弟の話がある。その殉教者崇拝の場はダフネにあった。後代には、この殉教者がキリスト教徒も含めた民衆の間で大きな人気を博し、礼拝所の管理をめぐってユダヤ教徒とキリスト教徒の争いも起きた。

アンティオキア市自体の宗教事情も複雑である。ユダヤ人たちは市の創設当初から植民に参加し、常に都市の一コミュニティを形成していた。アンティオキアの町は神に約束された「イスラエルの地」の一部と見なされるという破格の位置付けを得、イェルサレムのユダヤ共同体と密接な関わりを持ち続けた。数次に亘るユダヤ叛乱でパレスティナのユダヤ教徒の趨勢《すうせい》が弱まった後も、アンティオキアのユダヤ教徒集団は隆盛を保ち、ユダヤ教知識人であるラビたちもしばしばこの町を訪れた。

キリスト教徒という名称が初めて世に現れたのがアンティオキアであるのも偶然ではなかった。この都市はユダヤとのつながりが強く、そして、宗教集団に目を光らすローマ人たちの東方支配の拠点となっていたという歴史的・地理的環境をもっていたのだから。しかも、多民族・多宗教が集まるシリアは同時に様々な知識人たちの集まる場でもあったから、様々な思想家がアンティオキアで活躍した。いわゆるグノーシスと形容される、当時のギリシア哲学・ユダヤ教・キリスト教を折衷した思想の指導者たちがこの地に引き寄せられたことは、アンティオキアという大都市の知的状況を色濃く反映していると言える。

三世紀末にアンティオキアで活躍したルキアノスは当時主として使われていたギリシア語聖書の改訂を行い、シリアのみならずコンスタンティノープルなどで使われる聖書の基礎を形作るとともに、多数の弟子を輩出した。その中には、後のコンスタンティヌス帝の時代に、キリスト教の正統派の地位をめぐるアリウス派論争の急先鋒となる論客たちが多数含まれていた。さらに、キリスト教が公認されてからは、ヨハンネス＝クリュソストモスやネストリオスなど、この地で名を馳せた聖職者たちがコンスタンティノープルの司教として引き抜かれ、同地の教会に思想的影響をもたらしたのである。この意味でもアンティオキアが第二のローマを先導する地位にあったことが見てとれる。

ローマ皇帝たちの幻影

話をローマ帝国の対外関係に戻そう。二世紀に入るとローマは対パルティア戦を有利に進めた。マルクス＝アウレリウス帝（在位　一六一～一八〇年）と共同統治をしたルキウス＝ウェルス帝（在位　一六一～一六九年）はアンティオキアを拠点にパルティア遠征を指揮、軍事的成功を収めた。もっとも、ウェルス帝はその戦勝についてよりも、アンティオキアの豊かさの虜となったことで悪名高い。アンティオキアで初めて知った黙劇役者たちに魅了され、彼らをローマに連れ帰ったために、首都での評判が悪かったらしい。しかも、この遠征でもう一つありがたくないものを持ち帰った。疫病である。この疫病は帝国各地に広がり、大きな人的・経済的損失をもたらした。人によってはこれこそがローマ帝国衰退の原因だとする人もいる。アンタキヤ博物館には今でもルキウス＝ウェルスの像が堂々と立っているが、このような後日譚を考えると、その像も少し物淋しく見えてくる。

しかし、シリアの軍事的重要性が失われなかったことは、その後の政治的事件からも明らかである。マルクス帝治世以降、シリアでは軍隊によって何度も皇帝が擁立された（その中には正統皇帝と認められる者もいれば、挫折して僭称帝というレッテルを貼られる者もいた）。また、三世紀の皇帝たちはしばしばアンティオキアを拠点に東方遠征を遂行した。対外戦争のためローマを不在とする皇帝たちが多くなる中、逆にアンティオキアには皇帝が頻繁に滞在し、その宮廷の富を求めてアンティオキアに各地から人が集まってきたのである。

やがて三世紀半ばになると東方の軍事バランスは大きく変わった。パルティアに代わって台頭したササン朝ペルシアがローマ皇帝率いる遠征軍を破り、逆にローマ帝国内に侵入したのである。アンティオキアもその被害を免れなかった。町の東にシルピウス山という山が聳え立っていることは前に触れたが、ペルシア軍がここから攻めてきたという伝承がある。アンティオキア市にとって、この山を取られることは致命的であった。シルピウス山からだと、町全体が丸見えなのである。伝承では、アンティオキアの劇場で演技をしていた俳優が、背後の山の上にいるペルシア軍の姿に気づき、手振りでそれを観衆たちに知らせたという。ともかく、アンティオキアは略奪を受け、捕虜になった住民はメソポタミアへ強制移住させられた。先に見た「鉄の門」はこのような悪夢の再来を防ぐために築かれたものかもしれない。

それでもアンティオキアは直ちには衰退しなかった。帝国を再編したディオクレティアヌス帝（在位　二八四〜三〇五年）のもとでアンティオキアには宮廷が建てられる。今では、陸続きになってしまっているが、アンティオキア側を流れるオロンテス川には中州があり、そこに宮廷と付属施設が聳え立ち、四世紀の皇帝たちの多くはここを拠点として、政務にあたることになった。加えて、アンティオキアは文民・軍民双方の高官が常駐する都市として、行政的な重要性を帯びた。こうして、この町は六世紀に至るまで帝国の繁栄を享受しつづけたのである。アンタキヤ考古学博物館の目玉であるヤクト＝モザイクにはアンティオキアからダフネに至る主要な建造物が描かれているが、そこに立ち並ぶ豪壮な建築物は、古代アンティオキア人にとっての大きな自慢の種だったのであろう。

繁栄を誇ったアンティオキアであったが六世紀になると数年おきに発生した大地震、疫病の流行、ペルシア軍の度々の侵入によって大きな被害を受けた。そして、復興を迎えるより前に、新たに台頭したイスラーム勢力におされて、ローマ帝国の軍事覇権が中東地域から後退し、この町のかつての輝きも色褪せていった。他方で、ボスポラス海峡の側にあるコンスタンティノープルは帝国の要として逆にその中心的地位を一層確かなものとしていく。アンティオキアの盛衰は東

「ヤクト＝モザイク」 縁取りの部分にアンティオキアの建築物が描かれている。筆者撮影

方世界におけるローマと地中海世界のプレゼンスを雄弁に示していたのである。

もっとも、東方の軍事拠点というアンティオキアの性格はすぐには失われなかった。中世においてもアンティオキア周辺地域はビザンツ帝国の東方進出や十字軍の進出において重要な役割を果たしていた。その歴史的役割が失われるのは、ようやくマムルーク朝やモンゴルが台頭する時期のことである。それ以降の時期でも、この都市が諸民族の交わる場所であるという基本的性格は存続した。アンタキヤ考古学博物館が世界に誇る帝政後期のモザイクには、獅子などのペルシア的モチーフやギリシア神話のモチーフ、哲学の美徳をモチーフにした様々な作品がある。これらモザイクの数々の題材も、現在の人口・コミュニティー構成も、この町が抱えていた多元的な文化環境をまざまざと証言しているのである。

元々アラブ系の住民が多いこの地域はシリア＝アラブ共和国との結びつきも強く、この地域がトルコ共和国に編入されたのも歴史的な紆余曲折を経てのことであった。そして、現在激しさを増しているシリア共和国の内戦によって多くのシリア難民がアンタキヤを中心とするハタイ県に亡命する一方、それまである程度の友好性を保っていたシリアとトルコの関係も次第に緊張感を帯びてきている。数多の戦いを目撃し、繁栄と衰亡の歴史を経験してきたアンティオキアの女神は今何を思っているだろうか。

〈アクセス〉

アンタキヤ／イスタンブールからハタイHatayまでは国内線飛行機。ハタイ空港からアンタキヤ市まではタクシー。

「鉄の門」／アンタキヤの聖ペテロ洞窟教会から徒歩一五分ほど（道が険しいため登山向けの服装が必要）。

ティトゥスのトンネル（テュネル）／アンタキヤからサーマンダーまでサーマンダー行きのバス。さらにサーマンダーからチェブリク行きバスに乗り換え、テュネルで下車。タクシーの方が便利。

ハルビエ／アンタキヤからハルビエ行きのバス。

第一八章

キプロス——ヒューラーテースと呼ばれた神

上野慎也

海辺の劇場跡で

クーリオンの劇場跡で往昔のベンチに腰掛けると、はるか眼下にさざ波が見える。地中海が紺碧に輝いている。この乾いた断崖にも、時折風が吹き上がり、わずかな潤いを搬んでくる。補陀《ふだ》落《らく》渡海に乗り出した修行僧の心もちが判る。仄白い水平線でわたつみが差し招いている。彼岸に憧れの国が待っている。ここキプロスならば、さしずめオリエントか。

ふり返れば満目蕭条《まんもくしょうじょう》、ローマ時代の遺跡を陽光が無慈悲に灼いている。三五〇〇人を収容したこの劇場も、四世紀にうち捨てられたきりである。かつては目路をふさいでいた書き割り《スケーネー》も崩れて消えた。この町が生きていたころ、市民はここに座り、芝居や猛獣狩りを見るのに忙しかった。書き割りの向こうに広がる海を見はるかす贅沢は知らなかった。海の彼方と向き合わずに済んだ、と言うべきなのかも知れない。

劇場が放棄されたころ、この町は緩慢な死を迎えつつあったようである。モザイクの銘に言う。

その昔よろずに恵まれていたクーリオンの民が、惨めな暮らしに落ちぶれているのを目にしたエウストリオスは、外地にあって父祖の地を忘れることなく、さらには我が町に浴場を造営して、かつてフォイボス〔=アポロン〕が治めていたように、自らの手でクーリオンの世話をやいていた。さらに熱風を逃れる涼しい空間を設《しつら》えた。

四世紀の末から五世紀にかけて、劇場の東隣に造営された「エウストリオスの家」には公共浴場が併設されていた。島を出て、栄達を極めた人物が、遠い故郷の現状に心を痛めている。あまり島に寄りつかずに過ごした半生を悔やんだのであろう。帰郷して心を砕いた様が記されている。目もあやなモザイク画の一部に記された銘は、成功者の心の隙間を埋めるかのようである。

香もかぐわしい奥座敷、この小部屋の御世話をするのは廉恥女神《アイドス》と慎慮女神《ソフロシュネ》、秩序女神《エウノミエ》の三姉妹。

クーリオン劇場　筆者撮影

浴場の寛ぎは、ともすれば猥雑、時に淫蕩に傾きがちであったのだろう。三柱の女神の名が辺りをやさしく戒めている。エウストリオスの家は神の加護の下にある。

巨石も積まず、撓《たわ》まぬ鉄も使わない。黄金に輝く青銅や、いや

ダレイオス審判と剣闘士　By Klaus D. Peter, Wiehl, Germany (Own Work) [CC-BY-3.0-de (http://creativecommons.org/licenses/by/3.0/de/deed.en)], via Wikimedia commons

鋼すらも用いない。代わりにこの屋敷は救世主のみしるしを帯びている。多くの者が願いまつるみしるしを。

三女神では飽きたらず、「救世主《クリストス》」の庇護まで受けている。そうだろう。断崖上の町には、やがてキリスト教会堂が建つことになる。しかも司教座だ。五世紀のことである。

四世紀に相次いだ地震で町の方々が崩れ、クーリオンも面変わりしていた。エウストリオスならずとも、凋落《ちょうらく》に心を痛めたことだろう。北門近くでは貴族の邸宅も潰れている。屋敷に残る二面のモザイク画が剣闘士の稽古と、試合の情景を伝えるばかりだ。稽古に汗を流したマルガリテスとヘレニコスはどんな人生を送ったのか。相手の剣闘士ににじり寄るリュトラス、それを押しとどめる審判のダレイオスはどこに消えたか。屋敷の主は誰だったのか。名士だったのだろう。一切は杳《よう》として知れない。知るよしもない。

死んだ町に残る人間の痕跡は乾ききっている。その分、いたく生々しい。それをわたつみが凝視している。

バルナバのキプロス伝道

新約聖書には収められていない外典「バルナバ（バルナバス）伝」を繙くと、彼の従弟のヨハンネス（通称マルコス）とおぼしき人物が、バルナバのキプロス伝道、サラミスでの遭難（殉教）を綴っている。

……前回はサウロと私の従兄バルナバが道連れだった。イエスがご存命ならば四八歳におなりのころだ。シリアの港町ラオディケイアから便船を得て、キプロス島東部のサラミスに渡り、あの繁華な町を振り出しに島内を経巡って、西の果て、パフォスの町にある政庁では、ローマの総督にも会った。名前はセルギウス＝パウルスと言っただろうか。身辺に偽預言者のバル＝イエスが出入りをしていたけれども、神がサウロを通じて奇蹟をお示しになり、一時的にかの魔術師の光を奪うのを見て、総督はキリスト教に改宗した。聡明な人だった。

バル＝イエスは面目を失い、総督の寵も去って、我々に対する憎悪を深く胸に刻みつけたようである。しかしキプロス伝道は総じて上首尾に終わり、我々はパフォスから船に乗って小アジアの町ペルゲへ赴いた。サウロがパウロを名乗り始めるのも、確かあの頃からだった。私はそこで二人と別れてイェルサレムに帰った。

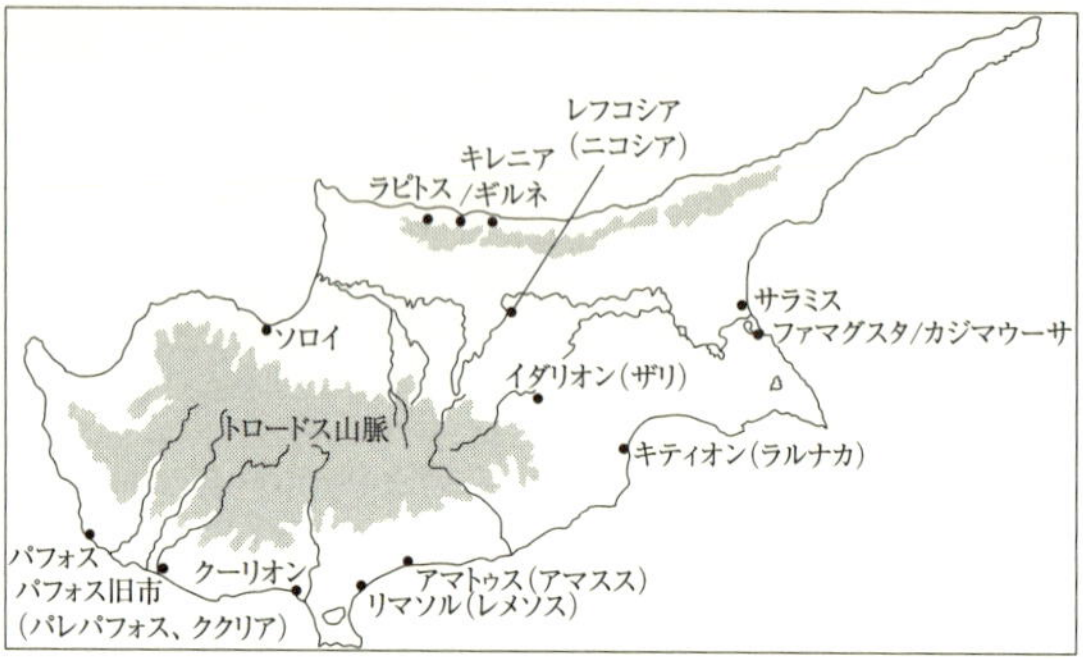

キプロス

二度目のキプロス行きは最初から躓《つまず》いた。パウロとバルナバは、先回伝道して回った土地を再訪し、その後の様子を確かめるつもりでいた。ところが今回も私を連れて行こうとするバルナバに、パウロは嫌な顔をした。その男は置いていけと言うのである。先回の旅で脱落したような者は信用できないとまくし立て、バルナバはバルナバで私のためにあれこれと弁じ立ててくれはしたが、パウロは別の仲間シラスと共に小アジアのガラティア地方へと出かけてしまった。

私とバルナバは当初の計画通りキプロスを目指してラオディケイアを出帆した。パウロともめたからでもあるまいが、海路では嵐に翻弄され、ようやくの思いで漂着した港は、目的地のサラミスとはかけ離れた北岸の町ラピトスだった。そこから南下して雪嶺《キオノデス》と呼ばれる山塊群を抜け、再びパフォスの町に辿り着いた時の安堵と言ったら。

そこに現れたのがバル＝イエススだった。前にパウロと対峙した時、彼は我々の顔も脳裏に焼き付けたらしい。その後視力を取り戻し、鵜の目鷹の目で我々の行方を追っていたのかも知れない。我々の姿を認めると、町に立ち入ることはまかりならぬとしきりに妨礙《ぼうがい》を企てる。やむなく我々は進路を東に転じ、クーリオンを目指すことにした。

あと少しで町に着くというところで、一糸まとわぬ姿の男女が群がって徒競走に興じているのに遭遇した。それがまた汚らわしいばかりではなく、ひどくいかがわしい。ほらを吹く者がいる。ペテンを働く者がいる。それも一人や二人ではない。バルナバがつかつかと歩み寄り、叱りつけると、建築物の西の一角が音を立てて崩れ落ち、多くの負傷者が出た。命を落とす者も少なくなかった。命拾いした連中は、すぐそこのアポロンの社に逃げ込んで救いを求めた。クーリオンにほど近い、ヒエラという場所である。バルナバと私はそれを捨て置き、クーリオンの町へと向かった。あろうことか、町の外には大勢のユダヤ人が陣取り、我々の行く手を妨げるではないか。バル＝イエススに唆された連中だった。……

バルナバがバル＝イエススに焚きつけられたユダヤ人の群衆によって無残な最期を遂げた後、自らにも追っ手がかかり、洞窟に身を潜めながら落ちのびてゆく顚末も生々しい。後代の偽作だと言われてもにわかには信じ難い筆致である。

新約聖書の使徒行伝（十三〜十五）の伝えるキプロス伝道と読み比べると、外典にはキプロス総督セルギウス＝パウルスの改宗が記されていない。使徒行伝にもある通り、ヨハンネスに辛く当たったパウロである。その功績を書き立てるのは面白くなかったかもしれない。何より従兄のバルナバの行実が埋没するようでは困る。そのような打算と計算が「バルナバ伝」の記事に潜んでいるとしたら、使徒行伝の記事に着想を得て記された贋作といって片付けてしまうのはいかにも惜しい。ヨハンネスの留め書きを覗いたら、あるいはこのような文章が見つかったのではなかろうか。

クーリオンの近傍にヒエラと呼ばれる場所は見当たらない。それがいささか気に掛かる。

文明の十字路

キプロスは文明の十字路である。

バルナバが訪《おとな》った後一世紀にはあまたのユダヤ人がいた。時代を遡れば、前一四世紀末から一〇〇〇年間、オリエント風の円筒印章が流行を見たのもこの島である。東方では前四〇〇〇年紀末から一貫して円筒印章を用い続けたことを思えば、キプロスが外の世界の動向に敏感であるばかりではなく、それとは一定の距離を置き、独自の文化に照らして取捨選択を行っていたことがうかがえよう。

前一三世紀の印章には、エーゲ海方面のミケーネ文明が生み出した壺絵のモチーフに通じるものがある。目は西にも向いていた。エーゲ海から入植者を迎えた島でもある。前一二世紀には西地中海に商人を送り出してもいたらしい。前八世紀には東方の意匠にキプロスならではの彩りを添え、エーゲ海方面の器物にその影響を及ぼしている。

時代が下るにつれ、西との関係を深めたキプロスも、東との関係が切れたわけではない。前六七三年にアッシリアの王、エサルハドンが首都ニネヴェ（イラク北部のモースル）の再建に着手したおり、島内の王一〇名が貢納を収めている。粘土板に見えるクリの王ダマスは、クーリオンのダマソスに相違ない。

キプロス一島の中も一枚岩ではない。例えば東海岸の町サラミスにはギリシア文化の色が濃い。ホメロスの叙事詩『イリアス』やソフォクレスの悲劇『アイアス』で馴染みの深い英雄テウクロスが創建したという伝承がある。その一方で南隣のキティオン（現在のラルナカ市）はフェニキア人がカルタゴに漕ぎ出す足がかりであった。その西に位置するアマトゥス王国（現在はアマスス）にも東方の影響は根強く、前四九九年のイオニア叛乱では島内輿論に抗してペルシア方についた。アマトゥスの決断は重かった筈だ。この叛乱を端緒としてペルシア戦争が勃発するのだからなおさらである。下って前四世紀、島内をまとめようとするサラミスの王エウアゴラスにも刃向かって、ペルシアの応援を求めている。

由来この町はフェニキアの商港ビブロスから渡ってきた王キニュラスの創建になると伝わる。人が動けば神も動く。娘と交わって美少年アドニスを儲けた伝説で名高い王は、そのアドニスとわりない仲になった女神アフロディテをキプロスに勧請して、その祠官を務めたという。アフロディテは別名を「キプロスの女神」という。たしかにキプロスにはアフロディテの大社が多い。ここアマトゥスに東岸のサラミス、それに島の南西部パフォス（今日のパレパフォス）にある。

中でもパフォス社の権威は高かった。ある伝承によれば、アフロディテはこのパフォス近郊の海岸で生まれたことになっている。「ローマ人〔＝ギリシア人〕の巌《ペトラ・トゥー・ロミウ》」と呼ばれる岩がその場所であるという。女神の寵を求めてか、夏場の水浴にわざわざこの地を選ぶ紳士がいる。女神と妍を競う婦人も後を絶たない。まことにキプロスはアフロディテの島である。

神々の来歴

アフロディテを祀る三社はそれぞれが独自の風格と伝統を誇りながら、その根にはフェニキアの女神、アシュタルトが見え隠れする。キニュラス勧請譚を想起したい。そのキニュラス自身が冶金の神として崇められたことにも注意したい。アフロディテの夫は鍛冶神へファイストスとされるのが普通であるが、キプロス島にはへファイストス祭祀の痕跡が見当たらない。早い段階でキニュラスの崇拝が確立したからだという。

クレタ島にもへファイストス崇拝がない。匠の崇拝が見られるところもキプロスと共通している。ダイダロスは殊に名高い。他にもテルキネスと呼ばれる魔術師がクレタ島からキプロス島へ、それからロドス島に渡り歩いたという伝承が目を惹く。別伝によると、鉄と青銅の精錬と加工を始めた名匠集団であったという。

神の移動が人の移動に変容し、やがては不気味な集団の物語として語り伝えられることになったのではないか。オリンポス神のへファイストスが冶金を司るようになった時代には、神と技を競うような人間は魔術師になる他はなさそうである。クレタといい、キプロスといい、ギリシア本土にさきがけて開けた古い世界ならではのことであろう。

アフロディテが東方から移動してきた経緯は、古代人も記憶していた。二世紀の旅行家パウサニアスは言う。「アフロディテ＝ウラニアの崇敬はアッシリア人に始まり、ついでキプロスのパフォスとフェニキアの町アスカロン（イスラエルのアシュケロン）に伝わり、それがやがてアテネに至った」。「ウラニア」とは「天空の」という意味である。あるいは天空神《ウラノス》が陰茎を切られ、その陰茎からアフロディテが生まれたという伝承に由来するのかも知れない。

時代を遡って前五世紀の歴史家ヘロドトスもアスカロンのアフロディテ＝ウラニア社を話題にしている。「この神の社としては最古のものであり、キプロスの社はここから分祀して創建したものである」。ヘロドトスはさらにバビロニアとキプロスには神殿売春の風習があると伝えている。妙齢の婦人はアフロディテの社に座り、春をひさいで一人前になるという。実態はともかく、ここにも「キプロスの女神」と東方の関係が見て取れる。バビロニアで彼女は「ミュリッタ」と呼ばれた。

キプロスからフェニキアのアシュタルト社に巡礼が出ることもある。キプロス独自の文字で「女神に」と刻んだ碑文が、フェニキアの町シドン郊外で発見されている。神の勧請が終わっても、人の移動はやまないようである。アシュタルトとアフロディテは同一視される一方で、別の神だと思われていたのだろうか。あるいは、同じ神を祀る遠方の大社に詣でることが大切だったのだろうか。そのいずれでもあったのではないか。多神教ならではの機微である。

同じ場所で祀られる一柱の神を複数の名で崇めることもある。キプロスでギリシア人が崇めた神アポロン＝アミュクロスを、フェニキア人はレシェプ＝ミカルとして崇拝していた。前二六四年、島のほぼ中央部、イダリオン（現在のレフコシア市ザリ地区）に建てられたギリシア語フェニキア語二言語碑文がその様子を今日に伝えている。レシェプはシリアで崇拝された古い狩猟の神である。弓矢を執り、邪気を払い、浄祓を司るその姿は、ギリシア神話で馴染みの深いアポロンそのものである。習合が起こる素地がここにある。

小アジア南西部のリキア地方でも、アポロンは土着の神ナトリと同一視されている。クサントス市で出土したギリシア語ルウィ語二言語碑文にあきらかだ。しかもアポロンは往々にして「リキオス」「リケイオス」の神号を帯びる。「狼の」を意味すると同時に「リキアの」とも解釈される添え名である。アポロンが小アジアと深い縁故で結ばれていてもおかしくはない。アポロンという名もルウィ語で「潜む者」「待ち伏せをする者」を意味するという。前一三世紀にヒッタイト王ムワタリ二世とウィルサ（トロイア）王アラクサンドゥが条約を締結する際、照覧を請うたアパリウナスもこの神である。

アポロン＝ヒューラーテース神殿の社《やしろ》

クーリオンの北門から西北に五〇〇メートルほどのところに競走場《スタディオン》がある。バルナバとヨハンネスが通りかかった折に、町の人々が裸形になって競走にうち興じていた現場かもしれない。しかしペンシルバニア大学隊が発掘した現在の遺跡は二世紀に造営されたものである。

そこからさらに一キロほど西に進むと神殿の遺構が見えてくる。後一世紀のストラボン『地理』には「ロドスを目指して西航する旅の起点はクーリオンであり、程なく岬にさしかかる。土地の者がアポロンの祭壇に触れた者を海中に投じたのは、この岬からである」という一条が見える。付近に尊崇を集めるアポロンの神域が存在したことを伝えている。バルナバたちが目にしたのもアポロン社であった。恐らくはこの神域であろう。

アポロン＝ヒューラーテース神殿　©Antonis Petrides, Open University of Cyprus

社の所在地名や、その社に鎮まるアポロンの神号はストラボンの筆から漏れている。幸い奉献碑の発見により「アポロン＝ヒューラーテース」を祀った社であることが判明した。キプロスのアポロンと言えばヒューラーテースがことのほか名高い。前四世紀のキプロス音節文字を刻んだ碑文にも、ローマ帝政期のギリシア・アルファベットで綴った碑文にも、その神号は頻りに姿を見せている。パレパフォス近郊から出土した碑文には、時の元首ティベリウスに恭順を誓う文言が刻んである。照覧を請う神々は岬のアフロディテ、ペルセフォネ、ヒューラーテース＝アポロン以下、一〇柱を超える。島内の代表的な神を網羅する中で、ヒューラーテースが第三位を占めることも見逃せない。

ところが神号の意味が判らない。アポロンの神号「リケイオス」「リキオス」に表記の揺れがあり、それに従って意味も揺れることを思えば、それも取り立てて異とするには足りないのかも知れない。

「ヒューラーテース」の称の意味するところは古代からくさぐさに論じられてきたようである。三世紀、セウェルス朝のイタリアに暮らしたアイリアノス『動物誌』の一節を引こう。

クーリオンの岬では牝鹿（この土地には牝鹿が多く棲み、あまたの狩人がこれを獲ろうと血眼になってきた）が土地のアポロンの社に逃げ込むたびに（宏大な森がある）、猟犬は吠える《ヒュラクトゥーシ》ものの、そばに寄りつくことは出来ない。鹿は隊伍をなして整然と、また悠然と餌を食べる。秘められた本能のようなものに従って、己の安全を鹿はアポロンに託している。

「吠える（ヒュラクテイン、ヒュラーン）」に語源を求める向きがあったのだろう。なるほどアポロンの姉妹である女神アルテミスは未開と文明の均衡を司る。野獣を護り、若人を育む。しかもアルテミスは鹿との縁故が深い。その権能、特徴がアポロンに転嫁される例もある以上、アイリアノスの記事にも理はある。「ヒューラーテース」の説明として、古代人の感性から見ても、現代の研究者の目にも一応の筋は通っている。

だが「吠える（ヒュラクテイン）」の「ク」は難題である。神号に「ク」はない。しかも「吠える」をヒュラクテイン、ヒュラーンのどちらで考えても、「ヒュ」は短い。ところが「ヒューラーテース」である。前三世紀前半のリュコフロンの悲劇『アレクサンドラ』でも、後二〜三世紀のディオニュシオスの叙事詩『バッサリカ』、後五世紀のエジプトで同じく叙事詩『バッサリカ』を歌ったノンノスでも、神号の第一音節は長い。ギリシア語の詩は母音の長短を規則的に排列するため、排列規則から母音の長短がある程度判る。

リュコフロンの悲劇『アレクサンドラ』には、

五人は角のある蜜蜂の国、サトラコス、ヒューラーテースの大地へとやって来よう。

という行がある。「蜜蜂の国（スフェケイア）」はキプロスの古称、サトラコスは島内の河である。古代の註釈書にそう説明がある。これと並んで、名高い神号「ヒューラーテース」にも註釈がついている。

ヒューラーテース＝アポロンの、の意である。キプロスのクーリオンという場所の付近に、アポロンにまつわる聖なる森がある。そこからこの神を「ヒューラーテース（森の）」と呼んでいる。

に読み替えたのだろうか。
ディオニュシオス『バッサリカ』には、

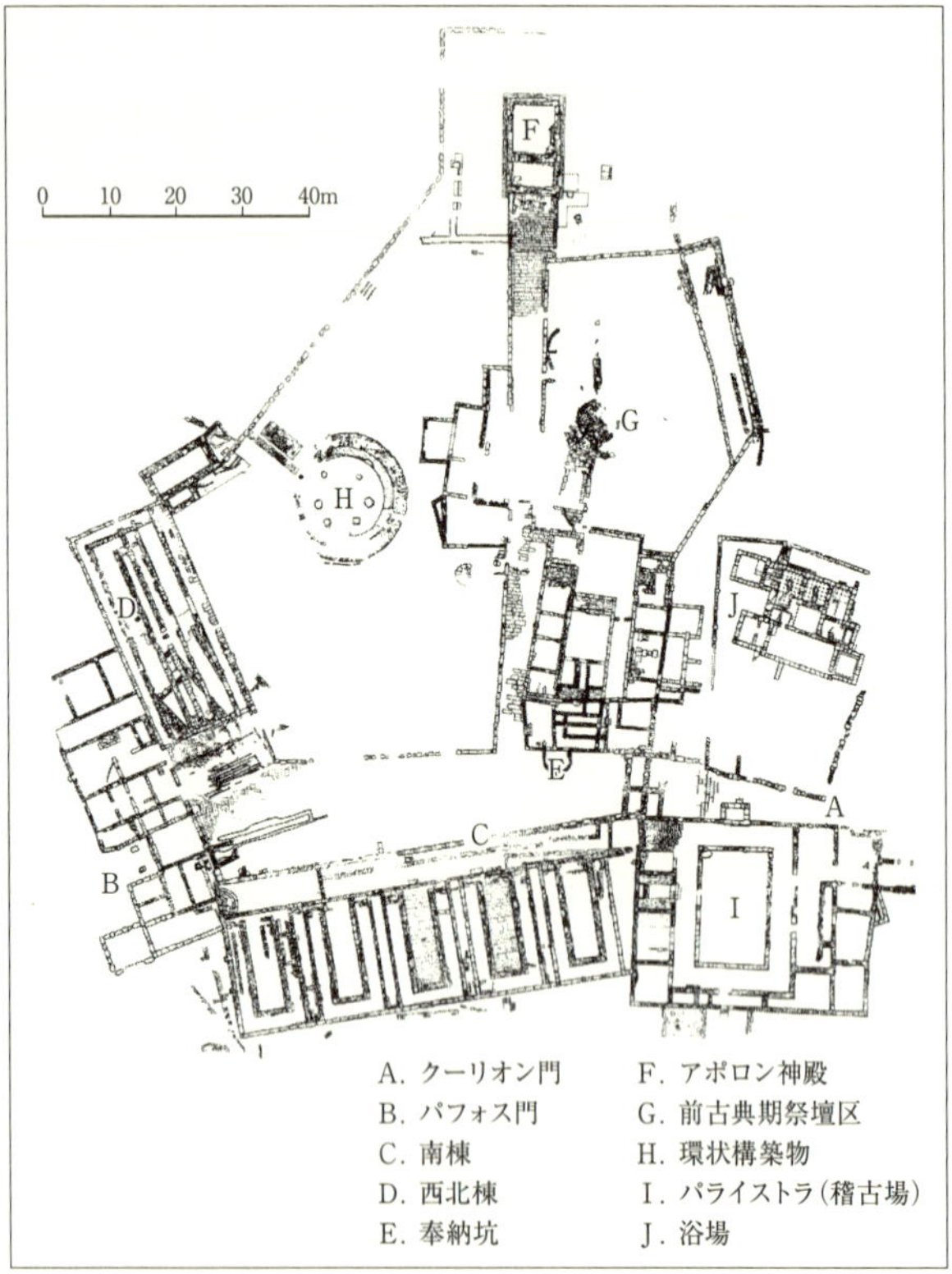

アポロン＝ヒューラーテース神域遺構図

一二世紀ビザンツの文人、ツェツェスの説である。ギリシア語で「森」は「ヒューレー」である。これを固有名詞だと考えた人物もいた。

ヒューレーはキプロスの町である。アポロン＝ヒューラーテースを崇拝している。

普通名詞を固有名詞

彼らはヒューラーテース＝アポロン神の御座所を手にしていた。テンブロス、エリスティア、海に面したアママッソスである。

と見える。いずれも場所の特定が出来ない町である。ここにクーリオンか、郊外のヒューラーテース社が含まれているのか否かは判らない。含まれているならば、ヒューラーテースの社からヒューレーという地名が作り出された可能性がある。含まれていないならば、ヒューレーなる地名からヒューラーテースを作り出したという説明は苦しくなる。いずれにせよ、「森」と結びつける解釈には無理が残ってしまう。「吠える」と同様にこじつけの観を否みがたい。そもそも森に関わる神号ならば「ヒューライオス」「ヒューレイオーテース」という形になるはずである。

決め手はないのだろうか。

キプロス外部でヒューレー、アポロンが同時に現れる史料が一つだけある。

レタイオス河畔に住まうマグネシア人の許にもヒューライと呼ばれる地区がある。アポロンに捧げられた洞窟がそこにある。規模はさほど驚くべきものでもないが、神像は極めて古く、またあらゆる仕事に力を与える。この神には聖なる男たちが奉仕しており、彼らは身を躍らせて切り立つ断崖、そそりたつ巌《いわお》を馳せ下る。巨木を根こぎにした上、蹊《こみち》の中でも狭い杣道《そまみち》を担いで辿る。

小アジア西部の町、レタイオス（通常の言い方では、マイアンドロス）河畔に位置するマグネシアの硬貨には「樹木運搬衆《デンドロフォロイ》」が打刻されていた。ヒューライという地名もある。しかしマグネシアの硬貨にはキタラ（竪琴）を懐くアポロンがあしらわれ、「アウラエイテス」の文字が刻み込まれている。「アウラエイテス」の響きが「笛（アウロス）」を連想させるだけに、この図像は困惑の種であったが、この神号を根拠に、パウサニアスの写本に見える「ヒューライ」を「アウライ」と読み替える説が出された。今日では大勢を占める読みである。ただし、「ヒューラーテース」に連なる可能性のある唯一の史料が消えてしまう。ただし、どちらの読みを採用するにせよ、この地名はギリシア語名詞に必要な格変化をしていない。ことによると非ギリシア語の地名なのかもしれない。ならば、ギリシア語で解釈しようとしても甲斐がない。

それでもマグネシアのアウライ／ヒューライに鎮まるアポロンは、樹木との関係が深い。細く険しい杣道を辿る樹木運搬衆は、根こぎにした木を担いでマグネシアに至り、忘我と狂乱の酒神、ディオニュソスの神域でこの木を奉納したのではないかという。

植生を司るディオニュソスは「デンドリティス（樹木神）」の添え名でも知られる。アポロンに奉仕するのが樹木運搬衆であることと符節を合わせるかの如くである。そもそもアポロンとディオニュソスはデルフォイの神域を共有する間柄である。表裏をなす関係といってもよい。「ヒューラーテース」の語源が何であるにせよ、これを尊崇する人々が樹木に引き寄せて考えていた可能性は残しておきたい。現在の神域の北端には神殿の一部が復元されている。古典期の末からヘレニズム時代に移り変わる頃に建立された神殿が、後一世紀のフラウィウス朝期に増改築されたものである。ナバテア様式の柱がいかにも新しい。その手前、向かって左側（西側）に環状構造物の遺構がある。一九七八年から八四年にかけて発掘されたものである。前六世紀に編年される。小石の甃《いしだたみ》にモルタルで舗装した通路の囲む中に、岩盤が露出している。そこに七つの穴が穿ってある。用途は審らかではないが、発掘者は七つの穴に神木が根を下ろし、その聖なる木立をめぐる通路で祭祀の行進、舞の類が行われたのではないかと想像している。

海辺の神域で

クーリオン近傍にヒューレーという地名があったかどうかは知らない。あったとすればヒューラーテースの神号や祭儀、聖林《アルソス》の存在から類推した地名ではなかろうか。森《ヒューレー》があったかどうかも不明である。語源不詳の神号の方が先にあったのだろう。この島にはレシェプ＝ミカル神もいた。指呼の距離に控えるリキア地方ではナトリ神がアポロンと並び立ち、同一視されていた。ヒューラーテースが非ギリシア語に由来する神号であってもおかしくはない。

神域の存在がヒエラという地名を生んだ可能性もある。「聖なる」という意味の地名である。聖所の近傍を「ヒエラ」やこれに類する単語で呼ぶことはある。クーリオンの住人からすれば、ヒューラーテース社という正式名称の代わりに、「聖所」という字《あざ》で呼ぶ方がむしろ自然だったのではないか。バルナバとヨハンネスの記録には一世紀当時のクーリオンで耳にした生の情報が盛り込まれていることになる。ここをヒエラと呼ぶ唯一の文献資料である。

「バルナバ伝」が描く舞台はクーリオンではない。そんな説を立てる向きも現れてきた。バルナバたちがパフォスに至る直前に進路を阻んだバル＝イエススが、三二キロ離れたクーリオンに向かうバルナバ一行に先回りして、クーリオン近郊で妨礙活動を行ったのはおかしいという。そしてなにより、ヒューラーテースの神域で裸形を見るのは解せないという。アポロンは真面目な神である。

バルナバが奇蹟を起こして見せたのは、パフォス（パレパフォス）から六キロのところにあるランティジだと新説は説く。ランティジでもヒューラーテース祭祀の痕跡が見つかっている。それに加えて、島内でアフロディテとアポロンが密接な関係を取り結んでいる事実を指摘している。バルナバたちの遭遇した一団は、パレパフォスからランティジに向うアフロディテ祭祀に関係するものだと言う。なるほどアフロディテならば裸形の会衆を嘉賞するかもしれない。

新説にはギリシア語の誤読や附会が多く、説得力に乏しい。しかし、アフロディテとアポロンを一対にして考えるべきだという主張は傾聴に値する。クーリオンにこの対を探すことはできまいか。

アフロディテはパフォス近傍の海で生まれ、海にまつわる神でもある。クーリオン近郊のヒューラーテースの社からは、遥か下の海面に人間を突き落としていた。これを人身御供だとする説がある。アフロディテは愛するアドニスが不慮の死を遂げて、不死の身でありながら、悲嘆の余りにレウカス岬の断崖から身を躍らせる。今日のレフカザ島と同一視されることが多い岬であるが、神話のレウカスの場所は特定できない。そのレウカスを、ヒューラーテース社脇の断崖に見ようという者がいる。一伝によると、アドニスの命を奪ったのはアポロンであると言う。二柱の神の関係はいよいよ深いと言わねばならない。

もちろん、クーリオン近傍でしかるべきアフロディテ社は見つかっていない。だからといって、アフロディテ社がなかったとは言えない。遺跡を訪い、付近を散策しながら社の跡を探すのも楽しかろう。その瞬間、死んだ町に古人の体臭が甦るかも知れない。わたつみの目を覗き込み、彼岸のオリエントに思いを馳せ、文明の十字路に立っていることを実感できる筈だ。

〈アクセス〉

クーリオン遺跡／リマソル（レメソス）市からバス二〇分、あるいはタクシー。

アポロン＝ヒューラーテース神殿／クーリオンから徒歩。

第一九章

バビロン——天空を仰ぎ見る学知の都市

三津間康幸

はじめに

ティグリス、ユーフラテス両河が潤すイラクの南部、バビロニア地方では太古より都市が発達し、様々な物資が集積され、文化が花開いた。都市国家や古代帝国の興亡の中で、ユーフラテス河畔に位置する都市バビロンの地位が高まる。同市を中心とした「世界」の姿を描いたのが、バビロニアの「世界地図」だ［写真1］。この地図によれば、人間の居住する地域は環状の海に取り巻かれた円形の土地で、その中央をほぼ縦断する二本の線が大河ユーフラテスを表す。諸都市は小さな円で書かれる。しかし世界の中心バビロンは特別に、ユーフラテス川をまたぐ矩形で表される。バビロンの地位は、その別名の一つ「諸国を結びつけるもの」からも分かる。バビロンには他に「天（と地下）を結びつけるもの」という名もある。これらの名はバビロンを地上、地下、天空を縦横に結ぶ要所と主張するものだ。バビロンの宇宙的役割は、都市の中心部に建つ二つの神殿からも知られる。次節ではこれらの神殿に向かい、バビロンがもっとも栄えた時代、前六世紀の街路を歩いてみよう。

「天と地の基の家」と「頂きの高い家」

「世界地図」が示す通り、バビロンの内城はほぼ矩形をなし、ユーフラテス川の東西に広がる

［地図1］。特に重要な建物が集中するのは東岸部で、都市を大きく取り囲む外城壁や、ユーフラテス川沿いの城壁で固く守られる。最北端に位置する夏宮殿から南に下ると、堀の向こうに三重の城壁が見えてくる。北から城内に入る口はユーフラテス川の近くにある。ここの守りは特に固く、三重の城壁からさらに外側に北宮殿と東外堡（防御施設）が張り出している。城内に入るためには堀を渡って北宮殿と東外堡の間の道を進むしかない。道の左右は二つの建物の壁で封じられ、その壁には侵入者を威嚇するように、左右六〇頭ずつ獅子像が配されている。この道は新年の祭りの際に神々の行列が練り歩くので、行列街路とも呼ばれる。獅子たちの出迎えを受けて行列街路を二五〇メートル進むと、イシュタル門が姿を現す。想像図［図1］の中心に見えるもので、青い彩釉煉瓦で飾られ、竜や牛の像を配した二重の門だ。この門から都市の主要部に入っていこう。すぐ右手には南宮殿が横たわる。

その北東側の建物の屋上に、想像図は緑なす庭園、いわゆる「空中庭園」を置く。屋上に繁る植物のために水を汲み上げるのは相当な技術が要ったはず。古代世界の七不思議の一つだ。南宮殿を右に見てさらに行列街路を進み、市の中心部を目指す。目印になるのは何といっても高さ九〇メートルに達する階段状の高塔。『旧約聖書』創世

写真1　バビロニアの「世界地図」　地図の成立は前9世紀以降。写真の粘土板には前6世紀頃に書き写された。大英博物館所蔵。出典：大英博物館ホームページ

図１　モーリス＝バルダン『都市バビロン』（1936年）　ヘルベルト＝アンガー『ネブカドネツァルの聖なるバビロン』（1927年）を元にした油彩画。ネブカドネツァル（２世）はバビロン最盛期の王（在位　前605〜前562年）。正面にイシュタル門、右手奥に「空中庭園」、エテメンアンキ、エサギル。出典：Chicago Oriental Institute Museum 所蔵 OIM P28752

記が「その頂は天に届く」と記す「バベルの塔」だ。現地名はエテメンアンキ、すなわち「天と地（下）の基の家」で、天上、地上、地下を結びつけるというバビロンの役割を体現する。エテメンアンキ頂上には、バビロンの神々の主マルドゥクの神殿がある。このエテメンアンキの神殿と並んで、マルドゥク神はもう一つ重要な神殿を持つ。それは想像図のエテメンアンキの左奥に頭をのぞかせる神殿エサギルだ。エサギルとは「頂きの高い家」の意味で、これも天上との関わりを思わせる。エサギルと天上の関わりには実際的なものがある。この神殿には天空を仰ぎ見て、星々の運行を観測する学者たちが奉職するのだ。彼らの研究の成果は粘土板に刻まれて残された。その多くは先の「世界地図」同様、現在ではロンドンの大英博物館に所蔵されている。次節からはいくつかの粘土板を手がかりに、学者たちの修業の様子や研究活動を探っていこう（写真2、3、4に示す粘土板の撮影と報告を許可して下さった大英博物館理事会に記して感謝する）。

地図１　都市バビロン　考古学の成果を反映した地図。出典：I. L. Finkel & M. J. Seymour (eds.), *Babylon: Myth and Reality* (London: The British Museum Press, 2008), 40, fig. 21.

学者修業

エサギルに奉職する学者の地位は、基本的に特定の家門に代々受け継がれる。しかし、家業を受け継ぐにも熟練の技術が必要で、学者たちは天文観測の修練や、ふだん用いない言語や文字の習得にいそしんだ。バビロンの日常語は紀元前一〇〇〇年紀に広まったアラム語だ。その表記にはアラム文字という、二二文字のアルファベットを用いる。二六文字のローマ字アルファベットとも同じ系統の文字だ。一方で学者たちの書き言葉は、伝統的な言語、アッカド語だ。ふだん現代文を用いる我々が古文・漢文で文章を書くようなものだ。いや、それより難しかったかもしれない。バビロンの学者たちはアッカド語を書くために、楔形文字という、アラム文字とは全く異なる文字体系を学ぶからだ。この文字を葦の茎から作った尖筆で、バビロニアで容易に手に入る粘土を板状にしたもの、つまり粘土板に刻むのだ。刻まれた文字は一画一画が楔状に見えるので、楔形文字と呼ばれる。楔形文字の用法は複雑で、各文字ともひらがなのように音を示すためだけに使われることもあれば、漢字のように特定の意味を示すのに使われることもある。つまり「あ」「か」「さ」という文字を組み合わせて「あさか」という音を持つ言葉や名前（たとえば朝霞や安積）を表すことができる一方、「あ」を表す楔形文字が「水」、「か」を表す字が「口」、「さ」が「網」という意味を示すこともあるといった具合だ。また漢字のように同じ音で読む文字が複数ある。「口」を表す楔形文字と「門」を表す楔形文字とは字の形は違うけれど、読む場合にはいずれも「か」となる。このように同音の文字がいくつもあるため、文字の総数は一〇〇〇近くに達する。

　この複雑多岐にわたる楔形文字を練習した跡は多くの粘土板に残っている。写真2の粘土板が示すように、練習後に文字を消すこともある。残った文字からみて、生徒はこの円形の粘土板の左側に「一〇一年」から「一〇七年」までの年を続けて書いたようだ（文字を書く向きは、日本語の横書き同様、左から右）。「一〇一年」などの表現は、五年間、六年間という期間か、「（西暦紀元後、第）二〇一三年」のような特定の年のいずれかを意味する。「一〇一」などの数は期間を表すものとしてはかなり大きいので、この粘土板が示すのはある紀元の「第一〇一年」から「第一〇七年」までと考えられる。その紀元とはイエスの誕生を元年とする西暦ではなく「セレウコス紀元」である。セレウコス紀元は、アレクサンドロス大王（在位　前三三六／三三五～前三二三／三二二年）の部将だったセレウコス（王としてはセレウコス一世、在位　前三〇五／三〇四～前二八一／二八〇年）

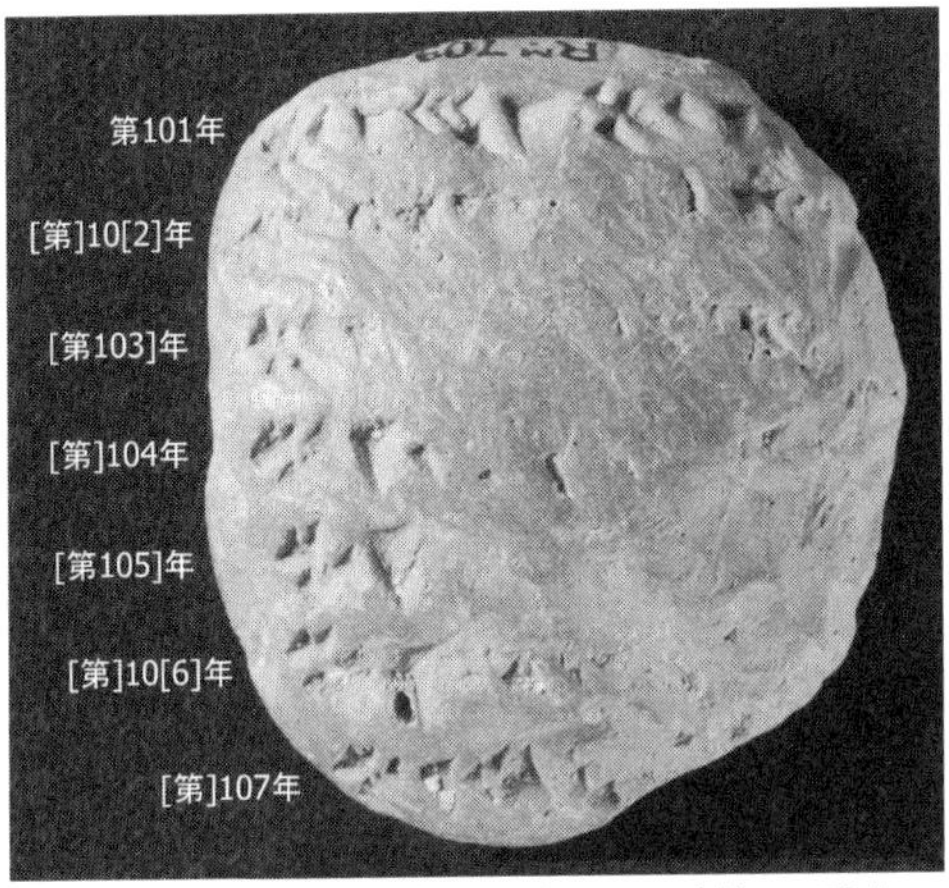

写真２　「101年」から「107年」までを連続して記す、練習用の粘土板　消された文字を［　］に入れて示す。数字「101」の後に残る文字は「第X年」の「第」か「X年間」の「間」に対応する。ここでは「第」と訳す。大英博物館所蔵。筆者撮影

が開いたセレウコス朝の下で定まったものである。その元年はまだ王にならないセレウコスがバビロニアに拠って自立した年で、西暦でいうと紀元前三一一／三一〇年に当たる（二つの年を示しているのは、西暦年とバビロニアの一年とが一対一には対応しないため。現在我々が使っている西暦年が冬至の少し後に始まるのに対し、バビロニアの一年は春に始まる。つまり、セレウコス紀元元年は、西暦紀元前三一一年の春以降と前三一〇年のはじめの数ヵ月にまたがる）。セレウコス紀元一〇一年は前二一一／二一〇年、一〇七年は前二〇五／二〇四年に当たる。この頃の年表記を練習した跡を残すのが、写真2の粘土板というわけだ。

年表記などの書記法への習熟とともに、あるいはその後に、学者たちは天文観測をマスターする。天文観測への習熟は、学者がエサギル神殿から俸禄を得るための要件だ。もしも天文観測がしっかりできなければ、学者の子でも父の俸禄を受け継ぐことはできず、しかもその禄が別人に与えられてしまうことさえあった。このような場合、俸禄を与えられた人物と、学者の子との間に争いが起こることもあった。前一一九／一一八年にはこの種の争いの一つをエサギル神殿の代表者たちが裁いている。争いの一方の当事者はベル＝ウツルシュという学者。争点となった禄はかつてこの人物の父ベル＝アブ＝ウツルが食んだのに、いまやナブ＝アプラ＝ウツルという人物に割り当てられている。ナブ＝アプラ＝ウツルからこの俸禄（土地と銀）を取り戻すため、ベル＝ウツルシュは自らの観測技能をエサギルの代表者たちにアピールする。これを受けた代表者たちの決定を楔形文字文書から訳してみよう。訳だけでは意味が通りにくいところには（ ）に入れた言葉や説明を補う。また［ ］に入れた文字は筆者が復元した。

（ベル＝ウツルシュが来て）我ら全員に対し訴えるには、彼は観測すべきものをみな観測できるとのこと。また我らが見るところ、彼は観測を十分に遂行［でき］る。そこで我らは申し入れる。先述のナブ＝アプラ＝ウツルに対しては、かの［ベル＝ウツルシュの］父ベル＝アブ＝ウツルに支給されていた耕地と一ミナ（約四八〇グラム）の銀とを彼（ナブ＝アプラ＝ウツル）が手放し、請求（父に支給されていた俸禄を子ベル＝ウツルシュが要求すること）をまぬ［がれる］ようにと。かのベル＝ウツルシュに対しては、彼が我らの前で（ナブ＝アプラ＝ウツルへの）請求を取り消したのち、先述の、バビロンの計量で一ミナの銀と耕地を彼に与える、（特に銀については）一年が経つごとに、我らが必需品に支出する銀の中から（彼に与える）と。

こうしてエサギルの代表者たちは問題の俸禄をベル＝ウツルシュに割り当て、彼を他の学者たちと共同で天文観測に当たらせる。ベル＝ウツルシュの学者修業はこれでひとまず終わる。ここで節を変え、次節では学者たちの天文観測の記録に触れてみよう。彼らは天文観測とその記録によって何を成し遂げようとするのだろうか。簡単にいえば、彼らが目指すのは「未来予知」なのだ。

未来予知学の系譜

天文観測を示すアッカド語はナツァルという。ナツァルの成果は粘土版に記され、「何年何月から何月までのナツァル＝シャ＝ギネ（常時の観測）」という表題が付く。この表題を持つ一群の粘土板文書は現在では「バビロン天文日誌」と呼ばれる。しかし、記録の内容は必ずしも天文事象だけではないので、単に「日誌」と呼んでもいい。日誌の粘土板はたいてい四角だ。その中には数日間の観測だけを記す、数センチ四方の小さな粘土板もある。またひと月からふた月分の記録を載せる、一辺一〇センチ内外の中程度の大きさの粘土板もある。中小の粘土板の記録は、最終的には半年や一年分の出来事を示す、一辺二〇センチ内外の大きな粘土板に集約され、長期保存される。一つの粘土板はいくつかの部分に線で仕切られ、各部分にひと月分ずつの記録が書かれる。つまり日誌の粘土板を一目見れば、仕切りの数から、そこに何ヵ月分の記録があるか分かるのだ。

日誌の作成は前八世紀半ばから始まった可能性がある。現存する最古の日誌は前六五二／六五一年のものだ。この日誌では天文、天候、河川の水位といった各種の情報がほぼ一つの時系列に沿って配列される。時系列の始まりはバビロニアの暦の一月で、最後は一二月になる。一年分の出来事が書かれたのだ。しかし現在残っているのはほとんど最初と最後の部分だけ。ここでは最後の部分、つまり一二月の記事から、その中ほど、粘土板裏面の九行目から一六行目までを訳してみよう。欠けていて復元できない文字はその数だけの…を括弧つきで示す。［　］なしの…で示す文字は、欠けてはいないけれども解釈が難しい。

［…］…雨が降り続いた。一二日、…北風が吹いた。水位が上がった。一二日、［………］バビロニア軍はアッシリア軍に対して戦った。この軍…［……。］一三日、水位が少し上がった。一四日、雲堤が太陽の右側に現れた。一五夜、雲がかかった。三本の虹が出た。一本は西、一本は北と西の間、そして一本は北に見られた。雨、稲妻、雷、…、雲。一五日、望（満月）。南からの突風。靄《もや》が空の面《おもて》を横切った。一六夜、月を大きな暈《かさ》が取り巻いた。一六日、暈が太陽を取り巻いた。一八日、太陽を……暈が取り巻いた。南風が吹いた。一九日、金星は雇夫座（牡羊座）の領域に、火星の後方一〇指のところにあった（一指は天球上で角度五分＝一度の一二分の一離れていることを示す）。月を暈が取り巻き、リシ（蠍《さそり》座の一等星アンタレス）がその中にあった。二〇日、火星は雇夫座の額（？）の左、一指に近づいた。月を暈が取り巻き、木星がその中にあった。南風が吹いた。

ここには一二月一二日から二〇日までの出来事が記される。記録の中の「一五夜」、「一六夜」などは一日の前半を表す。バビロニアの暦では日没から一日が始まるので、夜が一日の前半、日の出から次の日没までの昼間が一日の後半だ。「夜」の記述に続いて書かれる同じ日、例えば「一六日」の出来事は、「一六夜」が明けてから日没までに起こったことだ。昼夜問わず、記録の全体を通してみると、風雨、雲、虹、といった天候や、河川の水位の変化が分かる。この河川とはバビロンを流れるユーフラテス川のこと。さらに月の望、つまり満月が日の出とともに沈むことが書かれ、金星、火星、そして木星と星座や月との、あるいは惑星相互の位置関係も示される。このように色々な情報が一つの時系列に沿って次々と現れ、その中にはアッシリア軍とバビロニア軍の戦闘の記事も交じる。アッシリアはティグリス川中流域を中心に栄えた大帝国。この頃のアッシリア王家は王族の一人シャマシュ＝シュム＝ウキンをバビロン（バビロニア）王に就けている（在位　前六六七／六六六～前六四八／六四七年）。日誌に記された戦いはこのバビロン王の、宗主アッシリア帝国に対する反乱（前六四八／六四七年に鎮圧）の一局面を示す。

人間界の事件が自然現象と一緒に記録されているのは、人間界の事件と同時期に起こった自然現象との関係を究明しようとする場合に便利だ。この頃の学者たちは実際、天文事象や天候を地上の出来事の予兆と考え、特定の天文事象や天候から地上に起こる出来事を予知できると考えた。このような営み、すなわち予兆占星術は長い伝統を持つ。予兆占星術と日誌を作成する学者たちとの関係は彼らの称号「エヌマ＝アヌ＝エンリルの書記」に反映する。「エヌマ＝アヌ＝エンリル」は長大な楔形文字文書で、天文事象や天候とその後に予期される地上の事態との組み合わせを多数集めたもの。例えば「もし一月一四日に（月）蝕が起これば、アッカド（すなわちバビロニア）の王は死ぬ。王の都市と民とは壮健。もし王が死ななければ、飢饉があり、国の民は減り、あるいは商いが細る」という具合だ。

予兆占星術文書の名にちなんだ「エヌマ＝アヌ＝エンリルの書記」の称号は前二世紀半ば以降

まで使われた。しかし、予兆占星術への関心に対応した、天文事象と地上の事件を区別なく一つの時系列上に書くという日誌の記述形式は早い時期に廃れる。それに代わって日誌上には別種の未来予知に対応する形式が姿を現し、前三世紀後半までに確立する。この形式ではひと月の出来事は内容によって五種類に分けられ、次のような順番で記される。

写真3　前183/182年の（バビロニアの暦による）11月と12月との出来事を記す日誌　本文中には6行目から12行目までを訳出。大英博物館所蔵。筆者撮影

一　天文事象（おもに月に関するもの）および天候
二　農畜産物の価格（一定の銀で買える分量）
三　惑星の位置
四　「ナ」という目盛り、または単位で示される、ユーフラテス川の水位
五　宗教的・政治的事件

例として前一八三／一八二年一一月の出来事を記す日誌を見てみよう。写真3はこの日誌の粘土板の裏面を示す。この日誌は中程度の大きさで、仕切りは裏面に見える一箇所のみ。表面からここまでがすべて一一月の記事、それ以下が一二月の最初の数日間の天文・天候の記録に

なる。以下に六～一二行目の訳を載せる。これは一一月の記事のうち、天文・天候を扱う第一項目の終わり近くから、同月の記事の終わりまでに当たる。項目ごとの付番と改行とは便宜的にしたもので、原文にはない。

一　二七日、雲が空にあった。二八日、月の出から日の出まで（の間に）［……］分経過。測定に支障なし。水星（の出から日の出までの間に）六四分経過。二九日、雲が空にあった。三〇日、雲が空にあった。

二　同月、一シェケル（約八・三グラム）の精錬された銀と交換できたのは、大麦は［…］コル四セア（約四〇＋?リットル）、ナツメヤシは一コル四パヌ一セア（約五五〇リットル）、カラシナは一コル一パヌ四セア（約四〇〇リットル）、コショウソウは二パヌ（約一二〇リットル）、ゴマは三セア三カ（約三三リットル）、羊毛は四キュビト（約二メートル）。

三　当時、木星は金牛宮に、金星［と水星］は摩羯宮《まかつきゅう》に、土星は［双魚宮に、火星は］処女宮［に］あった。一八日、火星は獅子宮に達した。二四日、水星は（宝瓶宮に）達した。

四　同月［の水位。…日から……日まで……（単位）上昇／下降。結果として］ナの目盛りは（数字?）＋五となった。二四日から月末にかけては［……（単位）上昇／下降。結果として］ナの目盛りは［……］＋一となった。

五　同月、テラスの工事とエサギルの［……］の建設とが行われた。

前六五二／六五一年の日誌と比べると、まず惑星の位置の示し方に新機軸がある。たんに星座や恒星を基準に示すのではなく「金牛宮」「摩羯宮」「処女宮」「獅子宮」などの「宮」が使われる。「金牛宮」「摩羯宮」「処女宮」「獅子宮」は、テレビや新聞、雑誌でよく見かける星座占いの「おうし座」「やぎ座」「おとめ座」「しし座」と基本的に同じもの。この場合の「おうし座（金牛宮）」は、天球上で太陽、月、惑星が運行する帯状の部分（獣帯）を一二に区切った一つで、実際のおうし座の領域とは必ずしも一致しない（他の「宮」も同様）。星座占いは、誕生日に太陽が位置する「宮」を手がかりに、個々人の運勢を探る。その起源はバビロニアにあり、ある人物の誕生時に太陽、月、惑星が位置する「宮」を示す「ホロスコープ」と呼ばれる楔形文字文書が、前五世紀末に出現している。

ただし、日誌の背後にある学者たちの問題関心は、個々人の運命の予知ではなく、もう少し別のものだ。それは日誌の記述形式から明らかになる。先に示した通り、この頃の日誌のひと月分の記述は話題に応じて五つの項目に分かれる。各項目の先頭に「同月」とか「当時」という表示がなされ、話題による項目分けを明示する。項目が変わるたび、語りの時間は月はじめに戻る。一方、先に見た最古のバビロン天文日誌、前六五二／六五一年の日誌は、異なる話題でも一つの時系列上にまとめて示してしまう。こちらの記述形式の背後に、天文事象や天候から地上の事件を予知する伝統的な予兆占星術への関心があることはすでに述べた通り。しかし、前七世紀の学者たちはすでに、特定の天文事象や天候それ自体を予知できるのではないかとの見通しを持っていた。彼らはある事象が一定の期間をおいて繰り返されること、つまり周期性に着目する。周期性を手がかりに、惑星が天球上に見え始めることや見えなくなること（これらをまとめて見伏という）などがある程度予知できるようになっていく。例えば前四世紀の一楔形文字文書は、金星の見伏が八年周期で天球上の特定の位置において繰り返されることを示す。多少の誤差はあるものの、この周期を念頭に置いて過去、現在の記録を調べることで、近い将来に金星がどこに現れ、どこで見えなくなるのかを予知できるのだ。このような洞察を得るためには、日誌のように長期間にわたる一連の記録が不可欠だ。ただし全てではなく、天空についての記録さえあれば用が足りる。地上の事件の記述などがその間に混じっていれば、研究の妨げにもなりかねない。日誌の記述を内容によって項目分けするのは、天空の出来事そのものを予知するためにその周期性を求めるという新しい学問動向に対応する変化なのだ。さらに言えば、別記するようになった地上の事件についても、学者たちは周期性があることを予想し、その見通しに基づいて予知を試みた可能性がある。

もう一人の「エヌマ＝アヌ＝エンリルの書記」

日誌の作成はバビロンの学者たちによって前一世紀半ばまで続けられる。しかしそれ以降、学者たちの姿はしだいに霞んでいく。現存する日誌の中で最も新しい記録は前六一／六〇年のものだ。また紀元後七四／七五年（後七四年春に始まり後七五年春に終わるバビロニアの年）の暦を記したものを最後として、それ以降は楔形文字文書の存在が確認できない。楔形文字を駆使し、天文観測に従事する学者たちが受け継いだバビロンの学知はここに途絶えたかに見える。

しかし、バビロンの学知はギリシア語で伝承する。アレクサンドロス大王の征服以来、バビロンには西方からの文化的影響が強まり、ギリシア語の使用も広まる。西方の影響を物語るようにギリシア＝ローマ世界各地にも見られる半円形劇場が建てられ、新たなランドマークとなる（位置は地図1の⑨）。またギリシア語の普及を反映するのが、表面に楔形文字、裏面にギリシア文字で文章を刻む「グレコ＝バビロニアカ」と呼ばれる一連の粘土板だ。このような粘土板も写真2に掲げたものと同じく、書記の訓練用だ。「グレコ＝バビロニアカ」が示す訓練は、表面の楔形文字文書を裏面にギリシア文字で置き換えるというもの。写真4に示すのは、ギリシア文字を記した「グレコ＝バビロニアカ」粘土板裏面の一例だ。この粘土板の表面には楔形文字文書の痕跡がわずかに残るのみ（失われた内容は幸いにも他の写しから分かる）。粘土板裏面には同じ文書がギリシア文字で書かれる。左端にはアッカド語よりも古典的な言語、シュメル語によってバビロンの様々な別名が列挙されていたはず。しかしこの部分は今はほぼ失わ

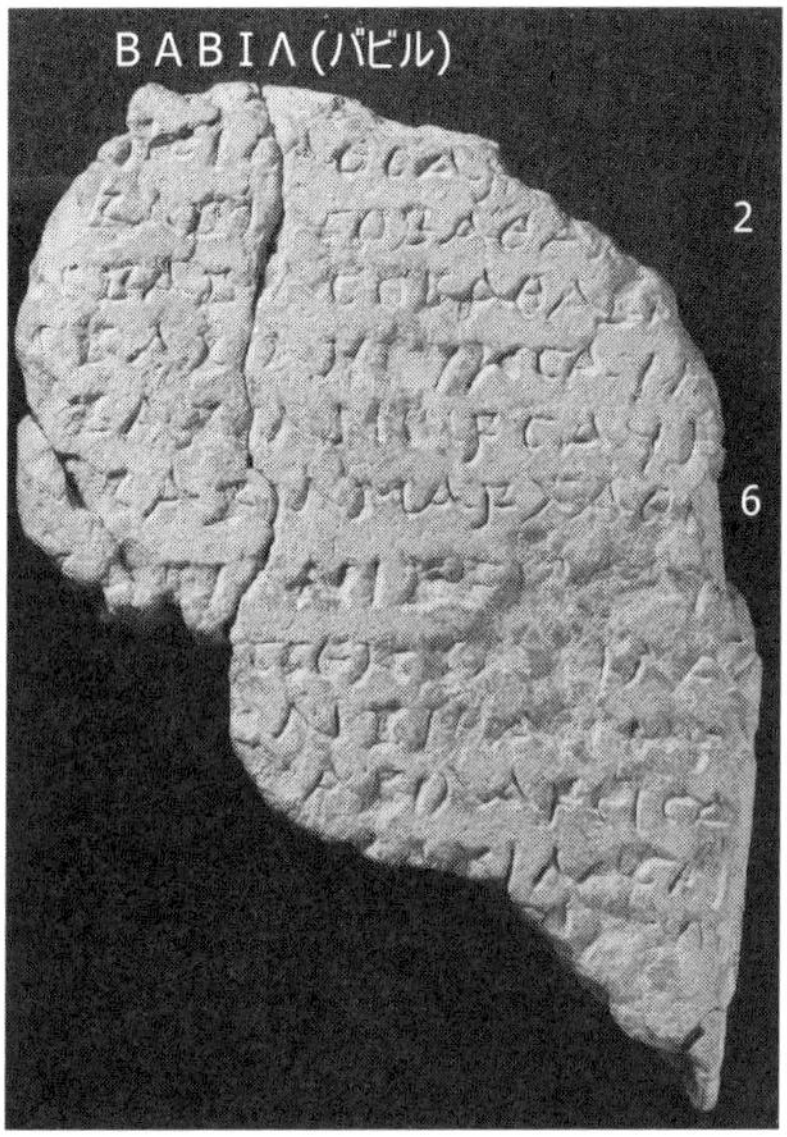

写真4　バビロンのアッカド語名「バビル」と同市の別名についての解釈を列挙する「グレコ＝バビロニアカ」　6行目に別名「シュアンナ」の解釈として「天を結び［つけるもの］」が見える。前1世紀頃。大英博物館所蔵。筆者撮影

地図２　バビロニアと周辺地域　青木健『古代オリエントの宗教』講談社現代新書より

れている。その次には各行とも「バビロン」のアッカド語形「バビル」が示される。これは二行目から六行目にかけて特によく分かる。また「バビル」の右側には各行左端（にあったはず）のシュメル語名に対応するアッカド語の解釈や翻訳がある。このように楔形文字文書をギリシア文字で書き写した「グレコ＝バビロニアカ」の存在は、その背後にあるギリシア語とバビロンの学知との結びつきを想起させる。

残念ながらバビロンにおいてギリシア語で学知が伝承された跡をたどることは難しい。しかし、ユーフラテス川の彼方、ローマ帝国の領域に目を向ければ、ギリシア語による学知伝承の跡は明白だ。後二世紀、ローマ帝国支配下のエジプトの都市アレクサンドリアでは天文学者プトレマイオスが活躍し、ギリシア語の著作『アルマゲスト』を残す。その中で彼はダクテュロス（指）という単位を使う。これは以前に引用した前六五二／六五一年の日誌で用いられていた、天体間の離角を表す単位「指」と同じものだ。またプトレマイオスはバビロニア由来の六〇進法で分数を表す。さらにバビロンで観測された月蝕の記録を引用し、これに加えて、観測地は不明なものの、水星や土星の位置をバビロニアの天文書と同様の方法で示す記録も挿入する。また特定の年を表すために「ナボナサル紀元」を使う。この紀元はバビロン王ナボナサル（在位　前七四七／七四六〜前七三四／七三三年）の統治第一年を元年とする。この紀元を用いた背景についてプトレマイオスは「この（ナボナサル王の）代からは、古い観測記録も総じて今の世まで保存され、我らの知るところとなっている」と述べる。この「古い観測記録」とは、バビロニア由来のものに他ならない。このようにバビロンやバビロニアの学知を受け継いだプトレマイオスは、「エヌマ・アヌ・エンリルの書記」たちの系譜に連なる者とも見なせよう。さらに学知の伝承は途切れることなく、彼の著作『アルマゲスト』は、ローマ帝国の衰退後もシリア語（アラム語の一種）、アラビア語、そしてラテン語といった言語に翻訳され、中東やヨーロッパの天文学者たちに大きな影響を与えていく。

〈アクセス〉

バビロンのあるイラクではイラク戦争後、なおテロが相次いでいるため、渡航自体に非常な危険が伴う。二〇一三年一月二九日現在、外務省はイラク（一部地域を除く）を対象として邦人に退避勧告を出している。バビロン遺跡も退避勧告の対象である。

第二〇章　ルクソール神殿——引き継がれる聖性

高橋亮介

はじめに

エジプト南部の都市ルクソールは、地中海からナイル川を遡ることおよそ九〇〇キロメートル、エジプト＝アラブ共和国の首都カイロからは、およそ七〇〇キロメートル南のナイル東岸に位置している。カイロから移動する場合、列車を使えば約一〇時間の長旅も、飛行機では一時間ほどの短いフライトとなる。日中の便にのって窓側の席を取れば、ナイル川の青と両岸に沿う帯状の耕地の緑、そして砂漠の褐色が眼下に広がる。エジプトに生きるとはまさにナイルに生きることかと想いをめぐらせているうちに機体は降下する。機外に出れば、カイロに比べて空は幾分澄んでおり、気温は確実に数度高い。夏であれば摂氏四〇度に達する日が続く。

現在、この街を訪れる人々の目当てはなんといっても古代エジプト文明の遺跡である。ナイルを渡った西岸には、歴代のファラオたちを葬った「王家の谷」をはじめとする岩窟墓群と死せる王のために建てられた葬祭殿がある。二〇世紀に入ってから、ほぼ未盗掘の状態で発見された少年王ツタンカーメンの墓、三段のテラスをもつ壮麗なハトシェプスト女王葬祭殿、カデシュの戦いでヒッタイト王国に勝利をおさめたラメセス二世の葬祭殿、そして「海の民」の侵入を打ち破ったラメセス三世の葬祭殿は名高い。

ファラオたちのモニュメントが、この地に残るのは、長らく古代エジプト王国の都がおかれていたためである。王朝時代にはワセトと呼ばれたこの街は、エジプト古王国時代後の群雄割拠の時代、第一中間期を終結させ、エジプト再統一を果たした第一一王朝（前二二一～前二〇世紀）の、そして前一六世紀に再び分裂したエジプトを統一し、新王国時代の幕を開いた第一七・一八王朝の興った地である。そしてルクソールは新王国時代にエジプトの都として栄華を極めた。前段に名前を挙げたファラオたちもすべて新王国時代の王である。

ナイル東岸では、新王国時代からルクソールを中心とするテーベ地方の主神にして、いまや国家神となったアモンを祀る神殿の整備が進んだ。現在の市街地の北に位置するカルナク神殿は、アモン神殿を中心に、他の神々の神殿とともに構成される巨大な神殿群となる。アモン神に仕える神官たちは大きな権力を手にし、ファラオへの大きな影響力をもった。

カルナク神殿群からは南に伸びる参道がある。二キロメートルほどのこの参道の行き着く先には、やはりアモン神を祀る「南の神殿」があり、現在ルクソール神殿と呼ばれている。この神殿が一年で最も活気づくのは、毎年、氾濫季の半ばに挙行された年祭、オペト祭のときであった。この祭は、カルナク神殿のアモン神が船をかたどった神輿にのり、参道あるいはナイルを通りルクソール神殿に赴き、しばし留まり、カルナク神殿に戻るというもので、人々は、氾濫の無事とそれがもたらす豊穣を祈り、さらには王権更新の儀式も行われた。

今なお当時の威容を留め人々を魅了する、これら王朝時代のモニュメントは、すでにヘレニズム・ローマ時代においても多くの旅行者を惹きつけていた。ルクソールの人気のほどをうかがわせるのが、ギリシア語、ラテン語、エジプト語民衆文字（デモティック）で書かれた落書き（グラフィティ）である。王家の谷の岩窟墓の内部からは、二〇〇〇点以上が知られている。アメン

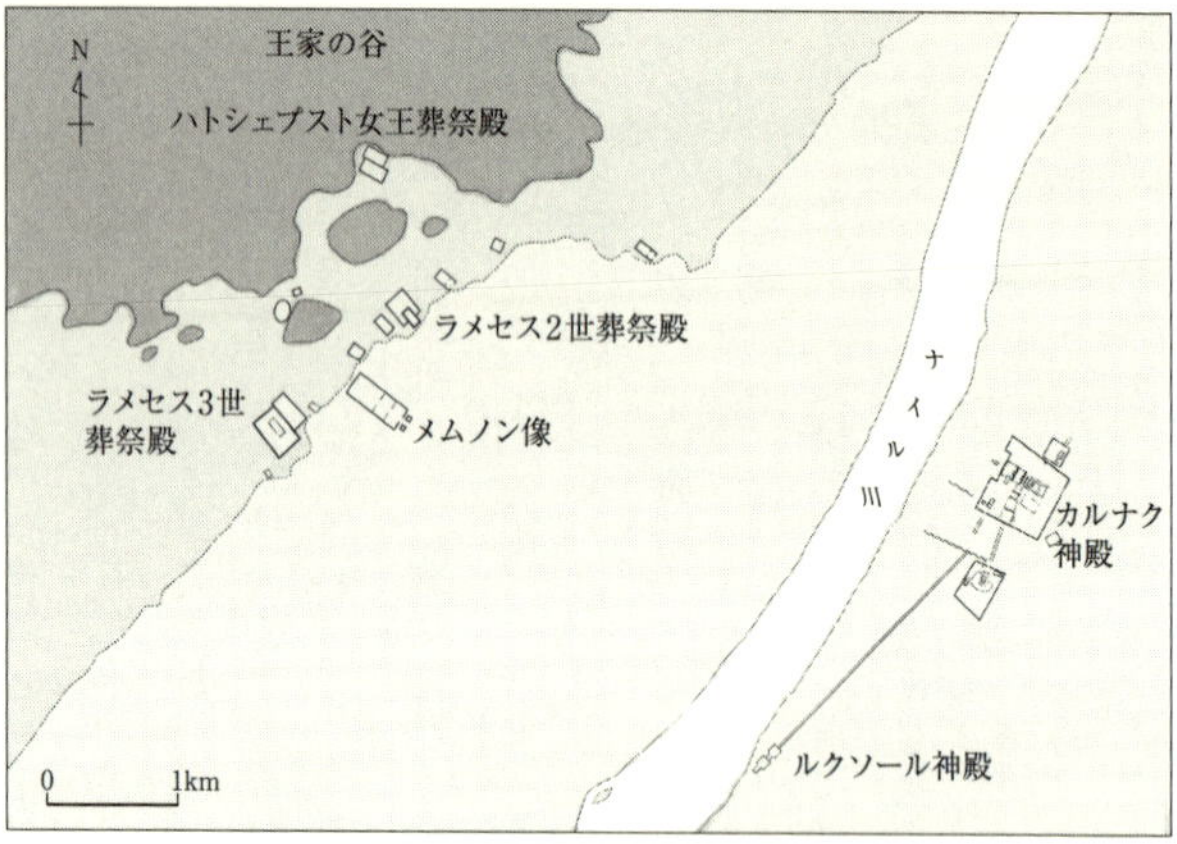

ルクソールの遺跡地図 R. Bagnall and D. W. Rathbone (eds.), *Egypt from Alexander to the Copts: An Archaeological and Historical Guide*, London, 2004

ヘテプ三世葬祭殿の一部をなしていた彼の座像も、ローマ時代には「歌うメムノン像」として耳目を集めた。前一世紀後半の地震で像に亀裂が生じてから、そこに溜まった水が朝の気温上昇とともに膨張して音を発するようになったのである。そしてこの像は母である暁の女神エオスに挨拶する、伝説のエチオピア王メムノンだと考えられたのである。彼の声を聞いたことを刻んだギリシア語とラテン語のグラフィティが、座像には一〇〇以上残っている。多くの観光客を想定する研究者は、ローマ時代のルクソールを「博物館都市museum city」と形容することもある。

だがローマ時代のルクソールを観光都市としてのみ捉えるのは、いささか一面的に過ぎる。ヘレニズム・ローマ時代にも、この街は上エジプトの宗教、経済の中心であり続けた。アモンはギリシアの神ゼウスと同一視され、街の名も大いなるゼウスの街「ディオスポリス＝メガレ」として知られた。その時々の支配者もアモン神殿を軽んじることはなかった。西方砂漠のスィーワ＝オアシスの神域においてアモン神の神託をうけ自らをゼウスの息子であると確信したアレクサンドロス大王、上エジプトの反乱に悩まされもしたプトレマイオス朝の諸王に続き、ローマ皇帝たちもこの伝統を踏襲した。カルナク神殿にはアウグストゥス以来、一世紀の皇帝たちが増改築を行い、ルクソール神殿がナイル川の氾濫により損傷を受けた際にはティベリウス帝が修復をしたのである。

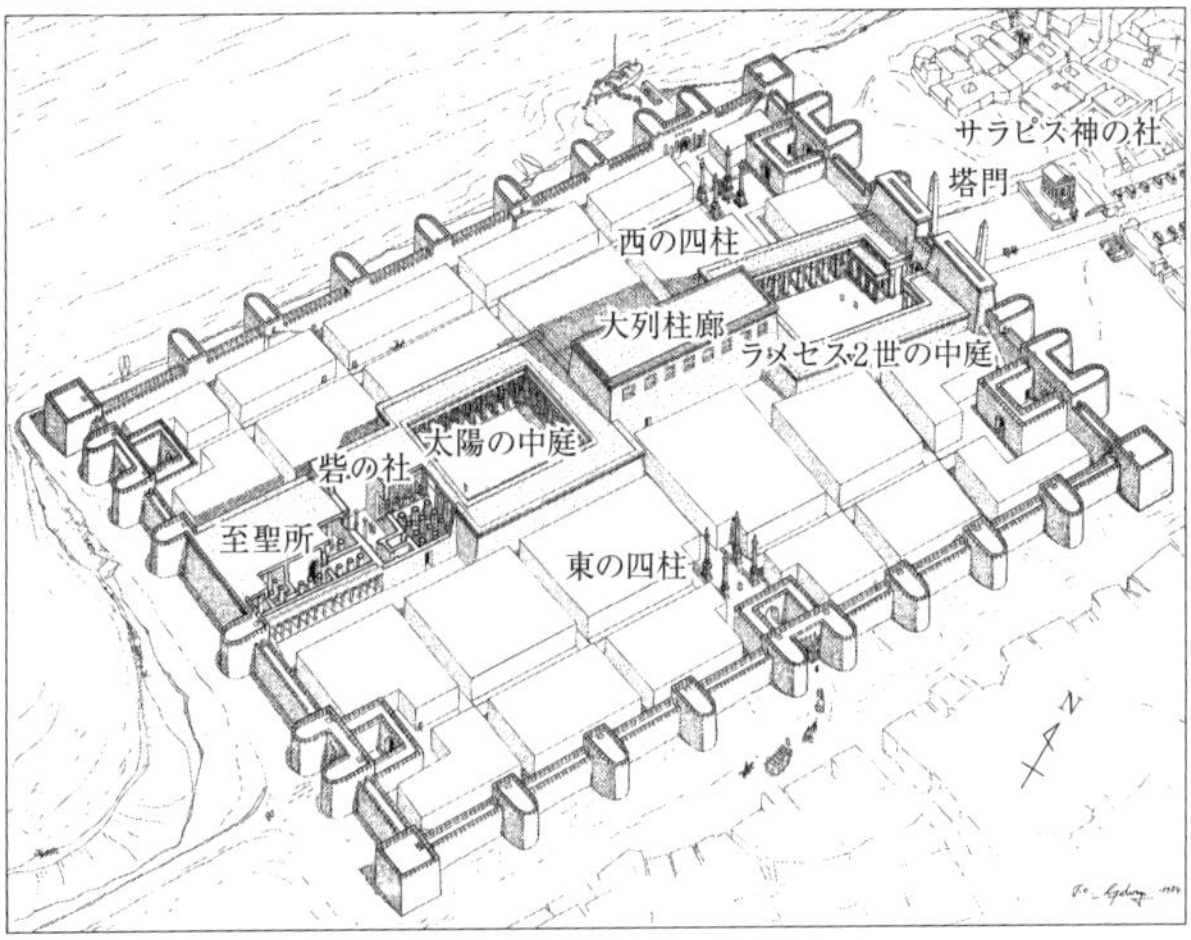

ルクソール神殿とローマ時代の砦の復元図　M. El-Saghir, *Le Camp romain de Louqsor*, Cairo, 1986

だが三世紀末、ルクソール神殿は大きな変化を被る。この地に駐留するローマ軍が軍営地、砦として神殿を用いるようになったのである。砦を意味するラテン語カストラcastra（単数形ではcastrum）が、アラビア語のカスルqasrに転じ、そこからルクソール（アラビア語表記ではel-Uqsur）という現在の都市の名前が由来していることからも、この砦がもったインパクトがうかがわれる。砦の建設は、どのようにして生じ、はたしてルクソール神殿が長らく備えていた聖性を失わせたのであろうか。このような問いを念頭に置き、本章ではローマ時代の痕跡に注目しながらルクソール神殿に足を踏み入れてみよう。

ローマ時代のルクソール神殿

両脇にスフィンクスの並ぶ参道を通り、ルクソール神殿に歩みを進める人々の目は、遥か遠くから神殿の入り口にそびえ立つ一対のオベリスクと、ラメセス二世像、その背後の塔門（ピュロン）を捉えているだろう。二〇メートルを超えるオベリスクのうち、向かって右側、西側のオベリスクは現存せず、土台が残るのみである。一九世紀にフランスに贈られ、今はパリのコンコルド広場に立っているのである。

塔門に達する手前の西側には小さな社がある。塔門前の東側にある現在の入り口からはちょうど正面よりやや右にあるが、現在の訪問者は左手の塔門に目を奪われて、この煉瓦作りの小さな建物を見過ごしてしまうかもしれない。社の入り口の上には、二匹のコブラがついた太陽が彫り込まれ、いかにもエジプトの神殿を思わせるが、その下の銘文はギリシア語であり、社の中に立つ女神像もギリシア風である。エジプト起源でありながら、地中海世界で広く信仰された女神イシスである。碑文によれば、皇帝ハドリアヌスと彼の家族のために、退役将校で、サラピス神殿の管理役のガイウス＝ユリウス＝アントニヌスなる人物が社を建立し、サラピスらの神像を奉納したとある。碑文に刻まれた日付は一二六年一月二四日。ハドリアヌスの五〇歳の誕生日である。偶然の一致ではあるまい。ユリウス＝アントニヌスが自らの力と皇帝への忠誠を誇示した、このささやかな社は、参道に直角になるように建てられており、明らかにルクソール神殿に向かう人々を意識している。この時期の参道には十分な人々の往来が見込まれていたのである。

さて神殿に向かおう。ヘレニズム・ローマ時代に神殿に赴く人たちの目的が純粋な観光ではなく、祀られた神を詣でるためであったことを裏付けるのは、神殿の壁に刻み込まれたギリシア語のグラフィティである。それらはプトレマイオス朝時代のものも含めると、現在五〇点あまりが確認されており、オベリスクの台座を含む塔門の入り口付近と続くラメセス二世の周柱式中庭の北西・南西部にまとまっている。名前を刻んだだけのものもあるが、「参拝（プロスキュネマ）」という単語を併記したものが多い。分厚い塔門を通り抜ける際に右手の壁に注意しながら歩けば、ちょうど目線の高さか、それよりやや低いところに書かれたグラフィティに気づくだろう。立ち止まっていくつか見てみよう。

参道からみたルクソール神殿の塔門とオベリスク　塔門の右にサラピスの社が見える。筆者撮影

ディオニュシオスとヒエロニュモス、サラスの娘テレウティオンの息子たちによるアモン

塔門に書かれたグラフィティ　筆者撮影

への参拝。私の母によっても。（『ギリシア碑文補遺』三六巻一四一七番）

前一世紀から後一世紀にかけて書かれたとおぼしき、五行にわたって書かれた銘文は左端が欠けてしまっている。最後の母への言及は後から付け足されたのか小さい文字で書かれている。書き手は自らと兄弟の参拝を記録した後、母親について触れなかったことを思い出したのであろうか。また、この銘文の隙間により小さな文字で書かれた「アテノドロス」という名前は、自らの名前を刻むべくスペースを探すのに腐心した後代の参拝者のものであろう。その下の落書きには珍しく日付も書かれている。

ハドリアヌスの第一〇年、ファメノト月二一日。私、ディオスコラスは良き意図をもってアモンを詣でた。（『ギリシア碑文補遺』三六巻一四一九番）

皇帝の名前を刻んだ部分は現在失われてしまっているが、ディオスコラスの参拝日は一二六年三月一七日、サラピス神の社の奉納より二ヵ月ほど後のことである。二世紀前半にはルクソール神殿は明らかに参拝者を集めていたのである。

至聖所の前室に作られたアプシス　筆者撮影

ラメセス二世の中庭の先は、アメンヘテプ三世によって手がけられ、ツタンカーメンが完成させた大列柱廊である。左右一列ずつの柱に挟まれた通路は、幅こそ狭いものの、柱は巨大で、高さは二〇メートル近くになる。現在は、列柱と壁の下部が残るのみだが、かつては屋根がかけられており中庭との明暗のコントラストが感じられたに違いない。壁面にはオペト祭の行列を描いた浮き彫りも残されている。柱廊を抜ければアメンヘテプ三世が造営した「太陽の中庭」に出る。二重の柱で囲まれた正方形の空間である。この先の至聖所に向かい、多柱室を抜け、最初の前室に入ると、その先に進む通路には古代エジプトの神殿に似つかわしくないアプシス（壁龕《へきがん》）が設けられている。またアプシスの前には、これまで見てきた柱廊の柱に比べてはるかに見劣りする、コリントス様式の柱頭を載せた大理石の柱が二本立っている。部屋の壁には、漆喰が上塗りされ、彩色画が描かれているが、現在はわずかな部分が残るのみである。アプシスの中には四人の人物像が見える。同じ背の高さで描かれた四人は、揃って濃い紫のギリシア風の衣服をまとい、右肩をさらけ出している。損傷が激しく、彼らの顔をうかがうことは出来ないが、四人の頭の後ろには黄色い円形で光背が表わされている。

この一室の改変はいつ、何のために行われたのだろうか。答えを先に言ってしまえば、本章のはじめにすでに触れたように、ルクソール神殿がローマ軍の砦になったことと密接に関係している。そこで砦の様子とこの部屋の役割を探るべく、一度神殿の外に出てみよう。

ローマ軍の砦

現在の遺構から砦の姿を想像するのは容易ではない。最も良く残っている砦の痕跡は、神殿東側の歩行者用の舗装に入り込む形で残された石造りの門と、その両脇の馬蹄形櫓の基礎である。馬蹄形櫓は塔門東側にも残っている。現在はナイルの流れに飲み込まれるか、舗装の下になっている部分もあるが、砦は南北およそ二六〇メートル、東西に二一〇メートルの広さをもっていた。砦を囲む防壁は、神殿の塔門と神殿最南部をそのまま用いた北辺と南辺の中央部をのぞき、焼成煉瓦で作られた。馬蹄形の櫓が一定間隔に、さらに六つの門の脇におかれた。砦の四隅に設けられたのは方形の櫓である。現代の旅行者にとってその姿を思い浮かべるにはかなりの想像力を必要とするが、三世紀末から四世紀にかけて造られた砦に典型的な様式である。

門から伸びる道は、神殿に隔てられた軍営の東西部分それぞれに直交する辻を作り出したが、そこには柱が四本ずつ立てられていた。どちらもいまや台座部分しか残っていないが、西側の柱はおよそ一五メートル、東側の柱はそれよりもやや小さめであったと推測される。東側の四辻は砦の東門を入ってすぐのところにある。台座に刻まれたラテン語碑文からは、柱の上に皇帝像が立てられたことが分かる。西側の四柱に刻まれた碑文の保存状態は悪く、判読も容易ではないが、最も良く残っているものは次のように読める。

……いとも高貴なる副帝（カエサル）、大神祇官、護民官職権行使一〇回、執政官三度に、アウレリウス＝レギヌス、ペルフェクティッシムス級の属州テバイス総督が彼の神性と偉大さに、常に心を深く傾け（捧げた）。（『碑文学年報』一九三四年九番）

砦の東面の門と櫓の跡と皇帝像が置かれた柱の土台　筆者撮影

皇帝の名前は残っていないが、副帝という立場で三度目の執政官を務めながら一〇回目の護民官職権を得たのは、コンスタンティウスとガレリウスであり、その年代は三〇一年末から翌三〇二年初頭になる。したがって、この柱には二人のどちらかの像が据えられていた。正帝はディオクレティアヌスとマクシミアヌスである。当時のローマ帝国は、東西に正帝と副帝をおき緩やかな分割統治を行う四帝統治（テトラルキア）体制をとっていた。ディオクレティアヌス（在位　二八四〜三〇五年）は、三世紀半ばの政治的混乱の時代、軍人皇帝時代を収束させ帝国統一を果たした。帝国周縁部での外敵との戦闘をはじめとする多方面で同時に生じる問題に対応しつつ、地方の軍隊の指揮官が帝位をねらう内乱状態を避けるために、即位後間もなくマクシミアヌスとの共同統治をはじめ、二九三年に四帝統治体制を作り上げたのである。

四本の柱に四皇帝の像がおかれていたことを裏付けるのが、東側の四柱の碑文である。ここには三人の皇帝の名前が異なる台座に記されている。正帝はガレリウスとリキニウス、副帝はコンスタンティヌスである。皇帝の名前と称号から、こちらの像が設置された年代は三〇八年末から三〇九年初にかけてだと特定できる。もう一人の副帝の名前は削りとられているが、死後、弾劾され「記憶の断罪」に処せられたマクシミヌス＝ダイアであることは間違いない。西側の四柱と皇帝像を建てたのは属州テバイス総督であったが、こちらの建立者は属州テバイスと属州エジプト（下エジプト）、そして西隣のリビア二属州を管轄する軍司令官（ドゥクス）である。

四世紀初頭の皇帝像がおかれていたことを考えると、この砦は、三世紀末には着工されていたと考えるべきであろう。なぜ、この時期にルクソールに砦が造られたかを考えるためには、当時のエジプトの状況を確認しておく必要がある。二九八年春、アレクサンドリアで僭称帝ルキウス

＝ドミティウス＝ドミティアヌスの反乱を親征によって制したディオクレティアヌスはナイルを遡行する。彼のエジプト訪問に前後して、上エジプトの行政・軍事改革が行われた。まず上エジプトは属州テバイス（テーベのラテン語表記）として属州エジプトから独立する。平時の行政をきめ細かく行いつつ、帝国の安定を脅かす勢力の出現を防ぐために、ディオクレティアヌス治世下に帝国全体で行われた属州の細分化の一環であろう。対外的にはローマの勢力下にあった上流地域、下ヌビアが放棄され、ローマ軍の駐留地の南端はアスワン（古代のシュエネ）の南のフィラエ島に定められた。ルクソールからおよそ二〇〇キロメートル南の場所である。この撤退は、上エジプトからヌビアにかけての東方砂漠に住む、好戦的なブレミュエス族の勢力伸長に対応してのことだと考えられる。新たな軍団が編成され、国境最南端を固める一方で、既存の兵力とともに上エジプトの各地にも配備された。内外の危機に迅速に対応できるように、小規模の軍隊を広範に配置したのである。こうした上エジプトの行政・軍事再編のなかでルクソール神殿に砦が築かれたのであった。

ルクソール神殿の外観を大きく変えた砦の設置は、神殿内部にも手を加えることになった。ローマ軍の軍営の中央には司令部がおかれたが、その奥には軍団の旗章を納め、皇帝礼拝の場にもなった軍営の社が設けられた。ルクソール神殿におかれた砦の場合、社となったのは至聖所への通路を塞ぐアプシスをもち彩色画が描かれた部屋だったのである。

引き継がれる聖性

こうした背景を踏まえれば、アプシスに描かれた四人を四帝統治の皇帝と見るのが自然な解釈となる。四人のうち両端の二人は手に笏をもち、向かって左から二人目の人物は長い笏と球体をもっている。いずれも世界の支配権を象徴的に示す皇帝の持ち物である。残る一人はその姿がかろうじて分かるが、古代において既に消されていた形跡がある。彼もまた「記憶の断罪」にあったのであろう。そうだとすればディオクレティアヌスの同僚マクシミアヌスである。いずれにせよ、持ち物の違いを除けば同じような背格好と装束をした四人から個性は感じられず人物の特定はできない。

だが、この皇帝の没個性的な姿こそが四帝統治体制が目指すものを表わしていた。軍人皇帝時代を経て成立した四帝統治は、皇帝たちが足並みを揃え協調して帝国を支配するというイデオロギーを喧伝した。四皇帝の像として最も有名な、ヴェネツィアのサン＝マルコ大聖堂の外壁に埋め込まれている紫大理石像もまた、ほぼ同じ顔をし、同じ軍衣に身を包んだ皇帝が肩を抱き合っているものである。これは協調する皇帝たちの姿を良く表わしている。

また、ある研究者の復元によれば、アプシスに描かれた皇帝の後ろにはローマの主神ユピテルの胸像が描かれていたという。ディオクレティアヌスは即位以来、ユピテルの加護を受けているとしていたが、ここではユピテルが四皇帝に等しく力を与えている。現在は失われてしまってい

砦の社の彩色画の復元図　左側三分の一は東面、右側三分の二は南面で、南面の中央にアプシスがある（J. C. Deckers, 'Wandmalerei im Kaiserkultraum von Luxor', *Jahrbuch des deutschen archäologischen Instituts* 94（1979), 600-652）

るが、この図像に対応するイメージが都市ローマのフォルム（フォロ＝ロマーノ）にあった。三〇三年、ディオクレティアヌスの在位二〇年祭を期に、四皇帝の像が一列に並んだ柱の上に立てられ、その背後の第五の柱にはユピテル神の像が置かれた。ルクソール神殿のアプシスに描かれた皇帝も、東西の辻に立てられた四柱の皇帝像も、帝国全体で喧伝された皇帝の協調という主題を表わしていたのであった。

　ではアプシス以外にはどのような図像が描かれていたのであろうか。遺跡に残る彩色画の現状から、本来の姿を想像することは困難だが、幸いにも、まだ保存状態がよかった一九世紀半ばにイギリスのエジプト学者ウィルキンソンが描いた水彩画が存在する。これを頼りにした復元図によれば、アプシスの東側には、護衛を従えて座した皇帝二人が壁の上部に大きく描かれ、その下には皇帝を取り囲む臣下がいる。アプシスをはさんだ西側にも、同じ構図で二人の皇帝が描かれていたことは想像に難くない。ここでは自ら神のように玉座におさまり、臣下とは隔絶された権力者としての皇帝の姿が描かれている。

アプシスの設けられた南壁を除く三面に描かれていたのは、兵士たちの行進である。彼らは北壁の入り口付近から、南、すなわち部屋の奥に向かっていた。東壁を中心に南北の壁もふくめた水彩画には、馬を連れた兵士たちが描かれている。西壁の水彩画はないが、ディオクレティアヌスの名を付した戦車が描かれていた、という証言がスケッチブックに記されている。皇帝は兵士たちの中にも描かれていたのである。南面とは異なり、皇帝が兵士たちに混じり、兵士たちの戦友として、より人間的な姿で描かれた壁面は、ローマ軍の砦にふさわしい情景を作り出していただろう。

このようにローマ皇帝は異なる政治的メッセージをもつ様々な姿で描かれていた。しかし、ここが砦の社であり皇帝礼拝のために用いられた宗教空間であったことに注目すると、砦の建設は聖なる空間から俗なる空間への変化というよりも、アモン神を祀ったルクソール神殿が備えていた聖性を積極的に引き継ごうとしていたとは考えられないだろうか。三世紀末には神殿がすでに廃れて久しかったとの見解を示す研究者もおり、たしかに神殿内のグラフィティのなかに確実に三世紀のものと断定できるものはない。また社の設置により、神殿の至聖所への通路は塞がれた。それでもアモン信仰の存続を示唆する状況証拠も残っている。

アラビア語版でのみ伝わる、ディオクレティアヌス治世下のルクソールでのキリスト教徒殉教譚『カナトムス、ソフロニウス、ダルキナの殉教』は、キリスト教徒の退役兵と現役の兵士が、アモン神殿で神々の像と皇帝の守護霊への供犠を拒否し、殉教したことを伝える。ここで言及されるアモン神殿がルクソール神殿であるとは断言できないものの、兵士たちが皇帝礼拝の儀礼を行っていることから、この殉教譚の舞台がルクソール神殿であった可能性が高い。少なくともルクソールの街でアモン信仰が存続していたことは明らかである。また、軍営の社のアプシスが神殿最深部への通路を塞いだ一方で、同時期に至聖所の東側の壁が外され、新しい入り口が作られたことも明らかになっている。ルクソール神殿は姿を変えつつ存続したのである。

さらにルクソールが当時ディオスポリス、すなわちゼウスの街と呼ばれていたことを思い出そう。このゼウスとはアモンであり、ゼウスはまたローマのユピテルと同一視される。ユピテルはディオクレティアヌスが自らの守り神としたローマの主神である。ローマ人にとって、アモン神はエジプトの地におけるユピテルの姿に他ならなかった。そしてルクソール神殿を舞台としたオペト祭において、ファラオはアモン神から王冠を授けられ、自らの王権を更新したことも思い出されるべきである。四皇帝の支配を強調するのにルクソール神殿ほど相応しい場所はないのである。そして神殿の由緒を伝えたのが、アモン神の神官であったとしても不思議ではない。

たしかにルクソール神殿の砦への改築は、宗教的な理由のみでは説明できないだろう。やはりアモン神を祀っていたカルナク神殿と比べると、ルクソール神殿はナイルに接しているため、人員や物資の移動が容易であった。また街の南に位置していたため、南方からの侵攻に備えるという戦略上の利点もあった。そして、なにより駐留軍の規模に相応しい広さをもっていたという実利的な理由も考えられる。それでもルクソール神殿がもっていた聖なる場所としての意味も軽視すべきではない。

ルクソール神殿は、三世紀末にローマ軍の砦へと大きくその外見を変えたが、アモン信仰が途絶えたわけではなく、ユピテルの加護を頼む皇帝と彼らに仕えるローマ軍に聖なる力を与え続けた。そして、この土地がもつ聖性は現在まで失われることはない。ルクソール神殿に作られた砦は七世紀まで存続したが、その時までにキリスト教の教会が塔門の前に二つ、砦の敷地内に四つ建てられていた。そのうちの一つ、ラメセス二世の中庭に作られた教会の上には、一三世紀にイスラーム教のガーマ（モスク）が建てられ、今も祈りを捧げる人々が集っている。この場所に宿る聖性は、アモン神、ローマ皇帝とユピテル神、キリスト教の神、そしてイスラーム教の神と信仰の対象を変えながらも数千年にわたり連綿と受け継がれているのである。

〈アクセス〉

ルクソール神殿（Luxor Temple）／ルクソール駅（Luxor Station）下車。徒歩約一〇分。

ルクソールへは、カイロを経由し飛行機あるいは鉄道で向かうのが一般的である。ルクソール神殿を含む遺跡見学に際しては、日本あるいはエジプトで手配できるツアーに参加することで短期間に効率よく巡ることが出来るが、個人旅行も可能である。

第二章　ドゥッガー——カピトリウムのある町で

大清水裕

はじめに

それで私は順ぐりに、仲間の者たち全部の耳へ、蠟を塗り込めると、
彼らのほうでも船の中へ、私をまっすぐ帆柱のもとへ、手も足も
みなひとつことに縛りつけ、そこから太綱のはしを結《ゆ》わえたものです。
それで彼ら自身はまた橈座《かいざ》につき、灰色の波を櫂で打ちすすめてゆき、
さて早々に船が進んで、人が叫べばその声が届くくらい、そのくらいの
へだたりまでやって来ますと、セイレーンどもは早くも近くに、
海をはしこく航《ゆ》く船が進んで来たのに気がついて、声高に歌い上げるよう……
（ホメロス『オデュッセイア』第一二歌一七七～一八三行、呉茂一訳）

トロイアでの勝利ののち、幾多の苦難を経験したオデュッセウス。彼の経験した冒険のなかでも、船乗りを惑わすセイレーンの住まう浜辺を通り過ぎる際のエピソードは、特に印象的な一節である。オデュッセウスに不幸をもたらす神々もいれば、そこに救いの手を差し伸べる神々もいる。セイレーンの浜辺を通り過ぎるに先立って、彼は女神キルケの託宣を受けている。その指示に従って、彼は仲間たちの耳を蠟でふさぎ、自身はセイレーンの歌声に耳を傾けるべく帆柱に身を預けたのであった。

この有名な一節は、古代から様々な形で表現されてきた。中でも有名なモザイクのひとつが、北アフリカ、チュニジアの首都チュニスにあるバルド美術館に所蔵されている。引用した詩句にある通り、オデュッセウスは後ろ手に帆柱に縛りつけられ、右手の浜辺のセイレーンたちに視線を送っている。仲間たちは、耳を蠟でふさがれているためだろう、浜辺には一瞥《いちべつ》もくれず、一心不乱に櫂を動かしているようだ。オデュッセウスだけが右手のセイレーンに目を向け、残る仲間たちが皆左手を向いている様子は、ユーモラスでさえある。

オデュッセウスのモザイク　バルド美術館所蔵

北アフリカ各地から出土したモザイクが展示され、数多くの旅行者が行き交う館内でも、そのモザイクの前にはいつも誰かが立ち止り、飽くこともなく眺め続けている。やはり質が高いのだろう。大きさだけならば、縦一・三メートル、横三・八メートルというこのモザイクより大きなものが、館内にはいくらでも展示されている。あるいは、その絵柄に惹かれるのだろうか。かつて小耳にはさんだ『オデュッセイア』のエピソードを思い出しつつ、自分の記憶の正しさを確認して満足する。もしかすると、私のように、思い出せなくて気になっているだけかもしれないが。

古代ギリシアの人々は、政治、経済、宗教といった様々な事情に導かれ、新天地を求めて漕ぎ出した。『オデュッセイア』のエピソードも、そのギリシア人たちの植民によって北アフリカにもたらされたわけだな、と早合点する人もいるかもしれない。しかし、もう少し落ち着いて考えてみてほしい。チュニスのバルド美術館を訪れる旅人ならば、必ずその前後にチュニス郊外の遺跡にも足を延ばすはず。古代ローマと地中海世界の覇権をめぐって争い、三度目にしてついに滅ぼされた悲劇の都市国家、カルタゴの遺跡である。ローマとカルタゴの戦争は「ポエニ戦争」と呼ばれている。「ポエニ人」とは「フェニキア人」のことであり、彼らはギリシア人と地中海交易をめぐって競合関係にあった。『オデュッセイア』にもフェニキア人は狡猾《こうかつ》な商人として登場するから、こと交易に関してはギリシア人の先達と言うべきだろう。カルタゴは、そのフェニキア人が築いた西地中海最大の都市だった。現在のレバノンにあたるフェニキア本土が零落して以降、ローマに敗れるまでは、カルタゴが西地中海の覇権を握っていた。つまり、それほど簡単にギリシア文化が広まるような土地ではなかったはずなのである。

それでは、落ち着いてモザイクの説明に目を向けてみよう。そうすると、年代は紀元後の三世紀後半、出土地はドゥッガという文字が目に入る。後三世紀と言えば、「ローマの平和」も終わり、ゲルマン人やササン朝ペルシア帝国が侵入してきて、ローマ帝国が「危機」に陥ったと言われてきた時代のはず。その「危機」に直面した社会のイメージと、目の前にあるモザイクの与える印象にはずいぶん大きなギャップがある。それに、「ドゥッガ」という聞きなれない地名。地図を見ると、カルタゴから南西に一〇〇キロ以上進んだ内陸部に位置している。オデュッセウスが彷徨《さまよ》ったという地中海など、とても望めないような場所なのである。そんな場所で、こんな時代に、どうしてこれほど見事なモザイクが制作されたのだろうか。美術館に佇んでいてもその答えは見えてこない。このモザイクが本来あった場所へ、ドゥッガの遺跡へと足を延ばしてみよう。

「ローマ都市」ドゥッガ

ドゥッガの遺跡は、標高五〇〇メートルほどの小高い丘の上に広がっている。遺跡近くには、かつて遺跡内に住んでいた人々が移住させられた新しいドゥッガの町がある。単独で遺跡に向かう場合は、この現代のドゥッガまで小型の乗り合いバスなどを利用し、そこからはタクシーをつかまえることになるだろう。実際には、ドゥッガを含むツアーに参加する旅行者の方が多いはずだ。一九九七年にユネスコの世界文化遺産に登録されて以来、チュニジア政府も遺跡の整備に力を入れている。ドゥッガを訪れるツアーも多く、チュニジア観光の目玉の一つである。

新しいドゥッガの町を抜け、斜面にへばりつくように伸びる道を進むと、ドゥッガ遺跡の入り口にたどり着く。駐車場で車を降りると、目の前には早速、古代地中海世界でよく目にするタイプの半円形の劇場が待っている。座席部分の直径は六三・五メートル、およそ三五〇〇人の観客を収容することができた。決して大きなものではないが、当時の北アフリカでは平均的なサイズだったらしい。座席部分は比較的保存状態が良いものの、舞台側の壁や柱は、半分ほどの高さし

ドゥッガの劇場跡　筆者撮影

か残っていない。しかし、座席部分の最高点まで登ってみれば、舞台側の保存状態が悪いことに感謝すらできてしまうはずだ。座席側の一番高い所からは、はるかかなたまで広がる北アフリカの平原地帯が見渡せるからである。古代の北アフリカが、地中海世界でも屈指の穀倉地帯だったことを納得させてくれる眺めと言えるだろう。舞台側の保存状態が良ければこうはいかない。多くの場合、遺跡の保存状態の悪さは古代史家にとって悩みの種でしかないのだが、この劇場は珍しい例外である。

　この劇場の建物に刻まれていた碑文によれば、プブリウス＝マルキウス＝クァドラトゥスという人物が、一六八年か一六九年に自らの負担で完成させたものだという。五賢帝最後の皇帝マルクス＝アウレリウス＝アントニヌス（在位　一六一～一八〇年）の時代である。古代地中海世界では、都市の有力者が自らの負担で公共建築物を整備したり、都市に様々な恩恵を付与したりする、エヴェルジェティスムと呼ばれる習慣があった。この劇場の建設は、その慣行の典型例と言える。

　ドゥッガの遺跡にはさらに、この劇場以上に印象的な建物が残っている。遺跡の中心、なだらかな斜面に広がるかつての市街地から見上げると、ちょうど中心に位置する丘の上に、この遺跡の象徴とでも言うべきカピトリウムの神殿がそびえたっている。劇場跡からは西へ二〇〇メートルほどの場所である。多くの旅行者は、このカピトリウムを、まずはその後ろ姿から目にすることになるだろう。しかし一度目にすれば、遺跡を離れるその時まで、カピトリウムが視界から外れることはほとんどない。

ドゥッガのカピトリウム　筆者撮影

このカピトリウムは、マルクス＝アウレリウス帝とその同僚ルキウス＝ウェルス帝の健勝を祈って、ユピテル、ユノ、ミネルウァというローマの主たる三柱の神々に対して捧げられた。建設したのはルキウス＝マルキウス＝シンプレクスと息子のルキウス＝マルキウス＝シンプレクス＝レギリアヌス。父親の方は、先ほどの劇場を建設したプブリウス＝マルキウス＝クァドラトゥスの兄弟だったと考えられている。このマルキウス一族の恵与によって、二世紀後半、ドゥッガの都市景観はまさしく「ローマ化」したと言えるだろう。

丘の上に立つカピトリウムを離れ、住宅街の広がる斜面を下る。丘の下に広がる住宅街を貫く一筋の街路をたどっていくと、その右手に大きな邸宅の跡が残っている。はじめに紹介したモザイクの見つかった通称「ディオニュソスとオデュッセウスの家」である。この邸宅の持ち主が誰だったのかは分からないが、この町の有力者だったことは間違いない。この邸宅からは、あのオデュッセウスのモザイクと、それと並んでディオニュソスのモザイク（バルド美術館所蔵）も発見されている。この家の名前は、それらのモザイクの主題からとられている。

この邸宅が建てられたのは、ガリエヌス帝（在位　二五三〜二六八年）の時代だったと言われている。ガリエヌス帝の父、ウァレリアヌス帝（在位　二五三〜二六〇年）は、二六〇年、ペルシア帝国との戦いに敗れ、その虜囚となった。ローマ帝政開始以来の大失態である。皇帝の権威は失われ、西方では現在のフランスを中心に「ガリア帝国」という分離帝国が成立し、東方では女王ゼノビアに率いられた隊商都市パルミラが勢力を伸ばした。ローマ帝国は分裂状態に陥り、「危機」が最も深刻だった時代とされる。そんな時代に、ドゥッガでは優美なモザイクで飾られた邸宅が建てられていた。これは一体どういうことだろうか。

ドゥッガでは、五賢帝の時代が終わっても、平和と繁栄の時代は終わらなかった。「ディオニュソスとオデュッセウスの家」を出て、街路をさらに下っていくと、三世紀初頭の皇帝、セプティミウス＝セウェルス（在位　一九三〜二一一年）のアーチが残っている。この北アフリカ出身の皇帝に始まるセウェルス朝の時代は、ドゥッガをはじめとする北アフリカの諸都市が最も栄えた時代だったと言われている。ドゥッガでも、セウェルス朝最後の皇帝、セウェルス＝アレクサンデル（在位　二二二〜二三五年）に捧げられたアーチのほか、半円形の柱廊をもつユノ＝カエレスティス女神に捧げられた神殿など、いくつもの施設が建設されている。かつて「リキニウス浴場」と呼ばれた「アントニヌス浴場」が建設されたのも、現在では三世紀初めだったと考えられている。

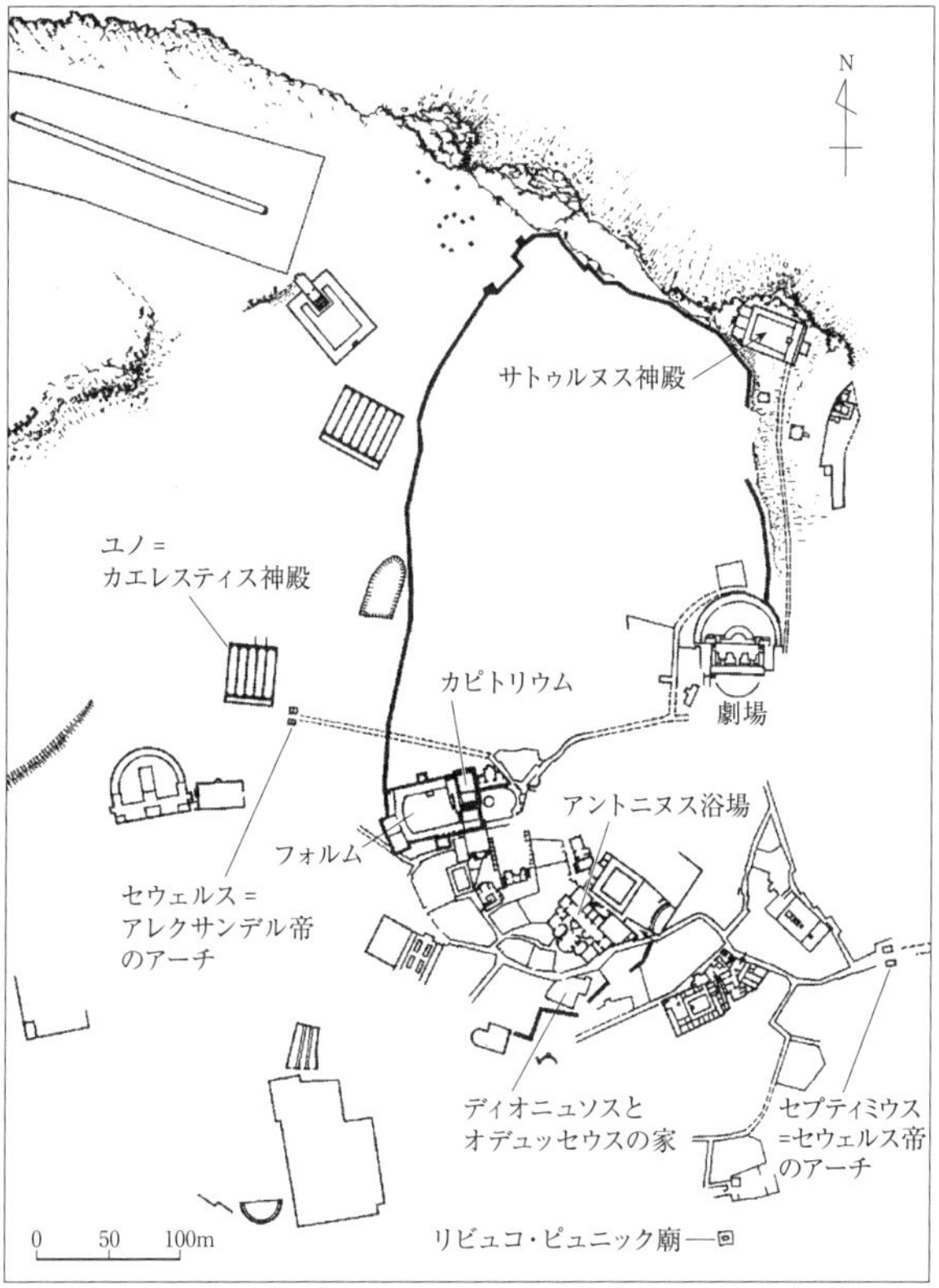

ドゥッガの遺跡地図　出典は、M. Khanoussi et L. Maurin, *Dougga, framents d'histoire : choix d'inscriptions latines éditées, traduites et commentées*（*I er-IVer siécles*）, Bordeaux et Tunis, 2000,15.

　セウェルス＝アレクサンデル帝の死後、帝国は短命の皇帝が交代を繰り返す「危機」の時代に入ったと言われてきた。しかし、「危機」が最も深刻だったはずのガリエヌス帝の治世に、ドゥッガ市はローマ帝国の地方都市の中で最も格の高い「植民市《コロニア》」へと昇格した。カピトリウム脇のフォルム（公共広場）には、ガリエヌス帝とその皇后サロニナに捧げられた顕彰碑文が残っている。北アフリカでは、ガリエヌス帝の時代に数多くの公共施設の建設・修復が行なわれた。それを称して「ガリエヌス＝ルネサンス」という呼び方までなされている。ゲルマン人やペルシア帝国の侵入といった「危機」的な現象が、遠く離れた北アフリカの地まで影響を及ぼすことはほとんどなかったのである。

三世紀末、ディオクレティアヌス帝（在位　二八四～三〇五年）の時代にも、ドゥッガの町は活発に機能していた。カピトリウムの横に面したフォルムでは、ディオクレティアヌス帝とその同僚帝たちに捧げられたいくつもの碑文が見つかっている。カピトリウムに隣接したフォルム内の一等地には、四帝統治の皇帝たちに捧げられたモニュメントが作られたらしい。そのモニュメントの碑文は「都市参事会決議により公費で」捧げられていた。つまり、その決定は都市当局によってなされていたのであり、そこからは、「専制君主」が北アフリカの地方都市まで細々と管理していた様子は見出せない。この時代にも有力者からなる都市参事会員たちが中心となって自治を行ない、時には皇帝や属州総督に使節を送ることもあっただろう。そのような都市名望家に支えられたローマ帝国支配下の都市社会だったからこそ、あのようなギリシア趣味のモザイクも制作されえたのである。前一世紀の詩人ホラティウスが、「占領されたギリシアが、野蛮な勝利者（＝ローマ）を征服した」と言っていたのを思い起そう。オデュッセウスを描いたあのモザイクは、ギリシア人の海外植民の成果ではなく、北アフリカが「ローマ化」した結果だったのである。しかし、ドゥッガの遺跡を歩けば、この町の「ローマ化」がそれほど単純な問題ではなかったことに気付くはずだ。遺跡の中をめぐりながら、カピトリウムが完成する前の歴史を遡り、この町の変化をたどってみよう。

「ローマ化」の内実

セプティミウス＝セウェルス帝のアーチに向かって歩みを進める途中、斜面の下の方に三層からなる方形の尖塔が見えてくる。アーチに向かう途中、右に曲がるとそこにたどり着く。実はこの尖塔は、ドゥッガが「ローマ化」するより前の時代の貴重な記録なのである。

この尖塔の高さは二一メートル。ローマ支配が始まるより前の貴人の墓だったらしい。その呼び名は必ずしも定まっていないが、この遺跡を専門としていたフランス人研究者の命名に従って、「リビュコ・ピュニック廟」と呼んでおく。「リビュコ」とは「リビア系の」、すなわち北アフリカの先住民系の文化に連なることを示し、「ピュニック」とは「ポエニ系の」、つまりカルタゴを建設したフェニキア人の文化に連なることを示している。この廟は、北アフリカの先住民と移住者たるフェニキア人、双方の名前をもって呼ばれているわけだ。

その理由は、この廟に掲げられていた碑文にある。その碑文は、先住民系のリビア語と、カルタゴ系のポエニ語と、二つの言語で刻まれていた。高さ七〇センチ、幅二メートルを超える横長の石に、左側にはポエニ語、右側にはリビア語で、ほぼ同じ内容が刻まれている。その石は、一八四二年に当時のイギリス領事が墓を破壊して持ち出してしまい、現在は大英博物館に所蔵されている。廟自体はフランス植民地時代に再建されたものの、碑文とは離ればなれになってしまった。碑文には欠けている部分もあり、内容の一部は推測せざるを得ないものの、アテバンという人物の墓だったと言われている。この碑文には、廟の建設者としてポエニ系とリビア系、双方の人物の名が双方の言語で挙げられていた。ローマ支配が始まるよりも前、北アフリカで両者はどのような関係にあったのだろうか。伝承によれば、カルタゴはフェニキアの都市テュロスからの亡命者によって建設された。亡命者たちを率いた女王ディドは、その機知によって先住民から都市建設に必要な土地を借り受けたという。このエピソードが示すように、フェニキア人たちが北アフリカにやって来たとき、この地には既に先住民がいた。遊牧民だった彼らは、移住してきたフェニキア人の影響を受けて次第に政治的なまとまりを形成していく。そして、ローマとカルタゴが死闘を繰り返していた第二次ポエニ戦争、つまりハンニバル戦争のころ、この遊牧民たちの形成した王国はマシニッサ王の下に統一され、ヌミディア王国と呼ばれるに至る。マシニッサはローマと協力して勢力を拡大し、第二次ポエニ戦争の趨勢を決したザマの戦いでは、ローマ方の勝利に決定的な役割を果たした。ポエニ戦争はローマとカルタゴの戦いであると同時に、ヌミディアとカルタゴの戦いでもあったのである。

ドゥッガの「リビュコ・ピュニック廟」が建設されたのは、このマシニッサ王の時代だったと言う人もいる。さらに、この廟自体がマシニッサ王のものだったという意見まで主張されている。その真偽は俄かには決しがたいものの、ドゥッガではマシニッサ王のために建てられたという神殿について、やはり同じ二つの言葉で記録した碑文も発見されている。この時代、ドゥッガは、カルタゴとヌミディア、二つの文化がぶつかり合う境界エリアに位置していたのである。

カルタゴは、母市テュロスをはじめとする東方からの移住者を受け入れて拡大し、それにあわせ内陸部にも勢力を伸ばしていった。ドゥッガが初めて記録に現れるのは前四世紀のことだが、この段階ではカルタゴの支配下にあったらしい。この時代、ドゥッガは既に「大都市」だったと記録にある。フェニキア人たちが進出してくるよりも前から存在した集落だった可能性もあるとはいえ、ポエニ戦争の起こった時代には、ドゥッガは既に長いことカルタゴの支配下に置かれていたのである。

しかし、第二次ポエニ戦争の結果、北アフリカではカルタゴの勢力が縮小する一方で、マシニッサ率いるヌミディア王国が勢力を拡大していった。この時代になると、両者の境界エリアに位置していたドゥッガでは、次第にヌミディアの影響力が強まっていっただろう。現在もこの遺跡に残る「リビュコ・ピュニック廟」は、カルタゴとヌミディアという二つの勢力の、政治的な緊張関係、あるいは文化的な相互関係の中で生み出されたものなのである。

リビュコ・ピュニック廟　筆者撮影

前一四六年にカルタゴが滅ぼされると、かつてのカルタゴの支配地域はローマの属州アフリカとなったが、ドゥッガはヌミディア王の支配下に置かれたらしい。しかし、このヌミディア王国も、ローマ共和政末期の内乱に巻き込まれ、最終的にはカエサルによって滅ぼされた。こうして、ドゥッガもローマの属州アフリカに組み込まれる。

初代皇帝アウグストゥス（在位　前二七～後一四年）の時代、ドゥッガにはローマ市民権を持つ退役兵たちが入植した。彼らは「ローマ市民」であるが故に属州税を免除されるなど、ドゥッガの旧住民とは異なる特権的な地位にあった。この時代以降、旧住民からなるドゥッガ「市《キウィタス》」とは別に、入植したローマ市民の「村《パグス》」があったことが確認されている。これらのローマ市民権保持者たちは、ドゥッガに暮らしていながらも、行政制度的には、ローマ市民植民市として再建されたカルタゴ市に所属していた。実際、第一節冒頭の劇場を建設したプブリウス＝マルキウス＝クァドラトゥスは、カルタゴ市民であることを碑文に明記している。

しかし、同じ町に暮らしている二つの集団が、何百年にもわたって一切交流を持たずに済むということはありえない。両者の間で通婚が進み、旧住民側の有力者も次第にローマ市民権を取得していくと、両者の相違は次第に目立たないものになっていった。最終的には、セプティミウス＝セウェルス治世の二〇五年、旧住民からなる「ドゥッガ市」と入植者の子孫からなるローマ市民の「村」が統合し、「ドゥッガ自治市《ムニキピウム》」が成立した。その後、「植民市」に昇格したのがガリエヌス帝の治世だったことは既に記したとおりである。このように、ローマ支配が始まってから、都市景観だけでなく、その都市制度も次第に「ローマ化」していった。しかし、ドゥッガの遺跡は、「ローマ化」しながらも、古いポエニ系の特色も残している。

その最たるものは、町の北東端、崖の上にそびえたつサトゥルヌス神殿だろう。遺跡の入り口にたどり着く前に、崖の上にそびえたつ数本の石柱に気付いた旅人もいるかもしれない。サトゥルヌスの神殿ならば、首都ローマのフォルムにもある。サトゥルナリア祭も古くから祝われていた。それを考えると、サトゥルヌス神殿の建設も、ドゥッガの町が「ローマ化」した結果ではないか、と思えてくる。実際、北アフリカではサトゥルヌスの信仰が非常に盛んだった。しかしそれは、フェニキア人の持ち込んだバアル信仰が北アフリカ信仰と習合した結果だったと考えられている。フェニキア人が持ち込んだバアル信仰は、北アフリカ各地に広がっていた。ローマ支配下では、そのバアル神はサトゥルヌス神として信仰され、ラテン語であらわされることになったのである。

今に残るドゥッガのサトゥルヌス神殿が建設されたのは、一九五年、セプティミウス＝セウェルス帝の治世初頭のことだった。施主はルキウス＝オクタウィウス＝ウィクトル＝ロスキアヌス。恐らく神官に選ばれたことを記念して、彼がその費用を負担したのだという。これもまた、既に紹介したエヴェルジェティスムの一例である。彼の名はラテン系のものに見えるが、その出自はローマ市民の「村《バグス》」ではなく、旧住民の出身だった。また、ポエニ系の信仰であるタニト神に連なるユノ＝カエレスティスの神殿を建設したガビニウス家の人々も、やはり旧住民の出身である。この神殿には、三方を列柱に囲まれた中庭の奥に三つの神室（ケラ）が配されていた。三つの神室を持つこの建築形式はエトルリア・イタリア起源とされ、柱頭などの様式と合わせ、神殿建築が「ローマ化」したことを示しているという。他方、神殿の建つこの場所はローマ支配

サトゥルヌス神殿出土の神官像　筆者撮影

が始まるよりも前から続くバアル信仰の場であり、中庭を持つこの神殿の形式をフェニキア起源と主張する研究者もいる。都市景観や都市制度の「ローマ化」がいくら進んだとしても、また、その呼び名がラテン語になったとしても、旧来の神々に対する信仰のあり方はそう簡単には変わらなかったのかもしれない。

さて、三つ並んだ神室のうち、その中央の神室からは、大理石製のサトゥルヌス坐像が発見されている。そして、その左隣、南側の神室からは、神官と思しき人物の彫像が発見されている。その人物は、現在、あのモザイクと同じ、チュニスのバルド美術館にいる。彼はローマ人の正装トガをまとい、頭上には塔の飾りのついた冠を載せている。その相貌は決して理想化されてはおらず、髭の処理といい、額のしわといい、むしろ生の苦しさすら感じさせる。北アフリカの穀倉地帯を支えた農民たちの面影をそこに見出したくなるほどだ。それにもかかわらず、彼の被るこの冠は、彼がこの町の守護者だったことを示しているのだという。名望家たちの間でも「良き農夫」たることが理想とされた世界ならではと言えるかもしれない。ローマ帝国支配下の北アフリカで、ローマ風の都市制度や建築、あるいはローマ風の服装やラテン語風の名前を受け入れつつも、ドゥッガの人々は、形を変えながら旧来の信仰を保持していたのである。

サトゥルヌス神殿で見つかった彼を、古代の北アフリカで生きた人々の典型例と言うことはできない。他方、ギリシア神話に慣れ親しんだ冒頭のモザイクの注文主を典型例と主張することもできないだろう。ローマ帝国支配下の北アフリカでは、フェニキア人やリビア系の先住民の文化を基層としつつ、ギリシアやローマの文化も混じり合い、独特の文化が形成されていた。ドゥッガ遺跡の中心にそびえたつカピトリウムは、「ローマ都市」ドゥッガの象徴であると同時に、ローマ支配下の北アフリカで形成された、いわば「アフリカ的ローマ人」の世界を象徴するものだったと言える。

ドゥッガの人々は、カピトリウムを眺めながら、時にギリシア神話を思い出し、また時にはフェニキア由来の信仰を実践しつつ、日々の暮らしを営んでいたことだろう。

ドゥッガとチュニジア周辺地図

〈アクセス〉

チュニス（Tunis）から現代のドゥッガ（Dougga）の町までバス、または乗り合いタクシーで二時間ほど。あとはタクシー利用。日本発の多くのチュニジアツアーでも訪問可能。

あとがき

古代地中海文明の旅はいかがでしたか。お楽しみいただけたでしょうか。

旅といえば、古代ギリシア・ローマの人々もさまざまな目的で旅をしていました。商売や公務を目的として、あるいは聖地や戦地に赴くために、地中海世界を所狭しとばかりに移動していました。もちろん観光旅行も盛んで、前四世紀の末頃にはすでにアッティカ旅行のガイドブックが書かれていたそうです。そういえば、「歴史の父」と称されるヘロドトスもまた旅に明け暮れた人でした。現在のトルコ南西部で生まれたヘロドトスは若くして故郷を離れ、ギリシア周辺はもちろんのこと、南ロシア、エジプト、ペルシア、シチリアなどを経巡り、最後はイタリア半島の土踏まずのあたりに位置するトゥリオイの町でその漂泊を終えたと伝えられています。かれの畢生の書となった『歴史』は、こうした旅の経験が創造的に結実して生まれたといっても過言ではないでしょう。どうやら、歴史と旅はそのはじめより、切っても切り離せない関係にあったようです。

本書は、東京大学大学院の本村ゼミに学んだ歴史の学徒たちが、「歴史の父」のひそみに倣って、専門とするフィールドを自分の足で旅した経験に基づいて書いた「学術的観光案内書」です。紙幅の関係上、本書で取り上げることのできた都市や遺跡の数は全体のごく一部にしかすぎず、一般のガイドブックに比べれば網羅性の点でいくぶんか見劣りするかもしれません。したがって、一般のガイドブックを持たずに本書だけを携えて古代地中海世界の旅に出るのはいささか不安もありましょう。けれども、取り上げる数をしぼった分、本書では一つの遺跡についてより深く——そして願わくは、より面白く——論じることができたのではないかと密かに自負しています。一般のガイドブックとともに本書を携えて旅に出て、古代ギリシア・ローマの人々の旅をよりリアルに追体験してくださることを、執筆者一同願っております。

最後に、二一人もの執筆者を束ねつつ、ときには厳しく励まし、そして常に暖かく我々を見守ってくださった講談社の鈴木一守さんに感謝の意を表したいと思います。

二〇一三年三月

執筆者の一人　樋脇博敏

伊藤雅之（いとう・まさゆき）1983年東京都生まれ。東京大学大学院人文社会系研究科ならびにエジンバラ大学博士課程在学中。論文に「紀元前211年のローマ・アイトリア同盟」『西洋史研究』41（2012年）など。

橋本資久（はしもと・もとひさ）1968年千葉県生まれ。東京大学大学院人文社会系研究科博士課程単位取得退学。現在、文部科学省教科書調査官（世界史）。

宮﨑　亮（みやざき・まこと）1962年大阪府生まれ。東京大学大学院人文社会系研究科博士課程単位取得退学。現在、法政大学兼任講師。

澤田典子（さわだ・のりこ）1967年富山県生まれ。東京大学大学院人文社会系研究科博士課程修了。現在、千葉大学准教授。著書に『アテネ 最期の輝き』（岩波書店）など。

岡田泰介（おかだ・たいすけ）1964年神奈川県生まれ。東京大学大学院人文社会系研究科西洋史専攻満期退学。現在、高千穂大学准教授。著書に『東地中海世界のなかの古代ギリシア』（山川出版社）など。

佐藤　昇（さとう・のぼる）1973年宮城県生まれ。東京大学大学院人文社会系研究科博士課程修了。現在、神戸大学准教授。著書に『民主政アテナイの賄賂言説』（山川出版社）。

田中　創（たなか・はじめ）1979年東京都生まれ。東京大学大学院人文社会系研究科博士課程修了。現在、東京大学専任講師。主要論文として「古代末期における公的教師の社会的役割」『史学雑誌』117-2（2008）がある。

上野愼也（うえの・しんや）1971年東京都生まれ。東京大学大学院人文社会系研究科博士課程単位取得退学。現在、東京大学等兼任講師。共著に『世界史史料』（岩波書店）など。

三津間康幸（みつま・やすゆき）1977年千葉県生まれ。東京大学大学院総合文化研究科博士後期課程修了。現在、日本学術振興会海外特別研究員（ロンドン大学SOAS）。共著に『スピリチュアリティの宗教史』下巻（リトン）など。

高橋亮介（たかはし・りょうすけ）1977年千葉県生まれ。ロンドン大学キングス・カレッジ古典学科博士課程修了。現在、川村学園女子大学専任講師。共著に『ラテン語碑文で楽しむ古代ローマ』（研究社）など。

大清水裕（おおしみず・ゆたか）1979年岩手県生まれ。東京大学大学院人文社会系研究科修了。現在、滋賀大学講師。著書に『ディオクレティアヌス時代のローマ帝国』（山川出版社）。

著 者 略 歴（執筆順）

本村凌二（もとむら・りょうじ）1947年熊本県生まれ。東京大学大学院人文科学研究科修了。博士（文学）。現在、東京大学名誉教授。著書に『地中海世界とローマ帝国』『古代ポンペイの日常生活』（以上、講談社）、『帝国を魅せる剣闘士』（山川出版社）など。

井上秀太郎（いのうえ・ひでたろう）1967年東京都生まれ。東京大学大学院人文社会系研究科単位取得退学。現在、東海大学非常勤講師。

中西麻澄（なかにし・ますみ）1963年東京都生まれ。東京藝術大学助手を経て東京大学大学院博士課程単位取得退学。博士号（学術）取得。現在、東京藝術大学講師。

池口　守（いけぐち・まもる）1968年福岡県生まれ。ケンブリッジ大学大学院博士課程修了（Ph.D.）。久留米大学准教授。訳書に『ローマ経済の考古学』（ケヴィン・グリーン著、平凡社）。

樋脇博敏（ひわき・ひろとし）1964年宮崎県生まれ。東京大学大学院人文科学研究科博士課程単位取得退学。現在、東京女子大学教授。著書に『古代ローマ生活誌』（ＮＨＫ出版）ほか。

渡辺　耕（わたなべ・こう）1977年愛媛県生まれ。東京大学大学院人文社会系研究科博士課程単位取得退学。現在、雙葉中学校・高等学校非常勤講師。

中川亜希（なかがわ・あき）大阪府生まれ。ボローニャ大学歴史（古代史）学科博士課程修了。東京大学学術研究員。共著『ラテン語碑文で楽しむ古代ローマ』（研究社）など。

島田　誠（しまだ・まこと）1955年岡山県生まれ。東京大学大学院人文科学研究科博士課程単位取得退学。学習院大学教授。著書に『コロッセウムからよむローマ帝国』（講談社）など。

志内一興（しうち・かずおき）1970年東京都生まれ。東京大学大学院人文社会系研究科博士課程満期退学（単位取得）。中央大学非常勤講師。共著に『ラテン語碑文で楽しむ古代ローマ』（研究社）。

長谷川敬（はせがわ・たかし）1979年北海道生まれ。東京大学大学院人文社会系研究科博士課程単位取得退学。現在、日本学術振興会特別研究員（PD）。主要論文に「帝政ローマ前期ガリアにおけるナウタ組合」『史学雑誌』117－10（2008）。

ローマ帝国《ていこく》と地中海文明《ちちゅうかいぶんめい》を歩《ある》く

2013年4月22日　第1刷発行

編　者　本村凌二《もとむらりょうじ》

著　者　本村凌二　井上秀太郎《いのうえひでたろう》　中西麻澄《なかにしますみ》　池口守《いけぐちまもる》　樋脇博敏《ひわきひろとし》
渡辺耕《わたなべこう》　中川亜希《なかがわあき》　島田誠《しまだまこと》　長谷川敬《はせがわたかし》　志内一興《しうちかずおき》
伊藤雅之《いとうまさゆき》　橋本資久《はしもともとひさ》　宮﨑亮《みやざきまこと》　澤田典子《さわだのりこ》　岡田泰介《おかだたいすけ》
佐藤昇《さとうのぼる》　田中創《たなかはじめ》　上野愼也《うえのしんや》　三津間康幸《みつまやすゆき》　高橋亮介《たかはしりょうすけ》
大清水裕《おおしみずゆたか》

発行者　鈴木　哲

発行所　株式会社 講談社
東京都文京区音羽二丁目12－21　郵便番号112－8001
電話　出版部　03－3943－2612
販売部　03－5395－3622
業務部　03－5395－3613

印刷所　慶昌堂印刷株式会社

製本所　黒柳製本株式会社

ISBN978-4-06-217695-8

N. D. C. 209　415p　20cm